# “大学——思想与制度”书系

**顾　问：**顾海良

**主　编：**崔延强

**副主编：**易连云　张　陈

本书系重庆市教育委员会人文社会科学研究重点项目“信任视野下我国政府和大学关系研究”(项目编号:12SKK01)的研究成果

# 信任视野下
# 我国政府与
# 大学关系研究

大学一思想与制度 书系

崔延强 主编

XINREN SHIYEXIA
WOGUO ZHENGFU YU
DAXUE GUANXI YANJIU

吴晓春 著

重庆大学出版社

**图书在版编目(CIP)数据**

信任视野下我国政府与大学关系研究 / 吴晓春著.
—重庆:重庆大学出版社,2014.12
(大学思想与制度书系.第1辑)
ISBN 978-7-5624-8827-9

Ⅰ.①信… Ⅱ.①吴… Ⅲ.①国家行政机关—关系—高等学校—研究—中国 Ⅳ.①D623②G649.2

中国版本图书馆 CIP 数据核字(2015)第025605号

**信任视野下我国政府与大学关系研究**
吴晓春 著
策划编辑:唐启秀
责任编辑:陈 力 版式设计:唐启秀
责任校对:秦巴达 责任印制:赵 晟
*
重庆大学出版社出版发行
出版人:邓晓益
社址:重庆市沙坪坝区大学城西路21号
邮编:401331
电话:(023)88617190 88617185(中小学)
传真:(023)88617186 88617166
网址:http://www.cqup.com.cn
邮箱:fxk@cqup.com.cn(营销中心)
全国新华书店经销
重庆五环印务有限公司印刷
*
开本:940×1360 1/32 印张:9.75 字数:270千
2014年12月第1版 2014年12月第1次印刷
ISBN 978-7-5624-8827-9 定价:30.00元

---

# 总序

## 大学的生命

近10年有关大学问题的讨论，在“钱学森之问”和《国家中长期教育改革和发展规划纲要》的推波助澜下，风急浪高。有匡复“大学精神”的，有反思“大学理念”的，有编制“大学逻辑”的，不管是收拾大学的历史记忆，还是改造大学的现实制度，归根结底意在鞭策今天的大学教育重返“大学之道”。我检索了多数言论，发现了两个盲点：一是抽象普遍的逻辑理由遮蔽了中国大学教育的特色寻觅与构筑；二是问题切入的视角是教授专家、高层管理，丢失了大学赖以存在的土壤——学生，而学生立场的“缺席”，使大学之道的讨论显得格外悲凉。

我们的大学是谁的大学？大学的生命究竟何在？

毫无疑问，大学是传道者和问道者不分肤色信仰、不分男女长幼、不计贵贱高低，济济一堂，如切如磋，究天问地，抒发胸臆的共同精神家园。我们师与生是守望自己精神家园的“最后的莫西干人”。大学不是纯粹的科研流动站，也不是按统一规格批量生产人才品牌的车间作坊。牛津学者纽曼说，一间大学虽说不是诗人的地，但如果不能激起年轻人一些诗心的回荡、一些对人类问题的思索，那这所大学缺乏感染力是无可置疑的（纽曼，2001）。不能把大学的使命锁定在单纯的知识生产与再生产的链条上，如果一所大学的首要和主要任务是研究和专利，真的看不出还要学生干什么；如果要招收的只是学徒帮工，何不把清华、北大更名为“科学院清华分院”“北大分院”。每当听到“研究型”大学和“教学型”大学的称呼时，总不免有“汗”的感觉。教书育人、研学相长是大学天经地义的第一要务，今又造出个“研究型”来，据说是有指标体系的。除了“自己争取到科研经费要和政府投入相当”“不断生产高水平学术成果”云云之外，至少研究生的规模和本科生对等了，或远远大于本科生规模，才初具“研究型”的条件。所以在这种理念怂恿下，高水平大学严格控制本科生招生，研究生规模则突飞猛进。我们的一流大学都按这样的“研究型”标准操作，不仅研究生的规模膨胀不堪重负，培养质量令人担忧，而且相当一部分优秀生源进不了一流大学读本科，只好漂流到资源欠发达的地方，的确是一件难以理解的事情。大学在知识经济时代，正如美国社会学家贝尔所说，“是社会发展的中心结构”，承担着知识创新与智力输出的责任，这点是毋庸置疑的。但大学的“魂”是什么？——还是那句老话：教书育人。研究是骨骼和肌肉，教育是灵魂和血液。大学必须根植教育，魂系学生，才能成为真正名副其实的大学，有生命力的大学。

本着这种理解考量一下，我们自己的大学体制创新也好，改革也罢，出发点不应只是一个与所谓国际水准接轨的“世界眼光”的问题。从表面上看，在经费投入与筹措、知识造血能力与水平、管理理念与体制方面，的确好像与哈佛、耶鲁、麻省理工有天壤之别。但问题的关键核心是什么？这些表象“差距”的背后是什么？我们不能抽象地谈“接轨”，“接轨”不只是一堆数据的比较。我们应着力思考回到大学生命本源的问题：中国的大学，作为华语世界的大学如何在今天的大学世界之林中，找寻我们自己的特色，确立我们自己的位置。特色就是不可比拟、不可通约，就是个性，就是优势，就是生命。没有特色的大学最多是在哈佛之后，再增添一所小哈佛，中国的哈佛而已。北京大学中文系陈平原教授在接受采访时说：“北大就是北大，与哈佛没有距离。”的确，雅典和耶路撒冷有什么关系？这句话让我想起香港中文大学前任校长、从牛津回来的社会学家金耀基先生讲述中文大学，作为一所以科学发现和弘扬中华文化为己任的大学，一所华语世界的大学，怎样从“新亚”和“崇基”两个小小的传统书院起步，顽强地屹立于亚洲乃至世界的大学之林。那就是在说英语的同时不忘说汉语，书院精神支撑现代大学制度。

大学的生命何在？一言以蔽之，传统一点就是大学的书院气质，摩登一点就是大学的人文精神。离开了它，大学只剩下一堆数据、表格、指标、文件和证书，无法实现“以人为本”的价值目标。以人为本的人文关怀，落实到大学改革上，一是坚持以学术为本，重塑大学的学术评价和学术管理体制；二是以学生为本，重建教学设计与管理体制。

立足于大学生命的基点，本丛书意在从大学思想和制度的维度，探索大学延绵八百余年至今不衰的历史之谜与发展之路。

12 世纪文艺复兴以降，大学历经新知识大发现、民族国家兴起、宗教改革、工业革命、全球化等浪潮，曾被质疑为纨绔子弟挥霍之地，一度烛火飘摇，几近泯灭。幸每每于危难之际，其命维新，于今发扬光大。但是思想不是博物馆，它与躯干息息相关。思想与制度构成了大学的灵与肉，互为偎依。

道以为制，制以为新，这是大学的肌体。文以载道，育人为先，这是大学的生命，中国大学的生命。

是为序。

崔延强

2010 年春于嘉陵江畔

# 前言

政府与大学关系问题一直是困扰我国和世界各国高等教育发展的难题。从我国实际来看,受我国政治经济体制、历史文化传统等因素的影响,我国政府将大学视为自己的附属机构,对大学的管理是干预过多,控制过强,导致大学自主权缺乏,从而影响了大学学术事业的发展。而政府放权的结果,则是一放就乱。因此,如何处理和协调我国政府与大学的关系是我国高等教育事业发展亟待解决的问题。对此,专家、学者各抒己见,提出众多解题之道。本书以已有研究为基础,借鉴有益经验,从信任的视角,审视我国政府和大学关系之症结,分析影响我国政府和大学信任的制度因素,并提出建立基于制度的我国政府和大学信任的对策,以实现我国政府与大学关系的和谐发展。

信任作为一种以主体间性为基础,双向互动为特征的关系,作为一种减少不确定性,降低成本,维护社会秩序,促进合作的机制,为构建和谐的政府与大学关系提供了一种新思路。而从政府与大学关系的实际看,政府与大学关系本身也包含着信任问题,其表现在:首先,大学自治是大学悠久的传统之一,也是大学立足之本,而政府的信任是大学获得自治权的前提;其次,政府和大学作为利益相关者,其权力博弈的最好选择是合作,而信任是政府和大学合作的前提。最后,和谐有序的政府与大学关系是双方的诉求,而信任具有维护政府与大学秩序的功能。因此,用信任理论研究政府与大学关系问题具有非常重要的现实意义。

我国政府和大学信任状况及导致的后果,是本研究的前提和现实基础。政府和大学信任是组织间信任，是彼此相信对方在相关活动中，不会做有损自己利益的行为的信心。政府和大学信任是以主体间性为基础，双方相互尊重，真诚相待，以实现双方利益的最大化为目的，以制度为保障。以此为基础，本书以政策法规文本为参照物，对新中国成立至今，我国政府与大学关系的演变进行了回顾。从历史的追溯中可以看出，我国政府和大学信任存在政府干预过多，大学学术自主权缺乏，社会力量缺失等问题。这些问题导致政府管理成本高，社会监督力量薄弱，大学运行规范性差等严重后果，从而影响了我国政府与大学之间的和谐。

纵观我国政府与大学关系之现状，导致我国政府和大学信任度不高的制度根源有三：其一，由于我国大学法律地位模糊，既导致大学权责含糊、混乱，大学与政府关系定位不清，也导致大学在司法实践中行政法律关系和民事法律关系的混淆，使政府难以信任大学。其二，由于我国现有立法对政府和大学权责规定的模糊，导致政府越权，大学缺乏应有的自主权，而权力与责任是对等的，大学因无权而不愿承担责任，致使大学的行为让政府难以信任，政府集权而不愿放权。其三，大学作为被信任方，能否很好地履行责任，实现公共利益和政府的目标，还必须要有完善的监督机制，而我国目前监督大学行为的机制却存在法理依据不足、同体监督不力、异体监督虚置等问题，使政府对大学的行为没有信心而不愿给予信任。

何以解题？从理论上构建我国政府和大学和谐的信任机制，是本研究价值诉求实现的关键。从应然的维度看，理解和合作是和谐的政府和大学关系的重要特征，而信任是达成理解和合作的重要前提和有效途径。因此，本书对我国政府和大学和谐的信任机制进行理论建构。主要从健全有效的法律规范体系是政府和大学信任机制的基石，权责清晰、统一是政府和大学信任机制的核心，完善的问责制是政府和大学信任机制的保障三方面，构建三位一体的理论框架。

对症下药，提出我国政府和大学和谐之路的具体对策，是本研究的价值所在。本书最后一章以三位一体的信任机制理论框架为基础,针对我国政府与大学关系存在的问题,提出建立政府和大学和谐的对策。首先要确立大学的公务法人地位,明晰大学与政府的法律关系,为厘清政府和大学的权责奠定基础,也是政府和大学信任建立的前提;其次,主要从明确政府和大学的权责,以及推进大学章程建设两方面完善高等教育法律法规,厘清政府和大学权责边界,是实现政府和大学信任的关键;最后,建立高校社会问责制,保障政府权益的实现,是建立政府和大学信任,实现政府和大学和谐的制度保障。

吴晓春

2014.10

# 目　录

# 导　论

现代大学诞生于中世纪，中世纪大学独特之处在于它是行会组织，它或者是教师行会，或者是学生行会，中世纪大学的行会特性暗示大学具有某种程度的独立和自治，大学自治成为现代大学古老的传统之一，是大学的基本原则。但随着时代的变迁，大学由曾经的社会边缘被推进至如今的社会中心，政府对大学由不屑到关注再到干预，大学作为行会曾拥有的自治不仅被消解，而且在多数国家和多数时候大学被沦为政府的附庸而失去自治权，而自治是保证学术自由得以实现的前提，是大学延续的生命线。几个世纪以来，大学就在政府干预程度的变化中挣扎和争取应有的权利，在艰难中追求学术自由理念的实现。尤其在当代，在建立现代大学制度的语境下，如何有效地处理和解决"自治"和"控制"的悖论，构建政府和大学的和谐关系更是成为高等教育研究的重要课题。

## 一、问题的缘起及研究意义

### （一）问题的缘起

大学自治是现代大学制度的核心问题。世界无绝对之自由，亦无绝对之自治。"自治"以"控制"为限获得合法性，唯有在“自治”与“控制”间形成适当的张力，政府与大学之和谐关系才如影随形。

## 1. 现代大学的悖论——自治和控制

关于大学的起源，德尼弗尔区分为教皇颁准建立的大学，皇帝颁准建立的大学，教皇与皇帝共同颁准建立的大学。[①]根据德尼弗尔对大学起源的区分，大学的产生不仅与教会，而且与国家相伴。因而，中世纪大学的特许权有三个来源：教皇、皇帝和地方政权。从中可以看出，现代大学自产生之日起就受到国家和政府的控制，满足国家对专门性人才的需要，这是大学合法性的政治论基础。进入现代以来，随着大学政治、经济、文化功能的增强，大学的存在和发展更是不可避免地与政府和社会休戚相关，受政府的干预和社会的制约。

另一方面，从认识论的角度看，大学合法性的基础在于它以探求高深学问、追求真理为目的。为了保证知识的正确和准确，学者的活动必须是只服从真理的标准，“真理能够站得住脚的标准是它的客观性”，真理的客观性或独立性又来自价值自由或者价值中立，因而应在“学术与现实之间划出一条明确的界限”。[②]学术自由和大学自治是大学的基本原则，也是大学的立本之基。大学应该有自身内在的发展逻辑，遵循学术发展的规律，是探究高深知识的自律的场所，而政府的干预、社会的导向不是以学术发展的逻辑为出发点，甚至可能出现与学术本身的逻辑相背离的情形，这就不利于大学的发展。但是过度自由也是伤害大学的利剑，回顾现代大学发展的历史，过度自治、封闭的大学也曾经由于散漫、偏执保守、排斥改革等缺陷，导致大学经历了让大学不堪回首和尴尬的历史时期——冰河期。痛定思痛，大学打开封闭的校门，融入国家和社会发展的洪流，从低谷中走出来，也就是说，大学的重振、繁荣和社会地位的提高，是与

---

① 雅克·韦尔热.中世纪大学[M].王晓辉，译.上海：上海人民出版社，2007：7.

② 约翰·S.布鲁贝克.高等教育哲学[M].王承绪，等，译.杭州：浙江教育出版社，2002：14-15.

它适应政府和社会的需要而得到政府和社会的支持息息相关。

因而，大学既要拥有自主权，按照自身的规律发展，但又逃不掉依赖政府和社会，受政府与社会干预和制约的宿命，政府和大学之间客观地存在着相互依赖、相互制约的关系。这二者之间能否保持适度、形成合适的张力，关系到大学能否持续健康正常的发展。如果政府对大学超强控制，管理越位，大学就会因为丧失自主性而远离本真精神，堕落成不再追求卓越的一般社会机构，变成了政府的附庸；如果政府对大学疏于管理，放任自流，大学很容易会自行其是，甚至出现混乱、远离社会的实际需求等不良后果。这两种情形都不利于大学自身的发展，在大学的历史发展进程中这两种情形都曾出现过，尤其是政府对大学的控制和干预过多，导致大学主体性的缺失是制约大学发展的主要问题，这就注定了现代大学的发展史是大学与政府抗争，争取最大限度的自治和自由的历史。只有协调好政府和大学之间的关系，实现二者的和谐、共生，才能为大学的发展和进步提供宽松的外部环境，实现真正意义上的学术自由和大学自治，完成追求真理的大学使命。

### 2. 我国政府和大学关系是亟待解决的现实问题

受我国中央集权政治经济管理体制、历史文化传统、苏联模式等因素的影响，新中国成立初期，我国政府对大学实行集中统一管理，在这种高度集中的高等教育管理体制下，大学隶属于政府，政府对大学包得过多，统得过死，学校缺乏办学自主权，使大学及其学术发展的空间受到限制和制约。1978 年以后，在我国改革开放的大背景下，教育体制改革也逐步展开，1985 年《中共中央关于教育体制改革的决定》颁布，标志着我国高等教育管理体制改革全面展开。经过三十年的改革，高校部门所有、条块分割的局面已经打破，政府依据法律法规、政策、经济、信息等手段进行宏观管理，高校面向社会自主办学的新体制已初具形态。尽管如此，政府与大学的关系并未完全得到解决，1998 年颁布的《高等教育法》所规定的高等学校在自主招生、自主设置学科专业、自主实施教学、自主开展科学研究、自主开展对外交流、自主确定机构设置与人员配置、自主管理和使用财产七个方面的自主权，仍远未落实到位，政府管理高校的基本原则和统包方式基本未变。因而我国政府和大学关系存在的主要问题是我国政府对大学管得过多、过细，越位管理严重，高校办学自主权受限，学术缺乏自主性，大学的培养人才、发展科学和服务社会的职能难以真正实现。“泛”行政化的管理模式既增加了政府管理大学的成本，而且其追求量化、效率的价值取向也干扰了大学学术发展的内在逻辑，导致大学学术膨胀，学术泡沫严重，学术不轨行为频繁发生，学术道德滑坡。这不仅不利于大学的发展和繁荣，也严重削弱了政府与大学之间的信任，形成二者间的恶性循环，双方均为此付出了极大的成本。因此，如何合理、有效地处理我国政府和大学的关系，构建二者以信任为基础的和谐关系是我国高等教育发展中亟待解决的现实问题。无独有偶，在 2010 年 7 月中共中央国务院印发的《国家中长期教育改革和发展规划纲要(2010—2020 年)》中，也把落实和扩大学校办学自主权，取消行政化管理，构建新型的政府、大学和社会关系作为我国高等教育体制改革的目标。2013 年 11 月十八届三中全会审议通过的《中共中央关于全面深化改革若干重大问题的决定》中进一步强调指出:“深入推进管办评分离，扩大省级政府教育统筹权和学校办学自主权，完善学校内部治理结构。强化国家教育督导，委托社会组织开展教育评估监测”，从中可见，教育管理和办学体制改革大的方向是推进中央向地方放权、政府向学校放权，构建政府、大学和社会之间新型关系，形成政事分开、权责明确的教育管理体制。政府将更多运用法规、规划、政策、公共财政、信息服务等手段，引导和支持学校发展。

### 3. 信任是构建我国政府和大学和谐的有效机制

政府和大学的关系问题不仅是我国也是其他国家高等教育一直致力于解决的问题，如何处理二者的关系不可避免地成为众多专家学者研究的焦点和核心，也纷纷提出解决方案，其中建立现代大学制度这一方案得到众口一词的赞同。应该说建立责权利明晰的现代大学制度，有利于政府和大学关系的合理化，但是现代大学制度是以学术自由和大学自治的大学理念为基础，旨在维护大学的自主权，激发大学的学术活力，主要从大学的立场和利益出发来设计规则和制度，而易忽视政府的利益和需求，这就影响了现代大学制度方案的实现。理念是制度的先导，制度是理念的具体化，现代大学制度究竟依据什么样的理念来构建更具合理性，众多学科研究的信任理论可以为其提供理论指导和可操作的机制。

何谓信任？简单来说，信任就是相信对方不会利用自己的弱点做出对自己不利的事情的预期，这种评估是在自己能够监控此特定行动之前。

在当今的风险社会，社会的运行离不开信任。信任具有多种功能。西美尔认为“信赖是在社会之内的最重要的综合力量之一”。[①]对个体行动者来讲，信任的功能是“提供一种可靠的假设，这种假设足以作为保障把实际的行为建立在此之上”[②]卢曼(1979)在其著作《信任与权力》中提出，信任是简化复杂性的机制之一。科尔曼(1990)亦指出，信任是一种社会资本形式，可减少监督与惩罚的成本。我国学者郑也夫认为，信任的主要功能是为社会提供秩序。美国社会学家米兹泰尔(1996)在《现代社会中的信任》一书中指出，信任是一种社会机制，在合作的秩序下，信任是应对他人自由的一种机制。可以把信任作为一项政策，旨在造就促进团结、宽容和权力合法化的纽带的条件。

信任的上述功能对于现代大学制度的建立，以及构建我国政府和大学的新型关系具有重要意义。推进政校分开、管办分离，落实和扩大大学办学自主权，使高校获得应然之自由是构建新型的我国政府与大学关系以及建立现代大学制度的核心，然此并非易事。扩大大学办学自主权必将打破政府与大学之间原有权力格局的平衡，权力的此消彼长将改变大学的隶属地位，政府不能再将大学视为自己的附属机构，对大学的管理不能面面俱到，政府对大学管理的不确定性也随之增加，政府与大学的关

① 西美尔. 社会学[M]. 林荣远，译. 北京：华夏出版社，2002：251.
② 西美尔. 社会学[M]. 林荣远，译. 北京：华夏出版社，2002：251.

系面临新的复杂性。为了使政府放心放权，就需要借助信任增加双方的信心，简化复杂性，减少不确定性，增加成功的机会；需要借助信任是一种可靠的假设功能维系新型的政府和大学关系。比如，现代大学制度中的学历、同行评议、科学，三位一体地构成了抽象系统的基础，成为大学学术信任的基础。总之，信任能提供一种合作的秩序，是应对政府和大学双方各自自由的一种机制，有利于权力的合法化，为建立现代大学制度和构建新型的政府和大学关系提供有益的指导。因此，本研究拟从信任的视野来探讨如何构建和谐的政府和大学关系。

## （二）研究意义

政府和大学关系问题的重要性已在众多专家和学者中达成共识，并且也在积极寻找解决之道，但政府和大学之间的关系并未得到有效的改善。破解之道难寻应该和两个困境有关：一是政府和大学之间缺乏必要的信任。由于大学承担着培养人才、发展科学和服务社会的职能，大学在国家和社会发展中的作用日益增强，大学自然成为政府关注的重点。政府为确保自身高等教育目标的实现，会加大对大学控制和干预的力度，甚至越位管理大学，以致束缚大学学术自由，这种超强管理与大学发展的逻辑相抵触。就大学而言，政府管得过多，管得过细，管了不该管的，该管的又没管好，一方面，必然导致大学缺乏办学自主权和学术自由，不仅大学探究高深学问的使命和服务社会的职能难以实现，也压抑了大学办学的积极性，致使大学办学质量不高。另一方面，政府的缺位管理又导致大学运行规范性差，以致出现滥用办学自主权，学术活动中剽窃、造假等学术失范、学术不端和学术腐败等行为日益增多，学术泡沫日益膨胀等不良现象。反过来，大学的办学现状又加深了政府对大学的不信任，形成了二者的恶性循环，出现了政府不满而大学又抱怨的不和谐的情形，在这样的情形下，如果不消除双方的不信任，是难以真正解决它们之间的矛盾，构建二者的和谐。因此，信任应该是治病之良方。二是政府和大学之间应该保持的最佳适度难以把握。任何事物都有保持自己质的稳定性的度，适度原则也是人所共知的把握事物的原则。但是事物的质赖以存在的量不是都能用精确的数量关系来表示的，所以有些事物的“度”极难把握，政府和大学之间的适度就属于此类，否则它们之间的关系问题也不可能成为古老而常新的话题。而信任作为一种可以把复杂问题简化的机制，作为一种可以降低成本的机制，作为一种构建合作的机制，或许可以为解决此困惑，破除厄里斯的诅咒提供一种可能，为大学自治和政府控制找到合适的度。

因此，本研究旨在借助信任理论，或者基于信任的视野，对我国政府和大学之间的现实关系进行深入的分析，找出问题之症结，并在此基础上将信任作为一种管理机制对症下药，以寻找双方之间的最佳适度，解决自治与控制、自由与干预之间的悖论，构建我国政府和大学之间的和谐，实现二者的共生共赢，这是本研究的理论意义。从实践的维度看，我国政府和大学信任关系的建立，有助于双方相互合作，政府可以减少管理成本，大学可以争得更大限度的办学自主权和学术自由，实现资源的最优化配置，也为《国家中长期教育改革和发展规划纲要（2010—2020 年）》中高等教育体制改革目标的实现提供一种思路。同时，基于信任的政府和大学新型关系的建立，也有利于本真意义上大学精神的重塑和复归，这种正本清源是大学发展的生命力和不竭的源泉，大学也会因为大学精神的重塑而富有生机和活力，真正实现大学的学术责任，承担起为我国培养具有创新能力的高素质人才，把我国建设成为创新型国家的重任。

## 二、相关理论研究回顾

### （一）国内外信任问题研究现状

东西方有关信任问题的研究由来已久，但是把信任作为一个学术研究的独立主题却是直到近代才开展起来。从亚当·斯密开始，人们开始把信任和人类的经济行为联系起来，马克斯·韦伯、腾尼斯、涂尔干等社会学家们对信任的内涵、类型和生成机制等进行了研究，但总的来说对信任问题的研究不系统，是零散的。唯一例外的是20世纪初，社会学家齐美尔把信任作为重要的理论进行了系统地研究，但是在此之后，学术界对信任的研究归于沉寂。50年后，以多依奇为代表的一批心理学家才开始了人际信任的心理学实验研究，信任问题才重新浮出水面。20世纪70年代以来，在西方学界掀起了研究信任问题的热潮，信任问题成为心理学、社会学、管理学等众多学科研究的课题。20世纪90年代以来，信任问题逐渐成为中国学术界的研究热点，并发表了大量的研究论文和专著。这里仅就各学科对信任问题研究的进展做简要地梳理和描述。

### 1.国外信任问题研究现状

对信任问题进行系统研究始于心理学，其中多伊奇认为信任是一个由外界刺激决定的因变量，以双方是否合作反映出来；罗特和赖兹曼将信任视为个人人格特质的表现，是一种经过社会学习逐渐形成的相对稳定的人格特点；列维斯和维格尔特等人提出理性和情感是人际信任中的两个重要维度。

社会学家把信任理解为建立在社会制度和文化规范基础上的社会现象。①社会学领域研究此问题的人物众多。其代表人物有齐美尔、尼克拉斯·卢曼、伯纳德·巴伯、爱森斯塔德、祖克尔、迪戈·甘姆贝塔、吉登斯、芭芭拉·A.米兹泰尔、彼得·什托姆普卡、埃里克·尤斯拉纳等。社会学主要对信任的结构、类型和功能进行分析。如卢曼从一种新功能主义的理论角度来界定信任，指出信任本质上是简化复杂性的机制之一，它与社会结构、制度变迁存在着明确的互动关系，并采用"二分建构"的方法将信任分为人际信任和制度信任。巴伯把信任定义为一种"期望"，即"信任乃是对维持合乎道德的社会秩序的期望"，②信任具有维护社会秩序和社会控制两种功能。祖克尔把信任产生的主要模型分为基于交往经验的信任、基于行动者具有的社会特

---

① 郑也夫，彭泗清，等.中国社会中的信任[M].北京：中国城市出版社，2003：3.

② 伯纳德·巴伯.信任的逻辑与局限[M].牟斌，李红，范瑞平，译.福州：福建人民出版社，1989：15.

征和文化特征的信任、基于制度的信任三种。吉登斯提出了传统社会中的人格信任和现代社会中的系统信任概念,由人格信任转化为系统信任是现代性产生的一个重要信号。波兰社会学家彼得·什托姆普卡以前人信任问题的研究成果为基础,对信任问题做了综合的理论说明。在其《信任:一种社会学理论》一书中,他对信任的概念和类型进行了澄清和梳理,在对信任的含义、基础和功能的分析基础上,提出了一个信任文化出现(或衰落)的解释模型等。

经济学家对信任问题的研究,多是从新古典经济学的理性选择出发,认为信任实际上是人们为了规避风险、减少交易成本的一种理性计算。其中比较有代表性的包括:艾克斯罗德、达斯古普塔、科尔曼、威廉姆森等。艾克斯罗德从博弈论角度分析了信任建立的条件。威廉姆森从交易成本经济学的分析出发,在有限理性和机会主义的前提下,将信任分为计算的信任、制度的信任和个人的信任三种。科尔曼、帕特南、福山从社会资本角度谈到了信任的重要性。

20 世纪 90 年代以来,信任也开始成为组织行为学的一个十分重要的议题,主要的学术成果收集在由罗德里克·M. 克雷默、汤姆·R. 泰勒所编的《组织中的信任》一书中。其成果主要包括:一是米尔斯、鲍威尔、克雷默等从宏观、中观和微观三个层面探讨了组织中信任的动力;二是泰勒和迪高伊对人们信任的原因进行了探讨,认为信任建立除了工具主义的理性选择以外,人们的信任还源于对他人的认同、内化的是非道德判断以及与群体权威打交道时的某种身份关注等非工具主义的动机。

政治学领域的信任问题研究,主要有伯纳德·巴伯、罗伯特·D. 普特南、亚当·B. 赛里格曼、马克·E. 沃伦等。巴伯在《信任:信任的逻辑和局限》中着重研究了政治领域中的信任问题,并探讨了政治上信任与不信任的社会和文化根源。罗伯特·D. 普特南的《使民主运作起来》论述社会资本与制度包括政治制度的关系以及它们背后的文化传统对民主政治的影响,强调信任、规范和网络等社会资本对于社会稳定和社会发展的重要意义。马克·E. 沃伦所编的《民主与信任》实际上是一个跨学科的论文集，论文的作者们分别探讨了政治信任中的规模、复杂性和相互依赖的问题。

综上所述，西方学者从各自不同的领域关注信任问题，涉及的范围极其广阔，有政治信任、人际信任、组织间和组织内的信任等，但关注大学和政府信任问题的不多，从信任的视角系统研究大学和政府关系问题更是缺乏，只是在关于大学学术的论著中零星提及二者的信任问题，如英国帕特里克·贝尔特和阿兰·希普曼在他们的《重围之下的大学——当代学术领域中的信任和责任制》一文中提及市场压力下大学运行模式中责任制的建立，与这一变化相关联传统信任机制的被侵蚀问题。

### 2. 国内信任问题研究现状

我国学者对信任问题的研究在时间上显得相对滞后，直到20世纪90年代信任问题才逐渐成为我国学术界的研究热点。总体来看，国内信任的研究主要集中在两个方面：一是介绍、评述西方信任研究的成果，回应西方学者关于中国社会信任的观点；二是结合我国国情，分析我国社会目前存在的信任问题产生的原因，并提出建立信任的对策。另外，从研究理路来看，国内学者主要是借鉴西方信任问题研究理路，从社会学、经济学、心理学、组织行为学、政治学等维度研究国内信任问题，采用调查问卷、访谈等方法，从不同角度对中国社会的信任问题进行实证研究。经过20多年的发展，应该说在此领域也取得了巨大成果，也出现了一批研究信任问题的学术论著，如，《信任论》（郑也夫著）、《关系与信任：中国乡村民间组织实证研究》（李熠煜著）、《信任：合作关系的建立与破坏》（郑也夫编）、《信息、信任与法律》（张维迎著）、《中国社会中的信任》（郑也夫、彭泗清等著）等。

在社会学领域，郑也夫是国内社会学领域研究信任问题的著名学者，他从词源上对信任进行了追溯，对信任进行了新的界定，并对信任的基础及社会功能、信任与合作的关系等问题进行了系统的分析。吉林大学董才生的博士论文《社会信任的基础：一种制度的解释》从一种新的制度观出发，以内在制度与外在制度为新的制度研究范式,围绕“制度是社会信任的基础”这一核心观点,对社会信任的基础作了较为全面而深入的解释。彭泗清认为信任是一种与社会文化环境密切相关的社会现象,主张把信任放在社会关系中来理解和研究,强调应当做本土研究,并构建了关系——信任模型。王昭光、刘欣在其学术论文《信任的基础:一种理性的解释》中,在现有信任理论基础上提出一个理性解释的模型,用以解释信任的产生。王福友的《学术组织中的信任》一文对学术组织中信任的根源进行了分析。

在心理学领域,学者们对中国人人际信任程度进行了测量。其中具有代表性的有:张建新和 Bond 对中国北京、中国香港地区和美国的大学生对于具体对象的信任程度进行了跨文化比较。伍明辉、宋凤宁对广西大学生人际信任与人格特征进行了调查和分析,发现人格特征的精神质和神经质维度与人际信任有显著正相关,而掩饰性和内外向维度则与人际信任有显著负相关等。

在组织行为学领域,遵循西方组织行为学的研究理路,从组织内和组织间的信任两个维度进行研究。在组织内部方面,上司和部属之间的垂直信任关系和工作伙伴或同事之间的水平信任关系都是学者研究的主要对象(郑伯埙、张慧芳、郭建志,1997)。此外,罗华、孙五俊、孙蕾、阎凤桥、陈熙等对学校组织中的信任进行研究,主要涉及师生信任、对学校组织的信任。在组织间的层次方面,供应商与购买者间的双边信任关系,关系行销中的厂商间信任,以及组织间网络策略联盟内的企业间信任都是主要研究课题(郑伯埙、刘怡君,1995;郑伯埙、任金刚、张慧芳、郭建志,1997)

在经济学领域,张维迎的《信息、信任与法律》对社会信任、社会规范和法律制度框架下的社会经济秩序进行探讨,在信任的来源分类基础上,着重分析了政府管制与信誉之间的关系,就如何重建社会信任提出了自己的见解。同属这一取向的研究者还有张缨、夏纪军、叶建亮等。这些学者在承接西方学者观点的基础上,深化了对中国社会具体问题的研究。他们共同认为信任作为一种社会资本形式,在社会经济生活中起着维持和扩展经济秩序;降低经济交易成本,提高经济效率与效益;促进经济的繁荣与发展等作用。

在政治学领域,政府信任问题是学者关注和研究的重点。张康之、程倩等从历史的角度分析了政府信任的历史发展;丁东红、程倩、章延杰、王强等的博士论文对信任理论、政治信任的基本理论、政治信任的运作机制、当代部分国家政府公信力现状、我国政府公信力状况、当代中国的政府信用建设等问题进行了探讨性研究。

综上所述,国内学者对信任问题的研究主要是从理论和实践两方面展开,也取得了可喜的成绩。但总体而言,国内对信任问题的研究主要涉及中国社会信任、人际信任、政府信任、企业内部和企业间的信任、师生信任等问题,对大学信任问题的研究还比较滞后,主要涉及大学内部干群信任、师生信任等,对大学和政府间的信任研究更是匮乏,仅在一些论文和著作中零星涉及。如马永斌的《生态网——大学、政府和企业的创新模式》一书对信任机制在促进大学、政府和企业合作的作用方面进行了简单的论述。但国内学者对我国国内信任问题的研究为进行大学和政府信任的研究提供了理论基础及研究的方法和思路。

### (二)国内外政府与大学关系问题研究现状

中世纪大学诞生之初,就产生了政府与大学的对立统一关系。不过,比较系统地研究政府与大学关系始于洪堡时代,洪堡在《论国家的作用》以及《关于柏林大学高等学术机构的内部与外部组织》等出版物中阐明他对国家与大学关系的构想,即大学的最终目标与国家的最终目标是一致的,国家应该"赡养"大学,保障大学的学术自由。

加拿大学者约翰·范德格拉夫编著的《学术权力——七国高等教育管理体制比较》(1978)一书中,引用社会学、比较政治学和公共管理学等学科的分析模式,对德国、意大利、法国、瑞典、英国、美国、日本七国高等教育的学术权力结构进行了分析和比较,总结了七国学术权力的四种模式,即欧洲模式、英国模式、美国模式和日本模式,并提出了层次分析、整合和分化分析、发展分析和利益分析四个分析观点。这些研究是从高等教育系统的角度来分析学术权力,分析政府和大学之间的权力关系。

美国学者伯顿·克拉克在其《高等教育系统:学术组织的跨国研究》(1983)一书中,对美国、加拿大、日本、英国、意大利、法国等政府管理大学的模式进行了分析,意在勾勒一个从政府统一管理到市场的序列图。

荷兰学者弗兰斯·范富格特在其《国际高等教育政策的比较研究》(1993)一书中,分析了大学、政府和社会之间进行协调的机制和方式,强调不同国家政府卷入高等教育的程度和方式的不同,将政府介入方式与介入结果统一起来,并特别论证了中介组织的缓冲器作用。

日本学者矢野真和在其《大学的治权:理念和资金的关系》(2003)一文中,从大学资金的来源和大学的决策权关系的维度对政府和大学的关系进行了经济学解析。

比利时鲁汶大学教授 Jef C. Verhoeven 在其《从欧洲的三个国家看大学与政府关系的变化》①一文中,对近十年来,法国、英国和比利时三个欧洲国家高等教育管理体制的变化进行了探讨,发现法国和比利时正由集权走向分权,英国则由分权走向集权的变换。

我国学者重视对政府和大学关系问题的研究是在改革开放后,1993 年开始出现热潮,1997、1998 年又出现一个新的峰顶,然后又趋于平缓,进入新世纪又成为研究的热点话题。我国学者大致从以下几个方面研究政府和大学关系问题:

唐卫民、李守福、赵婷婷、胡建华、陈洪捷、和震、王晓辉、王建梁等学者翻译和介绍了英、美、法、德、日等发达国家政府和大学关系的历史演变和模式,以及这些国家处理政府和大学关系的有效经验。总体趋势是政府对大学的控制日益增强,但干预方式由直接走向间接,尤其注重发挥中介组织的监督和沟通作用来协调政府和大学的关系。

---

① 该文为郭歆翻译,刊登在清华大学教育研究[J].2003(5):1-8.

赵敏、刘献君、蒋洪池、王丽萍、刘伟、张万红等学者对我国政府和大学关系进行了历史考察，主要分析了我国政府和大学权能关系、利益关系的改变，以及我国政府和大学关系改变的历史文化因素等问题。

别敦荣、刘在洲、龙宗智、岳朝晖等学者基于我国由计划经济体制逐步向社会主义市场经济体制的转轨，高等教育市场化、大众化和国际化成为大势所趋的背景，从高等教育管理体制改革的角度探讨政府和大学关系，提出借鉴世界高等教育的三种管理模式：集权制、分权制、集权和分权相结合的模式，厘清政府和大学的权责利。

胡劲松、葛新斌、胡建华、钱福永、许士荣等学者从大学本位和立场出发，呼吁政府放权，给予高校自主权来理顺政府和大学关系。

田平、唐安国、阎光才、王建华、周光礼、刘康宁、董云川等学者从第三方的立场来审视政府和大学关系，突出教育中介组织是政府和大学双方利益的沟通者、言说者和调停者，是政府和大学之间的缓冲器，强调中介组织在协调政府和大学关系中的关键性作用。

李泽彧、毕宪顺、吴结、董云川、许杰等从政府和大学互动关系的维度探讨政府和大学的关系，其核心是政府和大学各自应然的权力和责任。另外，董云川的《论中国大学与政府和社会的关系》一书，从政治学、社会学和高等教育哲学的视角对我国大学与政府和社会的关系进行宏观的剖析，并以大学主体性的确立为基准，建立了大学、政府和社会"三位一体"的解释框架，由此作者提出根本的出路是培养和发展大学的主体性，以及建立现代大学制度作为制度保障。

李文兵、茹宁、马开剑、李科利等学者从比较高等教育学、管理学、法学、社会学、政治学等多学科的角度对政府和大学关系进行了论述。尤其是胡建华、申素平、劳凯声、周光礼等学者从法学视角探讨政府和大学的关系值得关注和借鉴，他们主要以大学的法律地位为切入点，借助法律提供的制度框架明确政府和大学各自的权力和责任。

张应强、张祖英、张俊宗、周光礼、高桂娟、毕宪顺、杨东平、别敦荣、宋旭红、吴淞、胡赤弟等学者从建立现代大学制度的维度探讨我国政府和大学关系。其基本特征是:政府宏观调控,大学依法自主办学、民主管理,社会评估监督;举办者、行政管理者和办学者责权利分明。主要是从外在制度层面规范政府和大学行为,协调二者的关系。

郎益夫、刘希宋、许杰、盛冰、史雯婷、龙献忠、龚怡祖、程北南、李福华等学者从治理理论视角出发研究政府和大学关系,主要强调对政府的功能和作用进行重新审视和定位,改革政府是唯一的权力中心的现状,去中心化,发挥中介组织作用,形成新的多元主体的共治局面,实现"善治"目标,从而改变政府和大学原来的统治与被统治的关系,构建政府和大学间协商与合作的新型治理关系。该视角所提出的权力重构、透明性、责任性、民主化等都为从信任视角研究政府和大学关系提供了可借鉴的经验和基础。

综合来看,中外学者从多学科的角度对政府和大学的关系进行了探讨,尤其以政府对大学的管理模式和管理方式、政府和大学的权力划分和边界等问题为研究重点。对于我国政府和大学关系之现状,政府对大学管得过多,大学缺乏自主权已成为我国学者的共识,在此定位的基础上,学者大多从不同的角度呼吁政府放权,并主要从构建现代大学制度和治理机制的角度构建新型的我国政府和大学的关系,以实现大学的自主权为目的。这些都为本研究提供了可借鉴之经验,但这些研究也存在问题和不足之处,表现在:

第一,仅从大学的立场拷问政府之权力,要从政府那里争取应属于大学之权力,对政府何以不愿放权,大学自身应何为研究不够。

第二,主要从外在制度层面建构我国政府和大学的新型关系,忽略了内在制度的作用,并且任何外在制度都不可能是完美的,其管理不仅成本高,而且缺乏灵活性,外在制度的这种缺陷尤其难以适应转型时期的政府和大学关系。

第三,制度或者机制是理念的具体化,制度或机制是在理念的指导下构建而成，而缺乏有效理念的指导正是现代大学制度和治理机制的软肋。

据此，本研究拟从信任视角，构建我国政府和大学的和谐关系，让政府心甘情愿放权，大学名正言顺享有自主权。因为信任既是理念，也是制度；信任不是单向的，而是双向互动的；信任的基础既包括作为大学自身约束的内在制度，也包括作为外在控制的外在制度。

## 三、相关概念界定

### （一）信任

从心理学的角度来看，信任是信任方在一定的情景下对符合自己利益的被信任方相信并有所托付的心理趋向。从社会学的维度看，信任不仅是一种个体心理现象，而且也是一种社会现象，是社会制度和文化规范的产物。综合起来看，信任是人们相互交往过程中的一种行动机制，也是嵌入社会系统和制度中的一种功能化的整合机制。本研究所指的信任是指信任方和被信任方（或受信方）彼此相信对方不会利用自己的弱点和缺陷做出不利于自己的行为的信心，这种信心发生在双方产生托付行为之前，信心的强度取决于对对方相信的心理感受程度和制度规范的完备程度，是相信和托付行为的复合体。

### （二）大学

大学是提供教学科研条件和授权颁发学位的高等教育机构。按照不同的标准可以对大学进行分类：按照教育层次，大学可以分为专科、本科和研究生层次的大学；按照学科门类可以分为综合性大学、多科性大学和单科性大学；按照经费来源可以分为公立大学和私立大学等。本研究所研究的大学是指作为我国大学主体的公立大学，主要是从事本科及本科以上学历教育的公立大学。从一般的意义上探讨我国公立大学和政府的关系，而不具体研究不同层次公立大学与政府关系的区别。

### （三）政府

政府是一个国家的统治机构，是一个国家为维护和实现特定的公共利益，按照一定的原则和程序组织起来的，以国家强制力为后盾的政治统治和社会管理组织。政府有广义和狭义之分，广义的政府泛指行使国家权力的所有机关，包括立法、行政和司法机关。狭义的政府仅指国家政权机构中的行政机关。政府有政治、经济、文化和社会公共服务等职能。本研究所指的政府是指广义的政府，既包括有形的立法、行政、司法组织形态，也包括政府所制定的无形的思想和政令。主要探讨政府中和大学的活动相关联的部分。

### （四）政府和大学信任

政府和大学信任是指政府和大学互为信任双方，均相信对方在相关活动，比如政策制定、发展规划、招生、教学、教师聘任、经费使用等活动中，不会做有损自己利益的行为的信心，信心的强度取决于对对方相信的心理感受程度和制度规范的完备程度。

## 四、研究思路和方法

### （一）研究思路

政府和大学关系问题是事关我国高等教育发展的核心问题，也是学界讨论的热点话题。如何处理二者的关系，实现分权的合理化，普遍的思路是认为政府把大学视为附属机构，政府全面干预大学，大学缺乏自主权，因此，都主张政府放权，给予高校应有的自主权。应该说这种思路是符合我国国情的，但此思路却忽略了问题的另一个方面，即大学应该怎样做才能赢得政府的信任，使政府心甘情愿地放权而不是被迫；政府应该怎样做才能赢得大学的信任，使大学心服口服地接受政府的监督和管理。换言之，就是没有从主体间性出发来探讨政府和大学的关系问题，而信任就是从主体间性出发建立信任双方的合作关系，实现双方利益的最大化。因此，本研究以“信任理论”为基本的分析视角，以信任理论为本研究的基本线索，首先分析信任理论与政府和大学关系研究的适切性；其次，从政府和大学信任的视角，审视我国政府和大学之间存在的问题；最后，基于政府和大学信任理论，提出建立和谐的我国政府和大学新型关系的途径和对策，实现政府和大学之间的良性互动，促进大学健康繁荣的发展。

具体来说：

第一章：主要是在对信任及其形成机制论述的基础上，剖析政府和大学关系中的信任问题，具体包括：从信任与自由相关，即对于信任者而言是选择的自由，对被信任者而言是行动的自由，分析政府的信任是大学自治获得的前提；从信任是合作之前提，分析政府和大学作为利益相关者，信任是防止零和博弈结局出现，实现政府和大学合作的前提；从信任的维持秩序功能，分析信任可以克服政府和大学信息不对称带来的行动障碍，并降低政府管理大学成本等方面，阐述信任在促进政府和大学关系和谐中的作用。以此为基础，阐明从信任视角研究政府与大学的意义。

第二章：基于对政府和大学信任的含义和特点分析，以政策法规文本为参照物，对新中国成立至今，我国政府和大学关系的演变进行了回顾。从历史的追溯中可以看出，我国政府和大学信任存在政府干预过多，大学学术自主权缺乏，社会力量缺失等问题。这些问题导致政府管理成本高，社会监督力量薄弱，大学运行规范性差等严重后果，从而影响了我国政府和大学之间的和谐。

第三章：结合我国政府与大学关系的实际，分析影响我国政府和大学信任的重要制度因素。主要包括：首先，我国大学法律地位模糊，导致政府和大学法律关系不清，政府将大学视为附属机构，政府和大学间不存在信任，因为信任和不确定性相关。同时，大学法律地位的模糊，也导致大学在司法实践中行政法律关系和民事法律关系的混淆，使政府对大学难以信任。其次，由于现行我国政府和大学权力划分模式是通过立法规定大学自主权，剩余的高等教育权力就属于政府，而我国现有高等教育法律对大学自主权规定又模糊不清，并且缺乏救济途径的规定，使政府和大学的权力边界不清。这就导致政府越权，大学缺乏应有的自主权，而权力与责任是对等的，大学因无权而不愿承担责任，再加上立法对政府和大学责任规定含糊不清的推波助澜，致使大学的行为让政府难以信任，政府不放心放权。最后，大学作为被信任方，能否很好地履行责任，实现公共利益和政府的目标，还必须要有完善的监督机制，而我国目前监督大学行为的机制却存在法理依据不足、同体监督不力、异体监督虚置等问题，使政府对大学的行为没有信心而不愿给予信任。

第四章：从应然性的维度分析政府和大学的关系及信任机制。首先，分析和谐的我国政府和大学关系的主要特征是相互理解、平等相待；互利互惠、合作双赢。然后，从信任的主体间性和信任是简化复杂性的有效机制两个维度，分析借助信任一方面可以克服我国政府和大学间原有的单向度思维模式的不足，达成共识，相互理解。另一方面，伴随我国高等教育管理体制改革的进行，我国政府对大学管理的不确定性增加，为减少风险，促进合作，需要借助信任机制。而理解和合作是和谐的政府和大学关系的重要特征，因此，信任是建立和谐的我国政府和大学关系的途径。其次，对我国政府和大学和谐的信任机制进行理论建构。主要从健全有效的法律规范体系是政府和大学信任机制的基石，权责清晰、统一是政府和大学信任机制的核心，完善的问责制是政府和大学信任机制的保障三方面，构建三位一体的理论框架。

第五章：以第四章理论建构为基础，针对我国政府和大学关系存在的问题，提出建立政府和大学和谐的对策。首先要确立大学的公务法人地位，明晰大学与政府的法律关系，为厘清政府和大学的权责奠定基础，也是政府和大学信任建立的前提；其次，主要从明确政府和大学的权责，以及推进大学章程建设两方面完善高等教育法律法规，厘清政府和大学权责边界，是实现政府和大学信任的关键；最后，建立高校社会问责制，保障政府权益的实现,是建立政府和大学信任,实现政府和大学和谐的制度保障。

## (二)研究方法

根据本研究的研究思路,为达到研究的目标,本研究主要采用了以下研究方法:

### 1. 文献分析法

文献分析法就是对某一主题的文献进行查阅、搜集、鉴别、整理,并通过对文献的分析获取信息的研究方法。本研究中对信任的基本理论、大学的使命、我国政府和大学的权责、评价机制等问题的分析和研究普遍采用这种方法,主要是基于对这些文献的分析找到研究的理论基础、问题之所在和应对的对策。这种方法是本研究采用的最主要的研究方法。

### 2. 历史研究法

历史研究法就是以过去为中心的研究,它通过对已存在资料的分析和研究,寻找事实,然后利用这些事实去描述、分析和解释过去,并对未来进行预测。历史研究和其他研究的不同点在于,它不创造数据或事实,而是试图发现已经存在的数据或事实。本研究主要是基于对现代大学历史材料的分析,从历史的角度分析政府和大学的关系,分析和谐的政府和大学关系是大学健康发展的重要基础的事实。

### 3. 比较研究法

比较是认识事物的基础,是人类认识、区别事物间异同点最常用的思维方法。如今比较研究法已经广泛运用于科学研究的各个领域,也是教育科学研究中的一种重要的研究方法。比较研究法的种类很多,按目标的指向,可分成求同比较和求异比较。本研究将单向度思维下政府和大学关系的特点和信任维度下政府和大学关系的特点进行求异的比较,以凸显信任维度的优势。

### 4. 多学科、多角度综合研究的方法

多学科对信任问题的研究成果构成了对信任问题进行多学科、多角度研究的基础。本研究以这些思想资料为基础，采用社会学、组织行为学、经济学相结合的方法对政府和大学信任问题进行综合研究。

# 第一章 基于信任理论的政府与大学关系研究的意义

政府和大学是一对矛盾统一体,双方关系的状态是影响大学发展的重要因素,如何处理二者的关系也一直是困扰世界各国大学发展的难题。信任作为一种以主体间性为基础,双向互动为特征的关系;作为一种减少不确定性,降低成本,维护社会秩序,促进合作的机制,为构建和谐的政府与大学关系提供了一种新思路。事实上,政府与大学关系本身也包含信任问题。因此,用信任理论研究政府与大学关系问题有其合理性和适切性。

## 一、信任理论的内涵解读

正如西美尔所言:"离开了人们之间的一般性信任,社会自身将变成一盘散沙,因为几乎很少有什么关系能够建立在对他人确切的认知之上。如果信任不能像理性证据或个人经验那样强或更强,也很少有什么关系能够持续下来。"[①]信任存在于社会生活各领域并有效发挥作用,是整合社会的重要力量。政府与大学的关系同样需要信任而维系。信任理论是本研究的理论基础,信任是本研究的核心概念。因此,首先必须对信任的含义、

① 西美尔.货币哲学[M].陈戎女,等,译.北京:华夏出版社,2007:111.

信任的实质、信任的基础以及政府和信任的含义及特点做相关梳理，建立研究的理论背景。

## （一）信任的界定

对“信任”一词进行词源学考释，发现中西方文化对信任一词赋予了不尽相同的内涵。在汉语中，在先秦时代没有“信任”一词，“信”与“任”是分开的。《说文解字》中“信”是“信，诚也，从人从言”。诚信是“信”最常见的含义，“信”在中国传统文化中有浓郁的道德含义。在古汉语中，“信”还包括信用、相信、信任的意思。在辞典中“任”有官职、保举、承担、信任、听凭的意思。[①]在《辞海》中，“信任”被明确界定为“信得过而托付重任。”[②]在英文中，主要用“trust”一词来表示信任。“trust”在《牛津英语词典》（*The Oxford English Dictionary*）（第二版）中含义如下：①对某个人、某个事物的品质和属性或某个陈述的真实性的相信或依赖。②对某事物的怀有自信的期待。③义务、忠诚和可依赖性。④对于一个买者拿现货而将来付钱的能力和意向的信心。⑤对寄托某人具有信心的状况，或被托付某事物的状况。⑥（法律）将财产的合法所有权信托给某人，由他去为了另一人的利益掌握和使用这笔财产。⑦商业托拉斯。根据“trust”的内涵，可以看出西方传统文化中的信任与法律有关。

对信任问题进行系统研究始于心理学，心理学从微观个体出发，认为信任是一种基于心理期望和预期而产生的风险行为，这种心理期望的产生或者是由于外部情景的刺激（如多伊奇），或者是由于内部个人的成长经历和个人对人性的看法而形成的个人人格特质（如罗特尔、赖兹曼）。另外，列维斯（Lewis）和维格尔特（Weigert）认为信任是基于人际关系中的理性计算和情感关联而产生的人际信任。[③]

社会学突破了心理学研究微观个体的范式，既研究个体间

---

① 郑也夫. 信任论[M]. 北京：中国广播电视出版社，2006：9.

② 辞海编辑委员会. 辞海：增补本[M]. 上海：上海辞书出版社，1982：67.

③ 郑也夫，彭泗清，等. 中国社会中的信任[M]. 北京：中国城市出版社，2003：2-3.

的人际信任，又研究社会信任。认为信任根植于社会关系更宏大的系统中，受制度、规范等社会性因素的影响，因此，把信任理解为是建立在社会制度和文化规范基础上的社会现象。如德国社会学家卢曼(Luhman)认为从最广泛的意义上看，信任是对他人期望的信心，是作为人性和世界的自明事态的本性，它是社会生活的基本事实。①不仅如此，卢曼还用新功能主义的理论来研究信任，把信任与不断增长的复杂性、不确定性和风险等当代社会的特征联系起来，认为信任在本质上是一个社会复杂性的简化机制。巴伯(Barber)将信任定义为"是对维持合乎道德的社会秩序的期望"，并对这个一般定义进行了进一步的诠释，具体化为：第一，信任是对处于社会关系和社会体制之中的那些人的有技术能力的角色行为的期望；第二，信任是对相互作用的另一方履行其信用义务和责任的期望。②吉登斯把信任与现代性联系起来，并将信任定义为："对一个人或一个系统之可依赖性所持有的信心，在一系列给定的后果或事件中，这种信心表达了对诚实或他人的爱的信念，或者，对抽象原则(技术性知识)之正确性的信念。"③祖克尔(Zucker)从发生学角度界定了信任的三个层面：基于交往经验的信任、基于行动者具有的社会特征和文化特征的信任、基于制度的信任。其中，基于制度的信任是建立在非个人的规则、社会规范和制度基础上，信任由个人信任扩展为制度信任。④美国社会学家米兹泰尔从信任与秩序关系的角度理解信任，她指出，信任是一种社会机制，在一个社会中建立信任的问题就是一个关注社会秩序所必需的条件的问题。⑤福山(Fukuyama)认为，信任是一种社会美德，信任是由文化决定的，

---

① 尼可拉斯·卢曼. 信任[M]. 瞿铁鹏，等，译. 上海：上海人民出版社，2005：3.

② 伯纳德·巴伯. 信任：信任的逻辑与局限[M]. 牟斌，李红，范瑞平，译. 福州：福建人民出版社，1989：15，11.

③ 安东尼·吉登斯. 现代性的后果[M]. 田禾，译. 南京：译林出版社，2000：30.

④ 张缨著. 信任、契约及其规制[M]. 北京：经济管理出版社，2004：34-35.

⑤ 周治伟. 政治信任研究——兼论当代政府公信力[D]. 中共中央党校，2007：16.

而文化是继承而来的伦理习惯。[①]因此，福山将信任理解为一种基于道德这一内在制度的社会信任。美国学者埃里克·尤斯拉纳认为，“信任是一种道德价值，它反映一种乐观的世界观，并且有助于解释，为什么人们要向自己社群内的他人伸出双手，这些人不同于他们、而且比他们运气差。”[②]波兰社会学家彼得·什托姆普卡则给出这样一个定义：“信任就是相信他人未来的可能行动的赌博。它有两个主要的组成元素：信心（belief）和承诺（collunitment）。”[③]

经济学家多是从新古典经济学的理性选择出发，认为信任实际上是人们为了规避风险、减少交易成本的一种理性计算。例如，科尔曼在《社会理论的基础》中把信任看作是社会资本的一种形式，从委托—代理角度来分析信任问题。在委托—代理框架下，科尔曼认为，一个行动者去信任或不信任的决定是预期收益和有关的预期损失的函数。给予信任的决定类似于去打赌的决定。如果得胜概率与失败概率的比例大于可能遭受的损失与可能获得的利益之比，一个理性的行动者将给予信任。

另外，组织行为学从宏观层面将信任视为组织控制的机制，是价格和权威之外的另一种方式；是管理理念和管理哲学的关键因素；是组织网络形式运转的要因。[④]伯特和肯兹从中观层面认为信任是所预期的合作，预期的合作是组织信任的根本。信任的复杂性可能产生于信任的复杂的结构性影响。[⑤]克雷默（M. Kramer）、刘易斯（Lewicki）和邦克（Bunker）等从个人心理对组织信任进行微观层面的研究。总体来看，组织行为学是结合

---

① 弗兰西斯·福山. 信任：社会美德与创造经济繁荣[M]. 彭志华，译. 海口：海南出版社，2001：33.

② 埃里克·尤斯拉纳. 信任的道德基础[M]. 张敦敏，译. 北京：中国社会科学出版社，2006：19.

③ 彼得·什托姆普卡. 信任——一种社会学理论[M]. 程胜利，译. 北京：中华书局，2005：33.

④ 罗德里克·M. 克雷默，汤姆·R. 泰勒. 组织中的信任[M]. 管兵，等，译. 北京：中国城市出版社，2003：21.

⑤ 罗德里克·M. 克雷默，汤姆·R. 泰勒. 组织中的信任[M]. 管兵，等，译. 北京：中国城市出版社，2003：88.

心理学、社会学和经济学等多学科的观点来诠释信任及作用。

从上述分析可以看出，不同学科都从自己的视角出发给予了信任不同的阐释，赋予其不同的内涵，使信任概念的内涵莫衷一是。但总体看，大多认为信任具有下述特征和性质：①信任是一种主体间性和互动关系。它包含信任方和被信任方两个基本因素，这两个因素之间是平等的主体与主体的关系，而不是主客体关系，这是其一。其二，信任方和被信任方是两个相对的概念，二者的角色不是一成不变的，在一定的条件下，可以相互转换。②信任是一种相互依赖。信任方和被信任方之间彼此都能满足对方的利益诉求，是以利益关系为纽带而建立的依赖关系，这是信任能够存在和建立的现实基础。③信任具有时间差与不对称性。信任是事前行为，承诺在先，行动在后，二者之间存在着时间差，信任方和被信任方之间存在着某种不对称性。④信任和不确定性相关。对对方行为处于不完全了解或不确定的状态，是信任概念的核心；不确定性是由时间差引发的，因为从承诺到付诸行动到产生结果这一过程中，可能会有主客观因素干扰，使预期结果能否实现具有不确定性，不确定性就意味着存在风险；信任是应对风险的手段，如果具备了确定性，就没有风险，就不叫信任了。⑤信任是相信预期行为会利大于弊，是理性的选择。⑥信任介于全知与无知之间，是不顾不确定性去相信，所以，信任是主观倾向和理性计算的结合体。⑦信任与自由相关，对于信任方而言是选择的自由，对于被信任方而言是行动的自由，信任方应该给予被信任方行动的自由。

本研究试图从社会学、心理学、经济学等多学科的视角研究我国政府和大学信任问题，因而借鉴各学科对信任的理解以及组织行为学对组织内部和组织间信任的研究成果诠释信任概念。本研究认为信任是指信任方和被信任方（或受信方）即使在不能控制对方行为的条件下，仍然彼此相信对方不会利用自己的弱点和缺陷做出不利于自己行为的信心，这种信心发生在双方产生托付行为之前，信心的强度取决于对对方相信的心理感受程度和制度规范的完备程度，是相信和托付行为的复合体。即本研究所指的信任既是一种应对未来的风险和不确定性的乐观心理状态，也是一种理性的行动选择。

从前面对信任含义的分析和梳理中，可以看出信任与信赖、相信、信心、信用、诚信等概念相关联，为了更清晰地理解信任范畴，需要厘清信任和上述相关概念的异同。

### 1. 信任和诚信

诚信和信任是一对既有区别又有联系的范畴。诚信由"诚"和"信"组成，在《说文解字》中的解释是："诚，信也""信，诚也"。诚信，即诚实守信，言行一致，践约守诺的美德，强调的是主体对他人和做事的态度和自身内在的修养，同时，诚信也是规范人的行为的基本的道德规范。可见，诚信是伦理学的重要组成部分，主要指向的是道德领域的问题，涉及的主要是人的道德品质问题。而信任主要是从社会学的意义上来研究，被看作是一种社会关系，是建立在社会制度和文化规范因素基础上的一种社会现象。因此，诚信不等同于信任。当然，诚信和信任又是紧密相连的。因为信任得以建立的制度性基础包括两个方面：正式的法律规范等外在制度和非正式的习俗、习惯、道德等内在制度，而诚信的美德就是赢得信任的一种重要的非正式制度。就这个意义而言，诚信和信任密不可分，诚信是建立信任的前提和基础之一，是个体社会资本中的重要元素，一个人只有讲诚信才能赢得别人的信任。

### 2. 信任和信用

何谓信用？《辞海》(1989 年)对信用的解释是"遵守诺言、实践成约，从而取得别人的信任。"传统文化中的信用是指履行诺言赢得信任，是一种诚信的美德。现代意义上的信用有广义和狭义之分，广义的信用，通常表现为一个伦理学范畴，主要是指参与社会和经济活动的当事人之间建立起来的以诚实守信为道德基础的践约行为，它是一种普遍的处理人际关系的伦理道德准则，是一种主观上的诚实守信和客观上的偿付能力的统一。狭义的信用，是一个经济学、法学范畴，是指在商品交换和其他经济活动中，授信人和受信人所实行的以契约或者合同为基础的资金的借贷、承诺、履约的行为。①实际上，狭义的信用只是广义信用的具体实施和体现。可见，信用只是反映个人或者组织是否被他人信任以及信任程度的概念，属于被观察者的属性，而信任属于主体的选择。不过，信用和信任之间又互为前提，具有内在的联系性。一方面，信任是信用的前提，信用是建立在对被观察者信任的基础上的，如果不信任，就不存在信用。另一方面，信用也是信任的前提，信任往往建立在对受信人信用状况了解和熟知的基础上。

### 3. 信任和信赖

大多时候信任和信赖被作为同义词来使用，因为这两个概念都是指可能落入失望的期望。但是这两个概念又不尽相同，卢曼对这两个概念进行了区分。信任和信赖的区别表现在两个方面：一方面，信任和信赖的觉察力和归因不同。如果你没考虑可能的选择，你就处于信赖的情景中。如果你选择了与他人有关的行动，虽然他人的行为可能造成你的失望，那么你就处于信任的情景。如果你没有达到预期的期望，但把失望的原因归结为外因，是信赖。如果把失望的原因归结为内因，是信任。另一方面，信任和信赖的区分依赖于我们区分危险和风险的能力。卢曼认为，不管是对遥远的或即将发生的事情进行鉴别，判定是信任还是信赖，问题的关键不在于可能性还是不可能性，而在于是否失望的可能性取决于你自己先前的行为。信赖出现在以偶发性和危险性为特征的情景中，这就使提前预防和采取防护措施具有了意义。信任不是取决于天生固有的危险，而取决于风险，信任是对产生风险的外部条件的一种纯粹的内心估价。②

### 4. 信仰、信任、信赖和相信

信任的这几个同义词常被人们混淆使用。实际上，这几个

---

① 高洪深，丁娟娟. 企业知识管理[M]. 北京：清华大学出版社，2003：139.

② 郑也夫. 信任：合作关系的建立与破坏[M]. 杨玉明，等，译. 北京：中国城市出版社，2003：120-124.

词之间存在相信程度上的差异。基思·哈特从词源的角度，区分了信仰、信任和信赖。他认为“信仰(faith)、信任(trust)和信赖(confidence)都表示相信。相信最初是指被珍视的东西(和爱相比)。相信就是承认某事是真的。相信就是对某人或某事的信仰、信任或信赖。信仰和信赖都来自于拉丁语 fides 这一与日耳曼语的信任最接近的事物。”①从中世纪开始，信仰一词开始取代相信用以表达对人或事物信任的最强烈的词语。哈特以对理性证据的依赖程度的不同，对这三个包含相信意义的概念进行了区分。信仰是一种充满感情的、毫无疑问的、无须证据的接受。信任是建立在非决定性的证据基础上的期望，是充满不确定性和必须准备忍受风险。信赖是建立在实质证据或逻辑推论上的强烈的确信。由此可见，信任就处于相信的词语连续体中间位置，处于盲目的信仰和明察秋毫的信赖之间。信任虽然不拒绝理性的证据，但也是建立在风险和不确定性之上的。②

## (二)信任的实质

信任的实质是对信任客体未来行为的良好期望和信念。信任是复杂的现象，所属的领域是多样的，因此，需要从多角度来理解信任的本质，勾画信任的立体图画。

### 1. 作为一种关系的信任

这是假定“信任是关系的一种性质”，②是信任方和受信方之间的一种关系。即虽然信任最初仅是单方面的期待和承诺，但最终以关系的建立为结果。这种关系的建立有两种：一种是直接交换。即给予信任的行动唤起了互惠的行动，或者产生了一个值得信任的客体；另一种是间接交换。即信任客体在不知道自己的行为对信任方非常重要，不知道自己被信任方信任时，

①② 郑也夫.信任：合作关系的建立与破坏[M].杨玉明，等，译.北京：中国城市出版社，2003：232.

② 彼得·什托姆普卡.信任——一种社会学理论[M].程胜利，译.北京：中华书局，2005：79.

仍能达到信任方的要求,实现信任方的目标,这是一种间接回报。比如,一个组织有效、公正的运行就是对信任方给予信任的间接回报。但是无论是哪种关系,都不是随心所欲、无条件地形成的。作为一种关系的信任,其产生与两种预设有关:一是预设信任双方都是理性的行动者,双方通过对可得信息的理性计算,认为对方总体是值得信任的;二是在信息不完全,存在不确定性或风险的情形下,信任方对潜在的获得和潜在损失的估计,当可能的失败将给他带来损失时,信任方会给予信任。在这两种情形下信任关系得以建立。

### 2. 作为人格特质的信任

这是从心理—社会视角研究信任,把信任看作人格驱动力、信任者的一种品质。信任的这种心理倾向,学者们用各种术语来指称,威尔逊称之为“道德冲动”,吉登斯称之为“基本信任”,哈丁称之为“信任能力”、福山称之为“固有的社会性”等。① 许多学者认为存在这种信任冲动,并倾向于把这种特质看成不是天生的、不是通过遗传获得的,而是由于后天特殊的生活经验而习得的,是伴随人成长的不同阶段的与信任有关的经历逐步形成的。如什托姆普卡认为儿童在家庭早期社会化过程中,正是来自父母亲密的、温暖的基于信用的信任,才使信任冲动初步形成,但在此阶段,重要的信任是模糊的、本能的,还没有与父母的信用行为相连接的期望,也还不存在委托。在成长的下一个阶段,新的信任形式开始展现,信任的内容也包括对公平游戏、保守秘密、忠诚价值观的期望,委托行为开始出现。工具性期望是在成人后重要的职业领域才出现,也许是最慢形成的。在成长的所有阶段出现的各种信任可能得到满足或背叛,如果一贯得到满足,信任冲动就会扎根于他的人格之中。②

---

① 彼得·什托姆普卡. 信任——一种社会学理论[M]. 程胜利,译. 北京:中华书局,2005:129.

② 彼得·什托姆普卡. 信任——一种社会学理论[M]. 程胜利,译. 北京:中华书局,2005:130-131.

此外,信任冲动可能是具体的也可能是一般的,它可能指向某一类特殊的人,也可能包括所有人。后一种情况,尤斯拉纳称之为普遍信任,这种信任以乐观主义为基础,即认为未来比过去好;相信可以控制自己的环境,使它越来越好;个人有幸福感;社群有支持作用。①

作为人格特质的信任是作为一种关系的信任的补充,它的存在或者缺失在理性计算风险和代价时是一个限定因素,导致给予受信方信任或者收回信任。

### 3. 作为文化规则的信任

信任的另一个维度是把信任看作是一种文化现象,是一种文化规则。福山将文化定义为:"文化是继承而来的伦理习惯。"②即信任是一种伦理规则。作为文化规则的信任是历史的产物,它不是关系或个体的属性,而是社会整体的属性。即"如果规则要求信任被一个社会分享,而且每一个成员都认识到这些规则是给予的和外部的,那么它们就会对实际的给予或收回信任的行动施加强有力的约束。它们可能显著地改变理性的计算和信任的内在倾向。"③一旦信任文化出现并扎根于社会的标准系统中,它就会变成一个强有力的因素,既影响人们信任的决心,又影响人们达到信任的要求或很多行动者相互给予信任的要求的决心。

## (三)基于制度的信任

信任是相信和托付行为的复合体。而在现实中,我们却发现不同的人、不同的人群共同体、不同的社区、不同的社会的信任及其强度不同,有些人愿意给予信任,而有些人则怀疑和不信

---

① 埃里克·尤斯拉纳. 信任的道德基础[M]. 张敦敏,译. 北京:中国社会科学出版社,2006:103.

② 弗兰西斯·福山. 信任:社会美德与创造经济繁荣[M]. 彭志华,译. 海口:海南出版社,2001:33.

③ 彼得·什托姆普卡. 信任——一种社会学理论[M]. 程胜利,译. 北京:中华书局,2005:87-88.

任；人们有时愿意给予信任，有时又拒绝给予信任。“很明显，有一些情形要求信任，而另一些情形要求不信任。”①甚至不同情形下要求不同的信任。导致这种复杂情形出现的原因在于信任是多维度的，其产生是综合、复杂的，有理性、心理、文化等基础。鉴于本研究的主旨，主要运用社会学信任理论。社会学家把信任理解为社会制度和文化规范的产物，是建立在法理（法规制度）或伦理（社会文化规范）基础上的一种社会现象。②比如，祖克尔把信任产生的主要模型分为了基于交往经验的信任、基于行动者具有的社会特征和文化特征的信任、基于制度的信任。卢曼和吉登斯也提出了以社会的规范制度、法律法规为基础的“系统信任”（制度信任）。其实，按照制度经济学理解的制度概念，无论是法律规范，还是伦理规范都是制度的组成部分。因此，这里主要阐述信任产生的制度基础。

### 1. 制度与信任

何谓制度？按照制度经济学的理解，制度是人们在相互交往过程中，用于规范人们的行为，防止机会主义行为发生的规则。这里的规则就是制度，在本书中可以互换使用。从制度起源的角度，柯武刚和史漫飞把制度分为内在制度和外在制度。外在制度“是由统治共同体的政治权力机构自上而下地设计出来、强加于社会并付诸实施的”③规则。柯武刚根据外在制度的内容和目标，可将其分为三种类型：第一，由包含在国家的民法、商法和刑法之中的，具有广泛适用性的禁令性规则构成，以类似内在规则的方式约束公民行为的外在行为规则；第二，成文法中的具有特殊目的的指令性外在规则，它们指示公共主体或民间主体造成预定的结果；第三，针对各类政府主体，指示它们如何

---

① Luhmann. Trust and Power[M]. New York：John Wiley，1979：86.

② 郑也夫，彭泗清，等. 中国社会中的信任[M]. 北京：中国城市出版社，2003：3.

③ 柯武刚，史漫飞. 制度经济学：社会秩序与公共政策[M]. 韩朝华，译. 北京：商务印书馆，2000：131.

行事和应做什么的程序性规则或元规则,如行政法。[①]内在制度是"群体内随经验而演化的规则"[②]。柯武刚将内在制度分为四种类型:第一,习惯。如果人们不遵守习惯,就会将自己逐出交往。第二,内化规则。是人们通过教育、习惯和经验习得了规则,并将之转化为个人偏好约束自己的行为,若违反会受到内疚的惩罚,所以,建立可信赖的内化规则可以节省成本。第三,习俗和礼貌。违规者会留下不好的名声,或者被群体和社会所放逐。第四,正式化内在规则。这种规则虽然是随经验而出现,但在一个群体内以正式方式发挥作用并被强制执行。如,行业的自我管理。[③]

制度可以减少复杂性,使信任成为可能。首先,制度通过协调秩序促进信任的建立。制度是行为规则,是引导人们行动的手段,制度通过指示人们或者组织可以做什么的指令性规则和禁止人们或组织做什么的禁令性规则,抑制他人和组织任意行为和机会主义行为的出现,减少了未来的不确定性,造成了一种可以预见的、稳定的"客观秩序",有助于人们或组织应付对不能驾驭未来所原生的焦虑,增强了人们或组织承受风险的能力。柯武刚、史漫飞认为:"制度提供了一套关于行为和事件的模式,它具有系统性、非随机性,因此,制度的关键功能是增进秩序。"[④]而秩序鼓励信任,并减少合作的成本。当秩序占主导地位时,不确定性减少,促进着可预见性,人们或组织可以克服信息不足问题,建立信任。郑也夫也强调制度在促进秩序中的作用,在其《信任论》一书中,他认为促进社会秩序的形成有三种力量:强制、互惠、习俗,而这种力量实际上就是外在制度和内在制度。

① 柯武刚,史漫飞.制度经济学:社会秩序与公共政策[M].韩朝华,译.北京:商务印书馆,2000:130-131.

② 柯武刚,史漫飞.制度经济学:社会秩序与公共政策[M].韩朝华,译.北京:商务印书馆,2000:119.

③ 柯武刚,史漫飞.制度经济学:社会秩序与公共政策[M].韩朝华,译.北京:商务印书馆,2000:123-126.

④ 柯武刚,史漫飞.制度经济学:社会秩序与公共政策[M].韩朝华,译.北京:商务印书馆,2000:33.

其次，制度具有保护个人或组织自主领域的功能，可以防止外部力量不恰当的干预，保护个人或者组织的自由和自治的权力。当然这种保护不是无边界的，对个人或组织自由的保护是以不伤害他人或其他组织的自由为前提。因此，制度的有限保护既维护个人或组织的合法权益，又有利于社会的有序，从而增强了个人和组织信任彼此的信心。可见，制度有利于信任的建立，是信任的基础。

以制度为基础的信任具有以下特征：第一，制度信任为信任方和被信任方的行为设定了特定的处境，即事前承诺的处境，为愿意信任的人或组织提供保障，为违背信任方提供惩罚。这种处境不是一种可以设想为持续或中断的主观活动，它不受个体不满的影响，不像人际信任很容易被极小的欺骗所破坏，制度的这种普遍化特征使大部分内在保证可有可无，使信任简单化、容易化。第二，制度信任具有不受动机形态影响的特点，即制度信任是建立在信赖那些个人或许并不知晓的原则的正确性基础之上，而不是建立在对他人的良好动机的信赖之上。这就使欺骗和作为其基础的自我表现等一般问题显示出不同的情况，在制度信任中信任双方将欺骗问题托付给了信任。第三，制度信任要求增加专家知识。制度信任的建立要依赖于对制度的控制能力，对制度的控制需要相当数量的详细知识，从实践的意义上来说，对制度的控制只能作为某人的主要职业才能执行，因此，对制度的控制只能依赖于介入这种控制的专家，这就需要不断增加专家知识。

以制度为基础的信任必须以对制度的相信为前提，即对制度的有效性的相信、认可和接受。[①]对作为现在存在的制度的这种心理体验和感受，不是空穴来风，而是立足于制度本身的魅力。有效的制度应具备以下特征：第一，制度设计必须体现绝大多数人都追求的普适性价值，如自由、正义、安全、和平和繁荣等。第二，一般性或抽象性。制度要具有普遍化功能，制度必须

---

① 董才生. 社会信任的基础——一种制度的解释[D]. 吉林大学，2004：29.

是一般而抽象的，哈耶克将一般性定义为适用于未知的、数目无法确定的个人和情境。也就是说，制度不应当在没有确切理由的情况下对个人和情境实施差别对待。① 制度对于任何人和情境都一视同仁，无人能高踞于制度之上。因此，制度的一般性还意味着对所有人的程序公正平等，制度的一般性是公正的组成部分，若根据人们出身、社会地位、宗教、种族、性别等的不同，有差别地运用规则和惩罚就是不公正，也是对制度的一般性的背离，制度的有效性就难以实现。根据制度的一般性特征，制度更适合采用禁令性规则，禁令性规则具有普适性，为行为者提供了巨大的自行决策空间。与制度的一般性相反的是制度的密集化，即制度要调控大量细节，密集化常常以指令性方式来调节，这会导致制度中复杂机能障碍。第三，确定性。制度的确定性有两层含义：规则必须是可认识的、显明的；规则必须就未来的环境提供可靠的指南。② 即确定性意味着，制度的信号必须能让正常的公民清晰地看懂，知道违规的后果和惩罚，并能使自己的行为与之符合。可见，确定性有利于制度有效地发挥对人的行为的约束功能，使人的行为合法、合规范。这就要求制度的表述必须通俗易懂，规则可操作，并保持稳定性，做到统一性，力求透明性。第四，开放性。制度应当具有开放性，以便允许行为者通过创新行动对新环境做出反应。第五，合理性。制度的关键功能是增进秩序，而秩序建立的关键是制度对个人、组织权责利划分的合理、明晰，既确保个人或组织的权利，也明确各自承担的责任和义务。若权责利划分不合理，就会导致制度运行中的混乱，社会秩序也随之混乱不堪。第六，可控性。制度的有效性还依赖于对制度的控制能力，这种控制需要借助专业知识，因此，这就要求增加专家知识，提高对制度的控制能力，保证制度的运行有序、有效和公正。制度只有具备了上述特征，才是有效的制度，个人、组织或社会才能相信制度的有效性，基于制度的信任才能建立起来。

---

①② 柯武刚，史漫飞. 制度经济学：社会秩序与公共政策[M]. 韩朝华，译. 北京：商务印书馆，2000：148.

### 2. 信任的制度基础

根据上述制度含义、制度的有效性特征，信任建立的制度基础主要包括完善的法律规范体系、明晰的权责和有效的监督机制等。

(1)完善的法律规范体系

在现代社会，法律规范对信任的建立是至关重要的。因为现代社会随着社会结构化和系统化的加深，对于处于社会系统中个体而言总是面临多种可能性的选择，社会秩序变得复杂多变，现代性把人们熟悉的世界变得陌生，把前现代社会简单的社会关系和社会结构复杂化，现代性带来了风险和不确定性。而法律规范作为一种外在制度和一种社会规范，是由国家制定或认可，用以指导、约束人们的行为，并由国家强制力保证实施的行为规则。法律规范从内容上看，它明确规定了个人或组织应当做什么、禁止做什么、允许做什么，确立了个人或组织行动的底线，规定了违背规则应该承担的责任和应受的惩罚。从执行上看，法律规范由作为第三方的政府、法院或者专门的执行机构来执行，如刑法，其执行具有强制性，能有效防止机会主义行为的发生，这是法律规范不同于其他社会规范的重要特点。因此，法律规范预设了被信任方未来的行为，减少了未来行为的不确定性，为信任方给予信任提供了一种强制性的可信性背景条件，当然，法律规范要达到此目的，其前提必须是完善、有效和合理的。

(2)明晰的权责

权责是对等的，享有多大的权力，就应当承担多大的责任。没有无责之权，也没有无权之责。因为权力与利益相伴，拥有权力，就得到与之相连的利益，就应当承担相应的责任。

对于信任双方而言，明晰的权责规定了信任方和被信任方可以在什么范围内行事，以什么方式行事，行事的应然后果，以及必须承担的责任、所受的约束和不履责所受的惩罚，这就为信任双方的预期行为设置了责任性背景，使未来行为变得可预测、使未来行为具有确定性。这实际上就是一种事前承诺，事前承诺意味着被信任方有意改变他们自己行动的背景，对自己提出更高和更严格的要求，限制自己行为的范围和方式，主动减少自己依照惯例应有的自由。①事前承诺是一种机制，通过它能对被信任方施加一些约束，可以减少信任方对被信任方的可信性的担忧。可见，明晰的权责是信任关系建立的关键，是信任得以建立的重要制度基础。

(3)有效的监督机制

责任性是信任的重要基础和理由，对于被信任方而言，责任性意味着不实现信任或者违背信任是很难的，因为它不会不被侦查和惩罚；对于信任方而言，责任性给信任方提供了一份防止可能损失的保险，或者防止潜在的信任背叛的备用选择，使信任方更易给予信任或把有价值的事物委托给被信任方。但责任性是一种强制性的可信性，更确切地说，由于有监督和惩罚被信任方行为的责任性机构的存在，即便背叛信任的行为发生了，这种监督和惩罚是潜在的、可以获得的。这种责任机构大致包括两类：一类是承担责任性的正式机构，如法院、警察、消费者保护组织、廉政官员、职能部门等；一类是非正式机构，如家庭、邻居、同事、同学、朋友等。但是，有一点必须明确，责任性机构要达到让被信任方负责任的目的，仅仅是存在还不够，还必须要有效地发挥作用。那么责任性机构发挥作用的条件是什么呢？什托姆普卡认为个人因素与被信任方的个性有关，结构性因素与维持有效责任机制的特殊的组织安排有关。从个人条件看，首先是非匿名性，清楚地知道被信任方的身份、位置、名称等是责任性的前提条件。其次，是责任机构管辖权的依赖性。如果责任机构对被信任方没有管辖和约束权，信任难以保证。最后，拥有可被看作承担责任的担保或保险的资源。从结构性因素看，被信任方为了提高自己的或同伴的可信性，

---

① 彼得·什托姆普卡.信任——一种社会学理论[M].程胜利，译.北京：中华书局，2005：116-122.

还求助一些结构性安排,比如,合同,合同不仅在它具体的范围内保证达到信任的要求,还提高了被信任方的可信性。[①]因此,监督机制必须是完善、有效、可操作的,才能保证责任性的实现,使信任成为可能。

## (四)政府和大学信任的含义及特点

### 1.政府和大学信任的含义

政府和大学信任是指政府和大学互为信任双方,均相信对方在相关活动,比如政策制定、发展规划、招生、教学、教师聘任、经费使用等活动中,不会做有损自己利益行为的信心,信心的强度取决于对对方相信的心理感受程度和制度规范的完备程度。本研究将作为信任双方的政府和大学分别确定为:政府是广义的政府,是立法、行政、司法组织形态及其各组织形态所制定的思想和政令中与大学活动相关联的部分;大学是指作为我国大学主体的从事本科及本科以上学历教育的公立大学。

按照这个界定,对政府和大学信任内涵的认识,需要把握以下三点:

第一,政府和大学信任是双向互动的。

即政府和大学在信任关系中所扮演的角色不是固定的,政府和大学互为信任方和被信任方的地位不是一成不变的,在一定的情景中,政府是信任方,大学是被信任方;在另一情景中,大学是信任方,政府变成被信任方。这主要是由于政府和大学错综复杂的利益关系所导致的。具体而言,大学要获得自主权,赢得政府的支持需要取信于政府,大学是被信任方;政府要实现自己的发展战略,得到大学的支持同样需要取信于大学,政府是被信任方。从这个意义而言,政府和大学在信任关系中都能成为信任的主体,双方的关系以主体间性为基础,需要相互尊重、相互理解,平等相待。

---

① 彼得·什托姆普卡.信任——一种社会学理论[M].程胜利,译.北京:中华书局,2005:116-120.

第二,政府和大学信任与不确定性相关。

在中央集权管理体制下,大学是政府的附属机构,服从和听命于政府,大学从招生、教学、科研到经费的使用、教师的聘任等都接受政府的安排,大学完全掌控在政府手中,缺乏自主性,对于政府而言大学的行为基本上是确定的,政府无需承担什么风险,此种情形下政府和大学不存在信任关系。因为信任与不确定性相关,是应对不确定性和风险的手段,是简化复杂性的机制。在民主管理体制下,大学不再是被动的客体,而是拥有自治权的相对独立主体,大学和政府既定关系的改变,使一些原来属于政府的权力被剥离出来下放给大学,大学在招生、教学、科研等方面具有自治权,政府不能完全掌控大学的行为,对大学行为的可预见性程度降低,不确定性增加,风险加大。这就需要建立双方的信任,减少机会主义行为,增强政府和大学合作的信心。

第三,政府和大学信任是组织间信任,是一种建立在心理和制度基础上的行为选择。

组织是人们为了实现一定的目标,相互协作而组成的团体或集合体。对于组织间信任的含义理论界看法不一,例如,Morgan and Hunt(1994)提出,组织间信任是一方对其交易伙伴的可靠度以及诚实有信心;Rousseau 等(1998)提出,组织间信任是指一方对于另一方的意愿或行为的积极期待和接受意愿;Das 和 Teng(1998)强调,组织间信任是一方在考虑到自身所面对的风险的情况下对于另一方的行为的预期等。①综合来看,组织间信任是组织间对彼此行为不确定的前提下的预期和信心,这种信心不是毫无把握的冒险,是建立在对对方的心理感知或主观感受和制度规范基础上的行为选择。因此,政府和大学信任首先是一种心理状态和主观评价,是政府或者大学作为信任方根据自己所掌握的对方的信息、自己的经验和知识的积累,对对方预期行为和意愿的可信度进行评判,若可信度高就给予对方信

① 李东红,等.组织间信任理论研究回顾与展望[J].经济管理,2009(4):173-174.

任，反之就放弃。只是这种信任与个体信任不同，这种信任是一种集体信任，是一种集体心理感知，是分别隶属于政府和大学的成员之间的信任，是政府成员对大学这个组织的信任或者是大学成员对政府这个组织的信任。其次，由于可信度仅仅是一种心理层面的评判，缺乏强制性的约束力，以它为基础预期对方行为是有限度的，因此，为了避免对方机会主义行为的发生，政府和大学信任还借助制度规范的约束力，减少对方未来行为的不确定性和风险，使对方行为可以预测，从而实现政府和大学的相互信任。最后，政府和大学组织间关系比较复杂，大学既是公务法人（或公营造物）独立于政府，又接受政府财政资助，这种结构决定了政府和大学间双向信任中，更主要是大学如何赢得政府信任的问题。

### 2. 政府和大学信任的特点

#### （1）以主体间性为基础

主体性哲学强调主客体对立的二元思维模式，这种思维模式强调自我主体的优先地位和能动性，把一切客体都作为主体的对象，服从于主体的目的，导致"唯我论"和"人类中心主义"横行，启蒙运动走向了自己的反面，主体性陷入了前所未有的困境。

"主体间性"是针对"主体性"的困境和局限而提出的，是对主体性哲学的反思和超越而实现的现代哲学的转向，同时也是对现代性的拯救。主体间性作为现代西方哲学的一个术语，最早是由胡塞尔提出和使用，不过，哈贝马斯立足主体间性，用交往行动理论重建主体性，对现代性进行救助最为典型。在哈贝马斯看来，人的社会化和个体化是同时进行的，因此，主体只能是社会化的产物，"自我"是在和他人的交往和联系中才凸显出来，这个词的核心含义就是"主体间性"，即与他人的相关性和一致性，真正的主体只有在主体与主体相互承认和尊重对方的时候才存在。从这个意义上说，主体间性的本质"就是交互主体性，是两个或两个以上主体的交互关系，是人的主体性在主体间的延伸，体现的是共同在世的主体与主体之间的相互承认、相互沟通、相互影响。”[①]主体间性意味着主体之间的彼此认可、尊重、理解和共识,它包括个体与个体、群体与群体、个体与群体或类之间的关系。

主体间性何以能达成理解和共识?哈贝马斯以主体间性为基础构建了交往行动理论。受行为主义影响,他把人的行为区分为两个不同的层次:一是目的—手段合理行为;二是交往合理行为。什么是交往行为?哈贝马斯“把以符号为媒介的相互作用理解为交往活动。相互作用是按照必须遵守的规范来进行,而必须遵守的规范规定着相互的行为期待,并且必须得到至少两个行动的主体(人)的理解和承认。”[②]交往行为以理解为核心,致力于非强迫性共识,是主体的平等交流。理解要借助规则、语言,而规则存在于主体间性中,哈贝马斯认为没有主体间性就没有规则。因为在他看来,规则要涉及遵守规则的条件、规则意识的产生和规则正当性的辩护三个理论问题,而主体间性是解决这三个问题的关键:第一,没有主体间性,就无法知道某人是不是在遵守一条规则。第二,没有主体间性,就无法形成“规则意识”,也不能从“规则意识”中发展出“原则意识”、分化出“价值意识”。第三,没有主体间性,就无法为规则的正当性提供辩护。[③]可见,没有主体间性就没有规则,没有规则就没有理解和共识的产生,而主体间的相互理解和共识又是信任产生的基础,信任存在于主体间性中,也内在地包含主体间性。

因此,政府和大学信任的建立要以主体间性为基础,主体间性意味着政府和大学相互尊重,彼此认可,真诚相待,都能站在对方的立场上审视自己的制度和规则,审视自己的所作所为是

---

① 张冬梅. 主体间性哲学视域中的语际阐释[J]. 求索,2010(5):104.

② 尤尔根·哈贝马斯. 作为“意识形态”的技术与科学[M]. 李黎,等,译. 上海:学林出版社,1999:49.

③ 哈贝马斯把“规则意识”理解为社会角色和社会规范的行为期待。“原则意识”是道德向度,它使得主体能够用普遍的道德原则来评价那些常常相互矛盾的特定规则;“价值意识”是伦理向度,它使得主体能够根据他认为对于他这个个体是“好”的价值来筹划唯有他自己才能加以筹划的他的生活。童世骏. 没有“主体间性”就没有“规则”——论哈贝马斯的规则观[J]. 复旦学报:社会科学版,2002(5):23-32.

否为对方所相信，通过民主协商制定双方都认同的规则和制度，达成共识，相互理解，既可以促成政府和大学信任关系的建立，又克服了单向度管理模式的不足。因为以主体间性为基础的政府和大学通过民主协商或者商谈达成共识，有利于形成恺撒的事务归恺撒，上帝的事务归上帝的清晰的权责关系，政府仅对大学进行宏观管理和监督，微观事务尤其是学术事务归大学自己管理，大学拥有自主权，大学可以按照学术逻辑自主管理学术事务，有利于真正意义上大学学术和大学精神的复归，从而解决学术异化问题。

(2)以实现双方利益的最大化为目的

政府和大学信任是组织间信任，组织间交往与个体间交往的不同之处在于缺乏个体间的情感交往，而主要是基于双方的利益需求。因此，政府和大学信任是策略性和工具性信任。政府和大学是利益相关者，而利益相关方进行权力博弈的结局是多样的，其中合作是双方的最佳选择，因为合作可以使博弈双方双赢，实现双方利益的最大化。但政府和大学合作的实现必须以双方的相互信任为前提，相信对方会做到：己所不欲勿施于人，人所不欲勿施于我。以信任为基础构建的政府和大学的新型关系，是建立在主体间性基础上，双方都彼此认同、尊重、理解，平等交流，这就容易促成政府和大学的有效合作，从而实现政府和大学各自利益的最大化。

(3)以内在制度和外在制度为根本保障

政府和大学信任作为组织间信任，其双边信任关系是异常复杂的，影响双方信任的因素也是多样的，政府和大学本身的声誉、行为的连续性、各自成员的能力、政府和大学的绩效、制度的可靠和有效状态、文化规则及价值取向等，都是影响政府和大学信任的自变量。这里采用二分法，将影响政府和大学信任的因素分为作为政府和大学内在特质的“组织人格”基础以及作为外部因素的制度基础。

“组织人格”是指政府或者大学组织的自我形象和自我表现的连续性和一贯性，是一种稳定的结构。借鉴 Mayer 等提出的组织信任模型,政府或大学作为被信任方可以被经验感知的“组织人格”,可信性包括能力、善行和诚信等维度。比如政府绩效、大学的学术能力、声誉、事前承诺等。若政府和大学各自的“组织人格”基础好,彼此信任易产生。但从信任的维度看,由于政府和大学属于性质不同的组织,拥有各自的信息优势,信息的不对称是双方间的常态,信息缺乏是双方常面临的问题,这样政府和大学难以仅仅依靠双方“组织人格”来建立信任关系,因为人格信任是建立在收集到对方足够程度的信息,然后通过对信息的理性分析,能预测对方未来不会有欺骗行为发生的基础上。因此,政府和大学信任主要是基于制度的信任,以制度为根本保障,以制度来弥补信息不足带来的风险和不确定性问题。

按照制度经济学理论,作为政府和大学信任基础的制度,同样包括内在制度和外在制度两个基础。由于政府和大学关系的特殊性,规范政府和大学行为的内在制度主要是形成于大学组织;外在制度主要形成于政府组织。具体而言,内在制度主要是指大学组织在演变和发展过程中,由组织成员基于经验的总结和经过检验而演化的规则,它既包括一般人际交往中应该遵循的习惯、习俗、伦理道德,也包括适用于大学组织的学术规范、学术道德等;外在制度主要是指由政府制定的对大学进行规范、引导、约束的各种法律、法规和规则,它包括政府管理大学的模式、评价机制、法律规范、监督机制等。

作为政府和大学信任基础的内在制度和外在制度各有其特点,在政府和大学信任建立的过程中起不同的作用。内在制度主要是规范大学内部组织成员的行为,内在制度的演变状态、发育程度和执行能力反映了大学组织的内控能力,若大学的内控力强,大学内部秩序良好,大学组织的行为也具有持续性和稳定性,这种情形为政府信任大学奠定了基础。内在制度的这种作用相对于外在制度而言其优势在于:首先,内在制度形成于大学组织内部,其规则具体,可操作性强,可直接规范和指导大学的活动;其次,内在制度具有多样化的惩罚方式,适用范围广,能对严重程度不同的违背信任行为实施惩罚;最后,由于内在制度是非正式的，这就为其演化留下了变异的空间和余地，其演变较之外在制度更为灵活，适应性强，能根据新情况和新问题及时调整和重新解释。当然，任何事物都具有两面性，由于内在制度主要是非正式惩罚，其对大学组织成员的约束力有限，不能有效地杜绝机会主义行为。外在制度主要是政府对大学行为的规范，且往往是通过一个预定的权威组织自上而下有组织实施的正式惩罚，具有等级性和强制性特点，能弥补内在制度大多是非正式惩罚所导致在防止机会主义行为上的无效性，尽管内在制度引领大学组织成员的多数行为，在多数情况下都有效。不过，外在制度较之内在制度存在规则过于宏大，大而化之，缺乏操作性，以及规则的制定、修正程序复杂，其变革取决于集体性决策，缺乏灵活性，难以及时应对新情况和新问题的缺陷。

虽然这两种制度的作用及作用的方式不同，但二者又相互依赖、相互制约。一方面，外在制度要以内在制度为基础，根植于内在制度，外在制度的有效性取决于内在制度是否与之相契合。因为从人类的历史来看，外在制度在产生前，内在制度就已经开始运行并发生作用了，而且一般来说，共同体首先是通过内在制度进行自我控制，尤其是专业性和知识性极强的共同体更是如此，在自我调控不能令人满意时，才求助于法律等外在制度。正如当大学的自我调节不能维持可信赖性时，政府权力的加强是必然的。因此，作为政府和大学信任基础的外在制度和内在制度必须匹配，若内在规则和外在规则相冲突就会产生各种问题，至少政府监督外在规则服从、执行情况的成本就会提高，如果没有形成大学自发性服从，“政府靠强制在任何时候最多只能执行全部法律规范的3% ~7%。”①不仅如此，这种不匹配甚至会导致大学成员的抵触情绪。因此，外在制度应恰当地符合内在制度，以确保外在规则对大学成员规范的有效性，这种情形尤其发生在某些内在制度和外在制度混合发生作用的领域，这时两种制度的契合和匹配至关重要。比如对大学的评价，

---

① 柯武刚，史漫飞．制度经济学：社会秩序与公共政策[M]．韩朝华，译．北京：商务印书馆，2000：167.

既有政府制定的外在规则，也有大学内部生成的内在规则，双方不仅要匹配，而且在权责的划分上也要合理。另一方面，内在制度要以外在制度为后盾，如果缺乏强制性的外在制度的安排，内在制度就难以发挥应有的作用。例如，对大学学者学术行为的有效规范就必须借助法律的强制力。

可见，内在制度和外在制度各有千秋，但殊途同归，都以建立有序的秩序为共同鹄的。因此，在政府和大学信任关系的建立过程中，外在制度和内在制度缺一不可，既要通过建立健全完善、有效的外在制度，发挥外在制度的强制力作用，又要注重非正式却非常有约束力的内在制度，发挥内在制度的"软制度"功能。借助制度的约束和惩罚功能有效抑制政府和大学的机会主义行为，为政府和大学信任的建立提供保障。

## 二、政府与大学关系中的信任问题

政府与大学关系状况是影响大学生存和发展的重要因素。和谐的政府与大学关系有利于大学的生存，促进大学的繁荣和兴盛；不和谐的政府与大学关系则是导致大学衰败和沉沦命运的重要根源。政府与大学关系中有诸多信任问题，信任有利于政府与大学的和谐共生，信任是构建和谐的政府与大学关系的基础，从信任视角研究政府与大学关系具有适切性和必要性。

### （一）大学自治与信任

政府和大学是性质不同的组织，二者在整个社会结构中处于不同的地位，具有不同的功能。从认识论的维度看，大学作为一个社会组织，区别于其他的社会组织的独特性在于大学以学术为业，以对高深学问的追求和探索为己任，这是大学合法性的认识论基础。布鲁贝克指出，为了确保知识的正确性和准确性，学术自由是必需的，不可或缺的，因为自由是追求真理的先决条件，而大学自治为学术自由提供制度性保障，因此，大学自治是大学悠久的传统之一。而自治与信任相关，政府对大学的信任是大学自治权获得的前提。

### 1. 本真的大学:自治组织

本真的大学是一个自治的组织,大学自治是现代大学悠久的传统之一,是大学的内在诉求和大学之为大学的基本原则,也是大学一直为之奋斗和争取实现的目标之一。

何谓大学自治?首先必须厘清"自治"的内涵。自治既是一种理念,也是一种制度。自治(autonomy;autonomous;self-government)在西方可以追溯到古希腊,自治在古希腊语中(名词为autonomiā,形容词为autonomos)是自己(autos)和法律(nomos)两词的结合,用于城邦意为按照自己的法律管理自己的事物。韦博斯特在线词典对"autonomy"一词的诠释如下:一是处于自治的状态或者性质,特别是自治权;二是自我选择的自由,特别是道德上的自我管理自由;三是自治政府。中文对"自治"的理解主要包括三层含义:一是自己管理和处理自己事务的权利;二是德性的自我反省;三是民族、团体、地区等除了受所隶属的国家、政府或上级单位领导外,对自己的事务行使一定的权力。概括来说,无论是英文还是中文都从自我管理和道德独立两个维度使用"自治"一词。本书从自我管理和自我决定维度使用"自治"一词,自治意味着个人或者共同体自行管理本人或者共同体的私人或者公共事务。

根据对"自治"的上述理解,"大学自治"最简洁的一个定义就是大学自己决定和管理自己的事务。事实上,大学自治虽然是西方大学悠久的传统之一,但是对这一概念的表述却不尽相同。在英文文献中常使用"university autonomy""academic autonomy"和"institutional autonomy"等几种表述来指称这一概念,在中文文献中也有不同的表述,如"高校自主权""学术自主""学术自治""院校自治"等。①不仅如此,更为关键的是学界对大学自治的界定也不统一。综合来看,学界对大学自治内涵的理解大致从以下几个角度:第一,从主体的角度,大学自治分

① 和震.美国大学自治制度的形成与发展[M].北京:北京师范大学出版社,2008:4-5.

为两个层面:一是大学作为一个整体自我管理,不受外部权威干预的自治;一是大学内部成员作为一个整体对大学事务的自主管理。第二,从类型的角度,罗伯特·伯达尔把大学自治划分为实质性自治(substantive autonomy)和程序性自治(procedure autonomy)。第三,从内容的角度,大学自治可以分为多种要素,比较具有代表性和影响较大的是艾瑞克·阿什比(Eric Ashby)对大学自治的划分,他将大学自治分为在大学管理上免受非学术干预的自由、分配资金的自由、招收教职员工的自由、选择学生的自由、课程设置的自由和设置评价标准和评价方式的自由六个方面。第四,从性质的角度,大学以学术为业而区别于其他社会机构,以对知识和真理的永恒追求为终极目标,而对真理的探求要以免受外界的干预为条件,因此自治是大学的核心理念,为确保这一理念的实现,大学必须具有法人地位,拥有自治权。

根据上述阐释,结合本书谈论的重点是政府和大学的关系,因此本书更倾向于这样理解大学自治:大学作为一个法人组织,在遵守国家有关法律的前提下,享有免受政府、社会等外部权威干预,对大学各方面事务,包括行政管理、资金控制、教职员聘任、招生、课程设置和学术评价等进行自我控制、管理和决策的权利。具体来说大学自治包含如下几层含义:第一,大学自治是一种理念,为如何处理大学与政府、社会的关系提供指导思想和基本原则。第二,大学自治是一种制度,它赋予了大学的法人地位,使大学不同于其他隶属于政府的行政机构,有其独立性,大学治理的主体是大学自身内部的力量,可以是校长、教师和学生,而不是政府、社会或者学校以外的其他组织。第三,大学作为法人组织,在法律框架内对大学内部事务包括行政事务和学术事务拥有自主权,具体来说,大学能确定自己的管理模式、组织机构、运行机制和培养目标等,并付诸实施。第四,与其他法人组织一样,大学法人必须承担与其法人地位相当的民事责任。另外,本书也赞同学界对大学自治所形成的一个共识:大学自治是有限、相对的,而不是无限、绝对的。“大学自治的问题没有答案,因为自治概念本身是一个相对的概念。"[①]大学自治从来就不是对现实的虚无,不是能超越现实条件和环境随心所欲的"全无"状态,大学自治是有限的自治,要受到政府、教会或者其他社会法人机构监督和调控,是"半有半无"状态。大学自治将大学游离于完全控制和绝对自治之间,大学既不是受政府和社会完全控制的组织,也不是完全脱离政府和社会的组织,大学自治只是有限的、有条件的自治。

值得注意的是,大学自治和大学自治权不是两个等同的概念,前者是一种理念和制度,后者隶属于前者,大学自治权是大学自治的重要内容和核心,也是它的集中体现。另外,在我国的教育法制中,没有使用大学自治和大学自治权概念,而是采用"自主权"的概念,比如"高校自主权""办学自主权""大学自主权"等,应该说大学办学自主权不等同于西方传统的大学自治权,其内涵上有差异,但二者的实质和价值取向都一致,都试图为协调大学与政府、社会关系提供合理的度,为大学的发展提供自治空间,因此,为避免语义混淆和逻辑混乱,本书求同存异,暂且撇开二者的区别,将二者视为等同概念。这样从功能的角度,我国法律赋予大学的办学自主权就是大学自治权。

**(1)合法性之一:中世纪大学的特权**

什么是大学?众说纷纭,诠释众多,为厘清大学的内涵,需拨开云雾,追溯其源头,探寻究竟,展露大学的本义。现代意义上的大学"university"一词最初来源于拉丁语"universitas","universitas"是一个抽象的古典拉丁词语,意为"整体"或者"全部",中世纪的法学家使用"universitas"这个术语指称各种各样的社团、法人和行会、兄弟会、商会等。从12世纪开始,这个术语经常在中世纪拉丁语中用做这种含义。[②]可见,拉丁语"universitas"主要强调中世纪大学是一种行会组织,是师生联合体,或者是教师行会,或者是学生行会,或者是师生行会,"行会

① 尤斯廷·P.托伦斯.学术自由与大学自治[J].教育展望,1999(3):47-48.

② 希尔德·德·里德-西蒙斯.欧洲大学史(第一卷中世纪大学)[M].张斌贤,等,译.保定:河北大学出版社,2008:40.

的概念对中世纪大学的定义来说应该是最基本的东西。它暗含着某种程度的独立和内部的凝集力”①从词源意义的考释中可见，大学一词最初的含义就是行会，是为争取特许状（自治权）和自由求学的师生们组成的行会组织，大学最初就是一个自治的行会组织。

中世纪大学师生借鉴城市行会制度，采用行会这种组织形式求得自我保护是当时所处时代的产物。具体而言，首先，师生行会的出现与城市的复兴、中世纪早期高深学问的萌生分不开。中世纪早期人们为追求知识和学问，聆听名师讲学而四处游学已经成为当时社会的一大特点。这些来自各地的师生，没有公民权，得不到城市民法的保护，因此，组织起来成立一个团体，以保护其在城市内的利益是十分必要和有效的。其次，随着学生和教师数量的增多，传统的教育机构（教会学校）已经不具备接纳能力。比如，12 世纪的巴黎，当时巴黎地处法兰西王国的中心地位，再加上阿伯拉尔到来的推波助澜，巴黎在欧洲公共舆论中声望极高，由于这样的缘故，前来求学的学人越来越多。与此形成鲜明对比的是，巴黎宗教机构所创办的学校，除了巴黎圣母院主教堂学校还硕果仅存外，其他的学校则逐渐衰落，甚至停办。即便是曾经因为阿伯拉尔的任教而风光的圣热内维埃夫学校，也在阿伯拉尔死后一蹶不振。到 12 世纪末，位于巴黎圣母院回廊的主教堂学校成为巴黎唯一向在俗之人开放的教育中心。很显然，单凭一己之力难以容纳越来越多的学生，也无法为不断增多的大批学生提供他们所需要的教育。这样一来，授权教师个人在教堂之外开办学校为情势必然。这些在教堂外创办的学校构成了一场真正的革命，因为这些教堂外的学校在很大程度上独立于教堂，教会对它们的管制是间接的，也势必得不到教会的庇护。在这样的情况下，必然会诞生一种全新的、前所未有的学

---

① 希尔德·德·里德-西蒙斯. 欧洲大学史（第一卷中世纪大学）[M]. 张斌贤，等，译. 保定：河北大学出版社，2008：40.

术生活形式，这种组织形式就是当时城市中极为流行的行会组织。①

教堂外的学校之所以采用行会这种组织形式，是由教师职业的惯例和与教会的抗争（主要是巴黎圣母院主事）两个因素所致，而主要是由行会的自治本性决定的。

首先，中世纪教师职业的惯例是这种全新学术生活形式采用行会组织形式的内在根源。在学者行会成立之前，不是任何人都具备授课而成为教师的能力和条件，任何人想要成为教师必须严格经过以下惯例程序：首先，必须先跟从其他某位教师上课，期限是五到七年，若没有达到这个期限不能自行开课，否则为大逆不道行为。阿伯拉尔在其职业生涯中曾因为学徒期未到自行开课，被送到苏瓦松主教会议上受审判。其次，跟从的这位老师必须获得应有的授权，在学生听课期满，这位老师认定学生具备授课能力时，为学生举行"就职礼"仪式，届时老师会为学生佩戴上象征其新教职的徽章，然后行亲吻礼并致福。这样的仪式包含这样一种理念：过去的学生要想成为教师，必须得到既有教师社团中的一位或者数位教师的首肯，然后才会被这个社团所接纳。这样的仪式也表达了一种职业垄断的欲望，即只有教师才能判断一个人是否具备教师资格的能力和权利，教师是思想的骑士。②因此，从总体来看，教师职业的惯例和行会组织之间的确存在相当大的相似性和关联，尤其表现在职业垄断和由学徒到出师的程序等方面，这种同质性是教师群体选择行会组织形式的内在逻辑。

其次，教会对新形成中的教师法团的限制和抗拒是采纳行会组织形式的外部因素。从巴黎大学教师行会的形成来看，一方面，任何人要想真正成为一名从业教师，必须经过"执教权"和"就职礼"两个必不可少的阶段。执教权和就职礼分别由两个不同的权威机构来授予。执教权的授予权归主事，主事根据自己

---

① 爱弥尔·图尔干. 教育思想的演进［M］. 李康，译. 上海：上海人民出版社，2006：89-90.

② 爱弥尔·图尔干. 教育思想的演进［M］. 李康，译. 上海：上海人民出版社，2006：91-92.

的理解和标准决定是否颁发执照，教师没有任何发言权，即便是被教师评为相当称职的候选人，也可能在主事手里断送前程，与教师职业无缘。甚至已经获得执教权的候选人，也可能被主事认定为不合格，而开除其教籍。问题的关键是，判定一位候选人能否胜任教职只有学者最清楚，最有发言权，而现在这种权利却被教师之外的人——主事掌控，为了摆脱这种彻底受制于人的处境，教师们意识到他们相互之间需要更加紧密地团结和结合起来，缔造一个更团结、更有力的组织，来争得和维护属于自己的特权。[①]另一方面，从某种意义上说，教堂外的学校是从教会中演变出来的，教会本身是不愿意放弃对它们的垄断，尤其圣母院主事不愿意被剥夺授课许可证的授予权。在这种斗争和较量中，教师群体越来越清楚地意识到自身及其自身独有身份的重要性，为了防止处于萌芽状态的教师法团被扼杀在摇篮中，教师法团必须更加团结地组织起来应对教会的限制，争取独立，维护自己的利益。而行会组织的自治特性恰好迎合了这样的需求。因此，教堂外学校的教师们组成了文学、法学、医学和神学四个学者行会，并借助教皇的力量与教会抗衡和斗争，逐渐赢得了自治特权。

可见，当时教师们聚在一起组成行会，是当时社会历史条件的必然之选。因此，“巴黎大学创建伊始，无非是各方面教师所组成的一个法团”[②]

作为行会组织，拥有特权是中世纪大学特有的现象。何谓特权，在罗马法律中，特权是指“对一个人或一个阶层的照顾性条件，对其负担或其他义务性规则的豁免”，[③]中世纪大学特权通过国王或者教皇颁布的大学特许状、训令和敕令获得，教皇的训令和皇帝的敕令主要赋予大学民事特权，特许状主要赋予大学学术方面的特权。中世纪大学的特权是指在中世纪由教皇、皇

---

① 爱弥尔·图尔干. 教育思想的演进[M]. 李康，译. 上海：上海人民出版社，2006：93-94.

② 爱弥尔·图尔干. 教育思想的演进[M]. 李康，译. 上海：上海人民出版社，2006：99.

③ 彼德罗·彭凡得. 罗马法教科书[M]. 黄风，译. 北京：中国政法大学出版社，1992：12.

帝或者地方政权授予学者个人或者大学团体的自由和豁免。在这些特权中首要的和最重要的是自治权,即大学作为法人团体有权处理和外部的关系、掌控内部人员的录用、制定自己的章程并强制执行,其他特权则由法人团体的成员所享用。比如,巴黎大学获得自治权、居住权、司法自治权、罢课权、迁徙权、免税、免役权等,在这些特权中最重要的是自治权,其他的特权主要是大学内部师生共同享有。巴黎大学的自治权主要包括以下几方面:第一,拥有制定大学内部组织章程,并要求成员遵守的权利。这项权利是1215年教皇使节、枢机主教库尔松的罗伯特授予大学的第一部正式法规中确认的。巴黎主教试图否定这项权利,拒绝给予大学自己确定“合法或不合法、好或坏”章程的权利。但在1231年,格列高利九世颁布著名的被称为大学“大宪章”的教谕“知识之父”,最终确定了大学章程的合法性。第二,拥有选举代表(官员)的权利,以保证其章程的实施,并代表行会面对外部权利或为大学进行诉讼。最初,这些代表是临时的,在1208—1210年间作为教师案的辩护代理人前往罗马面对教会代表和主教。在13世纪时,在文献中出现了最初的常规官员:比如同乡会会长、校长等。校长由“教授会”和“同乡会”推选产生,是大学行会的首要官员和真正首脑,在大学内部与外部具有荣誉权和特别优先权。对外校长是大学的正式代表,有资格代表学校参与外部协商、介入司法。对内校长是大学章程的实施者,对大学内部事务,诸如财政、人事等拥有管理权。第三,拥有掌控内部人员录用的权利。1212—1213年,巴黎的教师就取得了举行考试和向巴黎圣母院的教长推荐取得授课许可证候选人的权利。后来,随着大学的发展壮大,又有教皇的庇护,教师资格审核开始由教授负责,大学逐步从教长手中获得了颁发许可证的权力。1252年,大学从教皇英诺森四世手中完全获得了此项权利。按理说学生通过考核获得授课许可证,就应该可以在各地任教,但事实上并非如此,一些大学对不是本校毕业而又想来校执教的人员还要求经过考试。因此,大学还需要获得发放通用许可证的权利,只有教廷才能够授予大学此项权利。1292年,教皇尼古拉斯四世颁布训令,正式授予巴黎大学此种权利,规定:

巴黎城内任何学生通过学习，考试合格后，都可以获得在他们系科担任教学工作的许可证，并且在其他地方也享有教学权利而无须考试和检查。①第四，拥有自己的印章，作为自治的象征。“早期大学对印章的设计非常重视，上面有雕刻的寓意画、人物和文字，它们不仅被用于认定法律文件，而且也是自治权的象征”。②

所以，中世纪大学特权的获得是大学自治真正确立的开始和开端，也为大学成为自治组织提供了合法性基础。正是这些特权保证了诞生之初的大学机构的存在、发展和走向繁荣，因为特权吸引了更多的学生和学者的加入。

(2)合法性之二：法学基础

在中世纪后期，从 14 世纪末开始，伴随欧洲宗教改革和民族国家的形成，教会的权力式微，而专制主义政府的权力日益增强。与此同时，随着大学数量的增加，以及大学财产的增长和固定设施的不断扩充，大学不再稀有，也丧失了迁移的可能性，罢课和迁徙这些曾经是大学保持独立性最有力的武器也似乎难以利用，使教皇和国王可以随时收回大学特权。再加上大学在财政方面也越来越依赖世俗政权，世俗政权甚至开始干预学术事务，大学自治遭到严重的破坏。到 16 世纪，中世纪大学的特权逐步消失或者失去了原来的意义，大学自治原有的合法性基础丧失，大学作为自治组织获得另一新的合法性基础——基于法治基础上的自治。这种新的合法性表现在：第一，宪法保障。大学自治作为学术自由的制度性保障得到宪法的认可，大学作为自治组织因此取得了宪法上的地位。学术自由是大学的核心理念，也是各国宪法保障的基本权利。与学术自由唇齿相连的大学自治的宗旨是维护和保障学术自由，为学术自由的实现提供制度性保障。德国最早把大学自治作为宪法上学术自由的一种

---

① Hastings Rashdall, The Universities of Europe in the Middle Ages (A New Ed.), ed. by F. M. Powicke and Q. A. B. Emden, 1951, Third Vol. Oxford University Press. 401-402.

② 希尔德·德·里德-西蒙斯. 欧洲大学史(第一卷中世纪大学)[M]. 张斌贤，等，译. 保定：河北大学出版社，2008：154.

制度性保障。我国台湾地区也承袭了德国的法制，在台湾教育实务中最早由“司法院”大法官在“司法院释字”第380号解释引进制度性保障理论，其中指出“学术自由的保障，应自大学组织及其他建制方面，加以确保，亦即为制度性之保障。为保障大学之学术自由，应承认大学自治之制度，对于研究、教学及学习活动，担保其不受不当干涉，使大学有组织经营之自治权能”。①第二，法律基础。公立大学公务法人地位的确立，使大学作为自治组织有了法律基础。西方各国大多将大学称为“公务法人”。大学作为公务法人意味着大学被视为与政府平等的行使高等教育公共权力的国家机关，不再是政府管辖的下级机关，大学具有在法律上独立的人格，赋予其在人事、财政、预算、管理、教学等方面更多的自治权，可以独立享受权利、负担义务，政府不能越权干预大学自治，只能依法对大学进行法律监督，不能进行专业监督，这就使大学作为自治组织具有了法律基础，拥有合法性。

(3)合法性之三：学术基础

学术自由是大学作为自治组织的学术基础。学术自由作为大学的核心理念是大学活力之源，其实践程度和存在状态直接影响大学的职能和功能的发挥，影响大学使命的履行，关系大学能否保持本真而不至异化，是大学安身立命之本。本书所理解的学术自由包括两个层面：第一，作为个体自由，学术自由是大学教师和学生不受外界不合理干涉所享有的教学、研究、发表、出版自由和学习自由，核心是思想自由和表达自由。第二，作为机构自由，学术自由是大学组织不受政府、社会干预，自主管理学术事务的自主权。

学术自由是各国宪法保障的基本权利。1848年的法兰克福宪法草案152条和1850年的普鲁士宪法第20条规定，“学术及其教学是自由的。”首次出现了学术自由的条款。以后，越来越

---

① 台湾“司法院”大法官解释. 法律教室公告系统[EB/OL]. (2007-07-16). http://www.lawformosa.com/Machine/comments.php?

多的国家在宪法中规定了学术自由权利。比如,葡萄牙 1982 年宪法第 42 条规定:"一、思想、艺术与科学创作的自由。二、这种自由包括进行科学研究和发明的权利,创作和发表文学艺术作品的权利,以及对著作权的法律保护。"日本 1946 年宪法第 23 条规定:"保障学术自由",其广义的学术自由指一切学术研究及其发表、讲授自由;狭义指高深学术研究、高层次教育机关的自由,特别是大学自由,包括实现大学自治。[①] 我国 1982 年宪法第 35 条和第 47 条也对学术自由予以了规定。学术自由之所以是各国宪法保障的基本权利,取得宪法上的地位,其根源在于学术自由的合法性。对于大学学术自由的合法性问题,美国学者约翰·布鲁贝克在其《高等教育哲学》一书给出了这样的诠释:学术自由的合法性至少有认识的、政治的和道德的三个支点,其中最主要是认识论的要求。[②]

从认识论的维度看,大学作为一个社会组织,区别于其他的社会组织的独特性在于大学以学术为业,以对高深学问的追求和探索为己任,这是大学合法性的认识论基础。为了确保大学使命的实现,确保知识的正确性和准确性,学术自由是必不可少的前提。具体来说,首先,真理不是一成不变的,它总是处在发展中。知识生产过程是一个不断创造新知、超越和否定旧知的过程,这种过程是一种冒险,因为一方面知识生产本身是不可预测的,不能事先做好规划;另一方面,知识发展的历程表明新知识总是被视为扰乱社会既定秩序的因素,而备受责难,这种探究高深学问的活动就需要学术自由作为保障。[③] 因此,"学术自由所基于的假设是真理不是先行完成的"[④],在真理的发展过程中需要学术自由的保障。其次,对于不断发展的知识或者真理,要实现真理的客观性或者保证知识的正确性,学术自由是必需的,

---

① 韩大元. 外国宪法[M]. 北京:中国人民大学出版社,2000:253.

② 约翰·S. 布鲁贝克. 高等教育哲学[M]. 王承绪,等,译. 杭州:浙江教育出版社,2002:46.

③ 朱新梅. 知识与权力:高等教育政治学新论[M]. 北京:教育科学出版社,2007:71.

④ 约翰·S. 布鲁贝克. 高等教育哲学[M]. 王承绪,等,译. 杭州:浙江教育出版社,2002:47.

不可或缺的，自由是追求真理的先决条件。因为真理的产生是不同的知识进行交锋和碰撞，并在对决中去伪存真。而学术自由给每一个学者提供了畅所欲言，表达自由的机会，为不同知识和观点的交流和对峙提供了平台，通过自由竞争实现知识的优胜劣汰，使在一定阶段上相比较而言，最接近对象物本来面目的真理脱颖而出，确保了知识的正确性。正如 1919 年美国联邦最高法院大法官霍尔姆斯所言："意见的自由交流能够较好地达到人们预期的最终的良好结果……对真理最好的检验是一种思想在市场竞争中所表现出来的使自己得到承认的力量。"①因此，从认识论的角度出发，学术自由既保障了真理按其内在规律发展演进，又保障了真理的正确性，有其存在的正当性。

从政治论的维度看，民主政治是人类政治生活方式的高级形态，是人类对政治生活的美好向往和追求。民主政治是凭借公共权力，和平地管理冲突，建立秩序，并实现平等、自由、人民主权等价值理念的方式和过程，其实质是民治。而学术自由与民主政治是相互促进，共同发展的。斯宾诺莎认为政治的真正目的是自由，在民主社会里学术自由由于能够得到制度保障而充分实现；反过来，学术自由是民主政治的奠基石之一，具有维护和发展民主政治的功能。"在公共领域，'相互冲突的言论'原则为民主过程中意见的相互交换所支持。如果政府仅仅因为某种言论是危险的而去控制它，那么这种意见的自由交流就难以发生。'相互冲突的言论'原则同时为尊重个人在听取意见时的自治所支持……政府不能通过阻止公民听取他人意见的方式去侵犯公民的思想自治，尤其在政府担心这种意见将对公民产生影响或得到赞同时更是如此……这些都直接有赖于学术自由的确立。"②学术自由的政治价值成为其合法性的政治论基础，这

① 甄树青. 论表达自由[M]. 北京：社会科学文献出版社，2000：157.

② Cass R. Sunstein, "Academic Freedom and Law: Liberalism, Speech Codes, and Related Problems," Edited by Louis Menand, The Future of Academic Freedom(The University of Chicago Press Ltd., 1996), 95. 转引自：刘亚敏. 论学术自由的政治价值[J]. 清华大学教育研究，2008(5)：51-52.

种合法性具体体现在:第一,学术自由是民主政治有效运作的必要前提。政府权力的合法性在于接受人民的委托,按人民的意愿行事,多数原则是民主政治的程序。因此,民主政治有效运作的重要前提是对于任何公众问题,不同公民和群体都有自由表达自己的观点和意见的机会和平台,并通过自由、平等的对话和交流,形成多数人意见,达成社会共识。而学术自由不仅保障学者个人自由探讨和发表意见,而且学者基于渊博的学识和精深的专业技能,再加上知识分子作为社会的良心所具有的批判精神和高度的社会责任感,能够自由地为公众提供各种有科学依据的选择方案,让公众充分了解各方面的情况,在对话的基础上,最终达成对公共问题的共识,实现多数原则的民主政治程序,促进民主政治的实现。第二,学术自由有利于政治决策的科学化。政府的政治决策事关重大,关系到国计民生,因此,政治决策只有合民心,顺民意,才具有合法性。而学术自由对政治决策的科学化起着极其重要的作用。因为学术自由保障学者基于不同的立场和专业视角,对政治决策自由地进行评价,提出批评意见,弥补决策的疏漏,使政府决策完善、科学、可行并体现民意。

从道德论的维度看,第一,道德以保证社会的延续和发展为理念,是作为隐性的法律约束和调节人类行为的规范,是衡量行为正当与否的标准,往往代表着社会正面的价值取向,引导和促进人们积极向善,追求真、善、美。尽管学术自由是学者的专属权利,但不能由此得出学术自由是“专业特权阶层自我服务需要的表现”,而事实是恰恰相反,“这种自由的基本理由完全是为了公众利益”。①“维护学术自由不是为了教师和学生舒适与方便,而是为了社会的利益;只有教育过程导致知识的发展,社会的长远利益才能得到最好保证。”②也就是说,学术自由不仅保障大学

① 约翰·S. 布鲁贝克. 高等教育哲学[M]. 王承绪,等,译. 杭州:浙江教育出版社,2002:48.

② 美国不列颠百科全书公司. 不列颠百科全书:国际中文版(第一卷)[M]. 中国大百科全书出版社不列颠百科全书编辑部,编译. 北京:中国大百科全书出版社,1994:38.

师生不受外部权威的干预，遵循学术发展的内在逻辑探索真理，生产知识，而且通过为社会传递、创新知识，促进科学的昌盛、社会的繁荣、人类生活条件的改善，最大限度地满足国家和社会的需要，这一切正是道德“求真”“求善”的充分体现，也实现了道德延续和推动社会发展的价值目标。第二，道德的价值实现是通过社会生活中个体或者群体承担与之行为相应的道德责任来实现的。学者对真理的追求不仅基于真理的认识和政治价值，而且出于学者个人的道德责任感。因为自由的核心是自主，学术领域与其他领域相比是如此特殊，以至于被尊称为“象牙塔”，正如，马克斯·韦伯所言：“作为‘职业’的科学，不是派发神圣价值和神启的通灵者或先知送来的神赐之物，而是通过专业化学科的操作，服务于有关自我和事实间关系的知识思考。”①只有学者才具备条件和能力解决这一领域的问题，拥有自主研究和探索高深学问，追求真理的学术自由权，相应地学者们对只有他们才有资格从事的学术领域内的行为负起独立的道德责任，那就是对真理的捍卫和服膺，有责任公开表明和传授他们认为真实的东西，犹如苏格拉底以自己的生命来捍卫真理，兑现追求真理的道德责任。马克斯·韦伯认为对真理的这份责任是每一个以学术为业者必须具备的最基本的职业伦理责任，因为从原则上讲，真理的进步无止境，在现实生活中学者何以要做明知没有止境的事情呢？学术为业的意义就在于“为学术而学术”，为世界不断除魅，使人们头脑清明，在马克斯·韦伯看来这就是服务于“道德的力量”。而这种道德责任的实现，是通过学术自由保障学者不受外来干涉，遵循真理标准自主研究、探索知识和自由发表来实现的。因此，对学者学术自由的侵害，从深层次上看，是一种道德伤害。正是由于学术自由是道德的价值体现和实现道德价值的手段，使学术自由具有道德合法性基础。

而学术自由的实现需要大学自治为其提供制度性保障。德国最早把大学自治作为宪法上学术自由的一种制度性保障。

---

① 马克斯·韦伯．学术与政治[M]．冯克利，译．北京：生活·读书·新知三联书店，2005：45．

"制度性保障"理论是德国威玛宪法时期卡尔·施密特为了保障人民的权利提出的,主张"制度"和"基本权利"二分,认为某些历史上既存或者宪法确认的制度,比如婚姻制度、地方自治制度、大学自由等应该受到宪法直接保护,而不能使这些制度落入基本权利范畴,被立法者以法律任意变更其核心价值内涵,这就是原初意义的制度性保障。第二次世界大战后,德国制定基本法,随着基本权利理论的发展,"制度性保障"不再置身于"基本权利"之外,而是与"基本权利"相结合,产生了现代意义上的"制度性保障",意指国家必须建立某些制度或者法律,以确保基本权利的实现。① 基于制度保障性理论,学术自由与大学自治联结起来,"基本法的学术自由权并非关注于学术的学者的个人的自由权,而是学术的事项由于其固有的法则性,成为特别的宪法保障对象的一种制度的保障,因此应承认可被称为'学术之制度的表现'之一定的大学自治形态"。② 大学自治作为学术自由的制度性保障在 1973 年德国的联邦宪法法院的判决中获得认可。大学自治之所以为学术自由提供制度性保障,因为学术自由包括个体自由和组织自由。组织自由是指大学组织不受政府、社会干预,自主管理学术事务的自主权,其实现要以大学拥有自治权为前提,大学自治是组织自由的必备条件。个体自由是指大学教师和学生不受外界不合理干涉所享有的教学、研究、发表、出版自由和学习自由,其实现条件更为复杂,需要两个必备条件:第一,消除大学之外的社会力量对个体学术研究的干预和限制;第二,消除大学内部管理机构尤其是行政权力对学术研究的限制。若只具备后一条件,则学术自由的实现是不充分的。例如,19 世纪德国柏林大学是国家机构,其大学自治是有限的自治,大学的教学和研究都处在国家的监督之下,所享有的学术自由只是限定在大学校内的言论自由和研究自由,而在校外则必须忠诚于政治,服从于政府和国家的需要。因此,没有大学自治

① 制度性保障. http://zh. wikipedia. org/zh-cn/% E5% 88% B6% E5% BA% A6% E6% 80% A7% E4% BF% 9D% E9% 9A% 9C.

② 周志宏. 学术自由与大学法[M]. 台北:蔚理法律出版社,1989:53.

作为保障的学术自由的实现是不充分的，大学自治是实现学术自由的必需条件，大学自治有助于守护学术自由之精神。基于学术自由本身的合法性，大学作为自治组织获得另一合法性基础。

### 2. 政府的信任是大学自治的前提

罗伯特·伯达尔从类型的角度，把大学自治划分为实质性自治（substantive autonomy）和程序性自治（procedure autonomy）。"实质性自治是指大学或学院以团体的形式自主决定自身的目标和各种计划的权力——学术机构是什么，而程序性自治是指大学或学院以团体的形式自主决定实现这些目标和计划的手段的权力——学术机构如何做"。[①]可见，大学自治意味着大学获得了自由。自由的基本含义是由自己做主，不受限制和约束。以赛亚·柏林将自由分为积极自由和消极自由两种，柏林认为"消极自由"回答这个问题："主体（一个人或人的群体）被允许或必须被允许不受别人干涉地做他有能力做的事、成为他愿意成为的人的那个领域是什么？""积极自由"回答了这个问题："什么东西或什么人，是决定某人做这个、成为这样而不是做那个、成为那样的那种控制或干涉的根源？"[②]按照柏林理解的自由，大学的实质性自治赋予大学积极自由，自主决定大学应该成为什么样的机构；程序性自治赋予大学消极自由，自主决定大学应该怎么行动。

然而，自由不是绝对的、随心所欲的，自由的存在是有条件的。自由与信任紧密相关，信任是自由的前提。对某人的行为完全的监督和控制使信任成为不必要的，某人也失去了行动的自由，但这种情形很少发生。最经常的是我们缺少直接的或完

---

① Berdahl, Robert. Co-ordinating Structures: The UGC and US State Co-ordinating Agencies. in Shattock[A], Mi-chael., The Structure and Governance of Higher Education. Society for Research into Higher Education[C], 1983:69. 转引自：和震. 美国大学自治制度的形成与发展[M]. 北京：北京师范大学出版社，2008:6.

② 以赛亚·柏林. 自由论（自由四论扩充版）[M]. 胡传胜，译. 南京：译林出版社，2003:189.

全控制他人行动的可能性,因此,信任显得至关重要。而信任对于信任方而言是选择的自由,对于被信任方而言是行动的自由,即信任方可以自主决定是否给予信任、给予谁信任;被信任方被授予一定的权限,在一定的范围内有权自主处理自己的事务,自由地行动,其他人或组织无权干涉。正如,彼得·什托姆普卡在其《信任:一种社会学理论》书中所言:"一个行动者信任他人预示着他人行动的自由"。信任是"应对其他人类行为或其行动自由的一种策略。"①

本真的大学拥有自治权,是一个能自主地决定和管理自己事务的组织。虽然大学自治的存在有其合法性,但并不意味着大学自治是大学与生俱来的,并不意味着大学自治是无限的。事实上,从现代大学发展的历程中不难发现,大学自治是大学与政府、教会、社会的博弈中艰难获得的,大学自治是有限的,自治的程度也伴随政府和社会权力的变化而此消彼长。也就是说,大学是否拥有自治权及自治的程度不是完全取决于大学本身,在相当大的程度上是取决于政府是否愿意放权或授权。从大学自治权演变的历史看,中世纪大学的特权来自教皇或国王的特许状,但中世纪末大学开始参与国家政治,虽然大学的政治作用最终相当有限,但却足以使政府不安,到16世纪,大学所拥有的特权逐渐被剥夺或收回。中世纪之后,民族国家通过宪法和法律赋予现代大学的自治权,大学自治权同样是一种政府授权。而政府是否愿意放权或授权,又取决于政府是否信任大学及信任的程度。若政府信任大学就愿意放权,给予大学自治权,让大学拥有自主管理自己事务的自由;若政府不信任大学,政府就不愿意放权或者收回权力,大学就会被政府控制而无自治权可言。因此,政府的信任是大学自治的前提。

## (二)政府和大学合作与信任

大学自治是大学悠久的传统之一。然而,大学自治从来就

---

① 彼得·什托姆普卡.信任——一种社会学理论[M].程胜利,译.北京:中华书局,2005:30.

不是超然的状态，尤其是民族国家诞生后，大学自治更是与政府干预携手并进，权力博弈。这种悖论的产生、延续和扩大的根源在于政府和大学是利益相关者，政府和大学作为利益相关者进行权力博弈的最佳选择是合作，而信任是政府和大学进行合作的前提。

### 1.政府和大学的互惠性

政府和大学虽然是性质不同的组织，但双方却都能满足彼此的利益诉求，相互影响，具有互惠性，互为利益相关者。美国经济学家弗里曼将利益相关者界定为："能够影响一个组织目标的实现，或者受到一个组织实现其目标过程影响的所有个体和群体。"①从政府的维度看，大学是国家的公共机构或者准公共机构，政府是大学的投资主体、管理者和服务者，大学的发展状况将影响政府决策和利益的实现程度。从大学的维度看，曾任美国哈佛大学文理学院院长的罗索夫斯基在其《美国校园文化——学生、教授、管理》(*The University An Owner's Manual*)一书中，采用利益相关者分析框架，对大学的利益相关者进行了分析，把大学的利益相关者划分为最重要群体、重要群体、部分拥有者和次要群体四个层次，其中他将政府归属为部分拥有者层次。②当然，这种划分不是绝对的，国内学者对于大学利益相关者有不同的划分，譬如，刘宗让根据利益相关者对大学战略的影响程度，将大学利益相关者分为外部利益相关者和内部利益相关者两类，政府、家长、社区、媒体等是外部利益相关者。③由于本研究探讨的核心是作为外部力量的政府和大学的关系问题，所以，赞同将政府作为大学的外部利益相关者，而且是大学利益

---

① Freeman, R. Eduard., Strategic Management: A Stakeholder Approach [M]. Pitman Publish Inc,1984.转引自:林曦.弗里曼利益相关者理论述评[J].商业研究,2010(8):66.

② 胡赤弟.高等教育中的利益相关者分析[J].教育研究,2005(3):38-39.

③ 刘宗让.大学战略:利益相关者的管理与影响[J].高教探索,2010(2):19.

相关者中最重要的一极，* 政府的政策和投入成为影响大学发展的关键因素。下面分别从政府和大学两个维度分析双方的互惠性。

(1)政府干预大学的原因

政府之所以要干预大学，其原因在于大学能给政府带来利益和收益，满足政府的需求。具体表现在：

第一，大学为政府提供意识形态的合法性辩护。

意识形态作为一个明确的概念最早是由法国哲学家特拉西在 18 世纪提出的，意思是“观念学”，这是意识形态最初的含义。对现代意识形态理论产生革命性影响的是马克思的意识形态理论。在马克思的理论中“意识形态”概念有两种用法，一是把意识形态作为一个贬义词，指“虚假意识”，这种“虚假”包括认知上的虚假性和利益上的虚伪性。① 二是从中立的角度使用这一概念，把意识形态作为观念上层建筑意义使用。本书从中立立场使用意识形态这一概念，即意识形态是对一定社会经济基础及相应的政治制度的反映，以占统治地位的“阶级意识”为主体的价值观念系统，“是由各种具体的意识形式——政治思想、法律思想、经济思想、教育、伦理、艺术、宗教、哲学等构成的有机的思想体系。”②意识形态具有鲜明的阶级性和政治性，能够为政治统治提供合法性依据，这种合法性依据较之强权和暴力能使政治统治更持久和可靠的维持和存在。

从政治学的角度来看，合法性“意味着某种政治秩序被人认可的价值”，③通常是指政府被民众认可的程度，或者是政府在不

---

* 钟洪、李超玲用 AHP(层次分析法)对大学利益相关者共同治理框架中的各要素进行排序，结果为：政府(0.245 9)>教师(0.235 9)>管理人员(0.182 6)>学生(0.124 6)>债权人(0.072 4)>服务使用者(0.057 5)>捐赠者(0.040 2)>社区(0.023 7)>竞争对手(0.017 3)，从最终排序结果中可以看出，政府是大学利益相关者共同治理框架中最重要的一极。见钟洪，李超玲. 基于 AHP 算法的大学利益相关者权重研究[J]. 科技管理研究，2007(9)：120-122.

① 季广茂. 意识形态[M]. 桂林：广西师范大学出版社，2005：28-30.

② 俞金吾. 意识形态论[M]. 上海：上海人民出版社，1993：131.

③ 哈贝马斯. 交往与社会进化[M]. 张博树，译. 重庆：重庆出版社，1989：184.

使用暴力的情况下获得被统治者支持的程度。因此，任何政府想有效地行使统治，除了借助暴力和强制性手段外，都需要借助意识形态，都需要为自己披上合法性外衣，来赢得被统治者的忠诚。按照葛兰西的国家理论，现代国家是建立在人民同意的基础之上的，因此在他看来国家是政治社会和市民社会的统一体。在葛兰西的国家理论中，政治社会主要指国家的暴力机关，包括军队、法庭、监狱、警察等，其特征是强制性；市民社会则主要是指非正式的、非暴力的民间社会组织机构，它通过民间社会组织，如政党、学校、教会等，向人们传播统治阶级的意识形态，以获得人民的认同和忠诚，其特征是同意。① 市民社会可以形成统治所需要的意识形态，达到国家强制力所不能达到的效果。市民社会是意识形态斗争的领域，统治集团何以能支配市民社会，在葛兰西看来统治集团利用掌握的文化霸权（主要表现为教化关系）在市民社会中培养其代理人——有机的知识分子，* 然后通过有机的知识分子行使意识形态霸权，向被统治阶级宣传本阶级的思想观念，获得他们的认可，从而赢得政治统治的意识形态合法性基础。在西方国家，市民社会发达，国家更多的是通过这种意识形态控制获得政治统治的合法性。而大学是市民社会中的重要组成部分，也是培养有机知识分子的重要工具，是统治集团进行意识形态再生产的重要载体。因此，政府在求得统治的合法性过程中都非常重视大学这个能为其提供意识形态合法性辩护的舞台。比如，19 世纪拿破仑上台后，将高等教育牢牢控制在自己手中，高等学校一律应由国家开办。因为在他看来，

---

① 孔国保，彭冰冰. 文化领导权与意识形态革命——葛兰西的意识形态批判理论[J]. 社会科学战线，2010(6)：223-224.

* 葛兰西为了更好地解释知识分子的作用，把知识分子分为两类：传统的知识分子和有机的知识分子。传统的知识分子是指在社会变动过程中，凭着文化的持续传承而保持相对稳定地位的知识群体。传统的知识分子体现了社会历史的一脉相承性，他们往往自认为不受其他社会力量的牵制，独立于统治集团，是独立的、自主的。有机的知识分子就是与一定的社会集团或阶级联系在一起的知识分子，明确地表达他们所属的阶级或阶层的意志，是市民社会与政治社会的活细胞，是新世界观和思想传播者和倡导者。见安东尼奥·葛兰西. 狱中札记[M]. 曹雷雨，等，译. 北京：中国社会科学出版社，2000：418-419.

"在一个以确定的原则为基础的教育机构建立之前,一个稳固的政治国家的建立是不可能。"①因此,他确立了教育改革应遵循的三原则:忠于皇帝、忠于帝国政策、遵守天主教教规。②1806年,拿破仑建立了帝国大学,帝国大学是帝国最高教育领导机关,其最高行政长官由拿破仑亲自任命。为保证帝国大学能对帝国忠诚,拿破仑要求所有从事教学和教育行政管理的人员都必须加入帝国大学,所有帝国大学成员必须按照规定的誓言宣誓,如帝国大学校长的誓言是:

"陛下,在上帝面前我向您起誓:保证履行我的全部职责,并用赋予我的权力去造就忠于他们的宗教、君主、国家和父母的公民而不用于别的目的,还要尽我之所能去促进开明,健全的知识和美德的进步。为了您的王朝所有光荣传统得以发扬光大,为了孩子们的幸福和父母的安宁而竭诚努力。"③

第二,大学为政府机构提供高素质的专业人才,保证国家机器的运行。

从西方大学的历史发展来看,14、15世纪大部分大学是由君主创建的,国家创办大学的原因之一,是由于"国家期望这些大学为其提供官僚机构发展所需要的仆从。"④事实上,13世纪,国家在欧洲就已经存在了,并且与大学相关联,因为大学可以为政府提供法学方面的专业人才,接受过大学罗马法教育的人才更是服务于国家。比如,13世纪腓特烈二世、菲利普四世都有一些出自大学的"法学家"围绕其左右:维尼亚的彼得罗(Pietro della Vigna)曾为博洛尼亚大学的学生,诺加雷(Guillaume de Nogaret)

---

① 杨克瑞,等.政治权力与大学的发展——国际比较的视角[M].北京:中国言实出版社,2007:62.

② 贺国庆,等.外国高等教育史[M].人民教育出版社,2003:220.转引自:杨克瑞,等.政治权力与大学的发展——国际比较的视角[M].北京:中国言实出版社,2007:62.

③ H. C. Barnard, Education and the French Revolution. Cambridge University Press, 1969: 218.转引自:杨克瑞,等.政治权力与大学的发展——国际比较的视角[M].北京:中国言实出版社,2007:65.

④ 雅克·韦尔热.中世纪大学[M].王晓辉,译.上海:上海人民出版社,2007:117.

曾为蒙彼利埃大学教授。① 不过，当时国家机构还比较简单，但在 14 世纪中期以后，国家机器由简到繁，演变成极其复杂的官僚机构，尤其是原御前会议（Curia Regis）的裂变，对法律专门人才的需求大增，因而国家要创办大学培养法律专门人才以保证国家机器的运行，这可以从同一时期法学院在大部分大学中的优势地位和民法学习的进步中得到印证，也可以从大学毕业生在政府机构中所占比例的提升得到实证。比如，从 15 世纪开始，所有鲁汶和安特卫普的政府公职人员和法官都拥有法学学位，书记员与秘书也在相当程度上步了这场运动的后尘。② 近代民族国家建立后，国家机构越来越复杂和庞大。现代国家机构是国家机关体系的总和，是实现国家权力，执行国家职能，进行日常国家管理活动的组织体系。现代国家机构按照立法、行政和司法三权分立和制衡的原则构建，由立法机关、行政机关和司法机关组成，这三个机关分别拥有不同的职能，承担不同的责任。如今国家机构随着政府职能的进一步扩大，其内部分工越来越细，机构更呈扩大的趋势。以美国为例，美国的行政机构和行政人员大量增加，美国在建国之初，联邦政府仅设 3 个部，行政人员为 4 479 人，与美国当时总人口的比例为 1 ∶ 1 100。到本世纪，联邦行政部门发展到 70 多个，行政人员增加到 3 111 912 人，与美国总人口的比例为 1 ∶ 80；到 20 世纪，行政职能也由 19 世纪以前仅限于国防、税收和外交等较少的职能扩张到干预经济、举办社会福利和保险、管理教育和文化、卫生、保护生态环境等职能。③ 与国家机构规模和职能的扩大相伴，对具有各类专业化知识的高素质的国家机关工作人员的需要越来越多，若国家机关工作人员的素质不能适应就任岗位的要求，就会导致国家机关工作效率下降，甚至会影响整个国家机构的运行，而培养国家机构所需人才的平台主要是大学，大学的基本任务就是为社

① 雅克·韦尔热. 中世纪大学[M]. 王晓辉，译. 上海：上海人民出版社，2007：109.

② De Ridder-Symoens，'Possibilités de carrière'（注释 101）. 转引自：希尔德·德·里德-西蒙斯. 欧洲大学史：第二卷近代早期的欧洲大学（1500—1800）[M]. 贺国庆，等，译. 保定：河北大学出版社，2008：430.

③ 姜明安. 行政国家与行政权的控制和转化[N]. 法制日报，2000-02-13.

会培养人才，也包括国家机构所需要的专业化人才。因此，各国政府基于这种利益关系自然会创建大学，资助大学，并控制大学的发展。

第三，大学可以为一个国家和民族的发展提供智力支持。

自公元1500年以来，大国的崛起、兴衰此起彼伏，激扬跌宕，悲喜剧交替上演，动荡的国际局势产生的原因是多方面的，其中综合国力的变化不居是重要原因。综合国力是反映一个国家在国际社会中的地位、作用和影响力的重要依据，因此，每个国家都把提升自己的综合国力作为追求的目标。从整体来看，当今世界各国力量发展不均衡，美国的综合国力遥遥领先，居世界第一位，应该说大学功不可没。因为综合国力所包括的众多因素并非等量齐观，其中经济的竞争是综合国力竞争的中心内容，如今经济的发展与科技的联系日益紧密，因此，经济与科技的发展成为一个国家兴盛和强大的主要动力。大学通过对经济和科技发展的贡献来实现对国家综合国力的提升作用。众所周知，大学是培养高素质人才的摇篮，当今世界科技竞争关键就是人才的竞争，谁拥有一流的人才谁就会在国际竞争中立于不败之地。大学不仅为国家培养一流的人才，还致力于科学的研究，是国家科技创新的内在源泉。同时，大学不再是固守"为学术而学术"的象牙塔，而是回应社会的需要，解决社会发展中存在的难题和问题，直接服务于社会。正由于此，大学成为国家经济和科技发展的原动力。以美国为例，美国的大学尤其是一流的大学是美国经济和科技增长的主导力量。据美国有关资料统计，20世纪初，科技进步对经济增长的贡献率为5%～20%，20世纪中叶上升到50%左右，80年代则上升到60%～80%，大大超过资本和劳动力的贡献。当代美国经济的增长主要依靠以信息产业为核心的高科技产业，而这些高科技产业都离不开高校。①比如，在世界上享有盛誉的以美国斯坦福大学为主导的硅谷科学工业园区和以哈佛大学、麻省理工学院等研究型大学为首的20

① 孙承武，陈光军. 创造一流——全球十大名校启示录[M/OL]. http://www.wsfy.cn/html/sdmxweb/qishi/q46.htm. 2011-01-06.

多所著名大学参与创建的“128 号公路高科技开发区”都离不开一流大学这个“孵化器”。“硅谷生产的半导体集成线路占全国总产量的 1/3，导弹和宇航设备占全国总产量的 1/5，电子计算机占全国总产量的 1/8。”①同时，在美国影响人类生活方式的重大科研成果 70% 诞生于一流大学，1993—2000 年美国获诺贝尔奖的 51 人中，47 人来自美国的一流研究型大学。美国是世界上拥有专利最多的国家，其科技创新能力及潜力居世界领先地位。正因为此，美国的经济总量稳居世界第一。可见，大学兴，则国运昌，大学可以为一个国家和民族的发展提供智力支持。基于大学的这种功用，政府作为公共利益的代表，对大学不可能熟视无睹，放任自流，会毋庸置疑地成为大学最主要的支持者和干预者。

(2) 大学对政府的依赖性

现代大学的发展史是大学与政府的控制抗争，追求独立和自由的历史。然而，大学的非线性发展是常态，使大学与政府的关系充满了复杂性和矛盾性，即大学既要挣脱政府控制的锁链、寻求自由的发展，又要委身于政府、在政府的庇护和支持下大展宏图。

从历史的角度看，政府最初对大学并不重视，政府和大学关系的改变是在 14 世纪后。到 15 世纪末，欧洲大学与 13 世纪时的大学已有很大的差异，从独立的行会和研究及教学的发源地，退居为“服务于国家的职业培训中心”，由国家严密控制。“需要指出的是，对于大学社会作用的这一转变，在于大学的主动依附。”②大学何以要依赖政府？经费短缺乃是大学的“阿喀琉斯之踵”。“大学史上的一个不变的因素就是缺乏资金来源，无疑在中世纪和近代早期也是如此。”③中世纪大学最初没有固定资产，但是在中世纪末期，随着学生人数的增多，情形却发生了很

---

① 胡长生. 西方发达国家高校科技创新的路径依赖与社会作用分析——以美国斯坦福大学(硅谷)为主要例证[J]. 江西行政学院学报,2005(4):89.

② 雅克·韦尔热. 中世纪大学[M]. 王晓辉,译. 上海:上海人民出版社,2007:136.

③ 希尔德·德·里德-西蒙斯. 欧洲大学史:第二卷近代早期的欧洲大学(1500—1800)[M]. 贺国庆,等,译. 保定:河北大学出版社,2008:198.

大的改变，因为学生中的一些人很年轻，且贫穷，为其提供住宿越来越有必要，大学逐渐就有了建筑和不动产，大学不再能够自给自足，传统的收入完全无法满足学校建筑的增加和维护所需的高额成本。[①]其后果就是大学由过去激烈地反抗外界的干涉，而现在却积极主动地寻求外界政府的财政支持。民族国家建立以后，随着大学规模的日益扩大，学生人数的增加，大学科学研究职能的发展，大学从经费上对政府的依赖性加深。比如，德国的研究生班制度。韦伯认为研究生班制度的推行对大学官僚化起到了推波助澜的作用，因为随着研究生班制度的广泛发展，对助教、图书馆、实验室、教室等人力、物力的需求不断增加，而满足这种需求只有政府才能胜任。[②]第二次世界大战后，随着大学职能的扩张，大学承担着更多的社会责任，大学对政府的财政依赖性进一步加深，这可以从政府财政拨款占大学总收入的比重以及比重的逐步提高中不言而喻。比如，英国在第二次世界大战之初的1938年，大学开始依赖大学拨款委员会，政府的财政拨款占到大学总收入的三分之一。1951年，政府的补贴已达到三分之二。[③]美国1965年颁布的《高等教育法》，进一步将联邦政府拨付的高校建设经费翻了一番。据教育部国家教育统计中心的数据显示，1995—1996年度，美国各级政府投入经费占公立高等教育机构的财政收入的51.1%。[④]因而，正如布鲁贝克所言，大学自治不是绝对的，是有条件的。“完全的自治必然要求完全的经费独立，而这种程度的独立是根本不可能的。”[⑤]大学也正是因为经费的短缺而不得不依赖政府，受政府的制约。

---

① 希尔德·德·里德-西蒙斯. 欧洲大学史(第一卷中世纪大学)[M]. 张斌贤，等，译. 保定：河北大学出版社，2008：146，149.

② 吴晓春. 戴着镣铐的舞蹈——论大学自治的相对性[J]. 煤炭高等教育，2010(2)：13.

③ 王建梁. 大学自治与政府干预：英国大学—政府关系的变迁历程[J]. 清华大学教育研究，2005(6)：17.

④ 王建华，郑南宁. 高等教育大众化阶段提升教育质量需从多方面努力[N]. 中国教育报，2008-01-15.

⑤ 约翰·S. 布鲁贝克. 高等教育哲学[M]. 王承绪，等，译. 杭州：浙江教育出版社，2002：33.

此外,中世纪末期,中世纪大学特权被取消后,大学自治的形态和基础发生了改变。在法治社会,大学自治的合法性要依靠宪法和法律保障,而唯有国家才能提供这种保障,这也是大学依赖政府的又一原因。

### 2.信任是政府和大学合作的前提

政府和大学既是利益相关者,又存在矛盾冲突,双方的权力博弈从没停止过。按照博弈理论,在一定场合中的每一个参与者采取什么样的决策行为,都会考虑到自己的决策行为对其他人会有什么样的影响,以及其他人的行为对自己可能会有什么影响,通过选择最佳行动方案,寻求利益的最大化,即帕累托最优。但要达到这样的结果,就需要参与者的合作,合作才能实现参与者利益的最大化。而博弈的基本理论认为,要能实现参与者利益最大化的合作的先决假设是,每个参与者都被假设能够获得完整的相关信息,也都具有合理利用信息的能力。但伯纳德·威廉姆斯却认为在现实中合作存在一些局限:第一,由于认知和社会因素导致的信息不全。由于其他人的选择偏好及对或然性的估计,再加上受各种因素的影响,使人们不能完全获取如意的信息或者获取信息困难甚至代价高昂。另外,社会外在因素的干扰也会导致推测的困难。所有这些因素都会导致信息的缺乏而影响合作。第二,在受到对方给予的各种保证的可靠性信息影响的情况下,与合作相关的优先选择在发生变化。第三,合作的倾向受到成本的影响。如果成本不高,参与者会选择合作,而一旦超过这一阈值他会放弃合作。而这一阈值本身会随着时间的推移而发生变化。①这些不可预测性,导致不确定性和风险成倍增加。这就需要信任来化解这种不确定性,促成合作。“信任是合作的前提条件,也是成功合作的产物。”②“在自由的

---

① 郑也夫.信任:合作关系的建立与破坏[M].杨玉明,等,译.北京:中国城市出版社,2003:3-5.

② 彼得·什托姆普卡.信任——一种社会学理论[M].程胜利,译.北京:中华书局,2005:82.

行动者之间如果充满不信任，就不会出现合作。”①因为合作的条件包括两个方面，第一，确信对方作为非依赖方不会背叛，人们通常自己不会背叛；第二，处于非依赖方位置上的人们受到这样或那样的一般性动机的驱使而不去背叛。由此可见，合作需要依赖方和非依赖方的相互信任，若信任是单方面的，也可能不会出现合作。信任度越高，合作的可能性也越大。

政府和大学互为利益相关者，双方都要依赖对方而发展，谋求合作是双方的诉求。但政府和大学间信息不对称，双方都不可能获得对方完整的信息是客观事实。因此，要实现政府和大学的合作必须依赖双方的相互信任，信任使双方具有面对不确定性的勇气，“靠着简化复杂，信任打开了行动的可能性，没有信任这个行动是不可能和无吸引力的。只有在行动之后，可能的成果才能实现，必须先行动。信任为时间问题架了桥，它为成果作了预付。”②信任可以克服信息不全所带来的行动障碍，实现政府和大学的合作，防止双方两败俱伤局面的出现。

## （三）政府和大学秩序与信任

政府和大学关系的状况是影响大学兴衰的重要因素，和谐的政府和大学关系是双方的梦寐以求，而信任具有维护政府和大学秩序的功能。

### 1. 秩序是政府和大学关系之应然

关系是反映事物及其特性之间相互联系的哲学范畴。世界上任何事物都不是孤立自存的，总是处在和其他事物的一定关系中，只有在同其他事物的关系中，它才能存在和发展，它的特性才能得到体现。同时，事物的存在和事物的相互关系是统一的，因为事物的发展变化会引起该事物同其他事物相互关系的变化，而一事物与其他事物相互关系的变化也会引起该事物的

---

① 郑也夫.信任：合作关系的建立与破坏[M].杨玉明，等，译.北京：中国城市出版社，2003：273.

② 郑也夫.信任论[M].北京：中国广播电视出版社，2006：103.

发展、变化。当然这种关系是以承认事物之间存在区别为前提，这是世界的本来面目和真实状态。由于世界的复杂多变，事物之间的关系也是复杂多样的。其中，有序和无序就是事物之间重要的一种关系。何谓有序？有序又称秩序，是与混乱、无序相对应的概念，是指人、物或组织处于特定的位置，有条理、有规则、不紊乱，表现出结构的稳定性和一致性。秩序总是与某种程度的关系的稳定性、结构的有序性、行为的规则性和一致性、进程的连续性、可预测性和确定性等特征相联系。无序则凸显人、物或组织彼此相互独立或位置、功能、职能混乱不清，无规则可言，表现出结构的不稳定性、不确定性和无规律性。无序所导致的混乱状态，会增加社会生存的成本。当然，有序和无序在一定的条件下可以相互转化。

如前所述，政府和大学是利益相关者，二者既存在对立冲突，又相互依赖、相互作用，因此，政府和大学之间的关系是客观存在的。从结构的角度看，政府和大学的关系可以分为有序和无序两种。对于大学而言，一方面，大学的发展和变化必然会影响它与政府的关系，并导致它与政府关系的变化；另一方面，大学与政府关系的状态及其变化必然也会影响大学的生存和发展，换言之，和谐、有序的政府和大学关系与混乱、无序的政府和大学关系会对大学的生存和发展产生截然不同的影响。

和谐、有序的政府和大学关系意味着政府和大学达成共识，双方彼此承诺将来的行动，双方运行结构稳定，规则明确，政府和大学各司其职，各行其责，双方行为的确定性、连续性、可预测性和一致性是其重要特征，权责清晰是关键和核心。

在这种关系下，政府的职责主要体现在：首先，政府是高等教育法规的立法者。政府以法的形式确立了高等教育在贯彻国家教育方针中的作用，明确了高等教育的任务以及在国家经济和社会发展中的作用，为高等教育事业的发展提供了法律保障和法律支持；以法的形式对高等教育体制、高等教育投资、高等学校办学条件、国家和社会团体以及家庭的责任与义务等方面予以规范，通过法律手段协调好各种教育关系，使高等教育发展的必要条件获得法律的保证和支持，优化了高等教育生存和发展的环境;以法的形式确定国家高等教育管理体制,明确了政府和大学的权责;以法的形式确定高等院校内部管理体制,使高等院校内部管理有法可依,构筑了防止外部机构干预大学内部事务的屏障。其次,政府是大学的举办者。公共性是政府的基本属性之一,管理公共事务,代表和体现公共利益,承担公共责任是政府公共性的重要体现,因而政府应该是国家公共品、准公共品和制度的提供者,高等教育的准公共产品属性赋予了政府之于大学的责任,政府对大学的发展和建设承担着义不容辞的财政责任。最后,政府是大学的管理者。按照公共产品理论的观点,全社会产品分为公共产品、非公共产品和私人产品三类,公共产品是具有非竞争性和非排他性的物品;准公共产品是具有有限的非排他性或有限的非竞争性的公共产品。大学提供的产品是准公共产品而非公共产品,是因为其在消费的非竞争上是不充分的,这种竞争不能单纯依靠市场来实现,因此,需要政府的干预和管理来实现消费的非竞争性。尤其是随着高等教育由精英教育进入大众化教育,大学法律地位的改变,市场化改革浪潮的兴起以及大学经费结构的改变,大学发展自身的利益有了一定的合法性,大学的公益性因而面临严峻的挑战,这就需要政府采取宏观管理政策和法律手段,对大学的规模、目标和运行方式等进行引导和管理,规范大学的办学行为,保证大学办学质量,兼顾效率与公平,以实现高等教育的公益性和公平目标,确保高等教育体系的有序运行。

大学是学术的家园,大学的主要职责是学术责任。从大学自身来看,大学的存在时间超过了任何形式的政府,美国学者克拉克·克尔研究发现,西方世界在1520年以前建立的公共机构中,大约有75个仍旧以可辨认的形式存在,有类似的功能和未中断的历史,而其中就有61所大学。[①]大学之基业长青的奥秘和根基就在于大学特殊的、不可替代的使命和责任。虽然大学使命是一个历史范畴,即大学在不同历史时期的具体使命不同,但

① 克拉克·克尔.高等教育不能回避历史——21世纪的问题[M].王承绪,译.杭州:浙江教育出版社,2001:50.

大学作为一种学术机构,以学术为根基,通过大学的培养、教学、研究等学术活动,履行对社会的责任是大学之永恒使命。实际上,大学诞生至今,伴随历史的演进逐步形成的培养人才、发展科学和服务社会之职能,都是大学以学术活动履行社会责任的具体体现。因此,大学的主要责任是学术责任,履行学术责任不仅是大学立足之本,也是大学能力的体现。何谓学术责任,学界众说纷纭,大多从外延的维度,将学者从事的大多数学术事务囊括其中,比如,唐纳德·肯尼迪在其《学术责任》著作中认为,大学对政府和社会承担的学术责任是通过大学教师的工作来实现的,"大学教师本身就是大学机构"①,大学的学术责任包括大学教师培养的责任、教学的责任、指导的责任、服务的责任、研究发现的责任、学术成果的责任、诚实、走出围墙以及变革九个方面。这种例举法的弊端在于没有从具体上升到抽象,况且大学之具体学术事务会随时代的变化而变迁,因此,这种诠释通常缺乏生命力,时效性短。本书在借鉴学界已有界定的基础上将学术责任定义为:学术责任是指大学作为学术组织对政府和社会应尽的义务和分内之事,主要包括对学生的责任、对知识的责任、对社会的责任等,这种责任主要是通过大学学术事务的承担者——大学教师的培养、教学和科研等学术活动来完成。

总之,和谐、有序的政府和大学关系使双方权力清晰,职责分明,能在政府和大学之间形成良性互动,既为大学的存在和发展提供有利的条件,保证大学培养人才、发展科学和服务社会等社会职能的实现,防止大学的异化,又能实现政府的利益。

混乱、无序的政府和大学关系主要是指政府和大学各自独立或者政府和大学权责不清的状态。它主要表现为两种情形:一种表现是政府和大学各自为政、各行其是。在这种情形下,政府不作为,没有尽到监管职责,使大学独立于政府之外,过度自治,自我封闭,放任自流,不回应政府和社会的需求,最终导致大

---

① 唐纳德·肯尼迪.学术责任[M].阎凤桥,等,译.北京:新华出版社,2002:19.

学的衰败。从西方大学的发展历程看,16—18 世纪,由于大学的自行其是,散漫、保守、封闭和偏执,排斥改革,使大学没有随社会变化及时作出职能上的调整,尤其是在科学的兴起中处于被动局面,培根是这样谴责大学的:“在学校、学园、学院和类似注定要成为学者住所和培养学术的地方的习惯和制度中,一切均和科学的发展背道而驰……因为这些地方人们的研究禁锢在某些作家的著作中,如果任何人对他的看法持有异议的话,就会受到排斥并作为一个暴乱分子和革新者而接受审判。”①也就是说,大学不仅不能成为科学的保护神,还对科学持排斥态度。贝尔德也强调在科学的发展上大学是一种确定的障碍,他指出:“尽管科学在教育中占有一定的地位,但 17、18 世纪科学的巨大发展并不是因为大学在教育中所拥有的这一地位。就科学知识而言,19 世纪中叶之前所有的伟大科学家都是自学成才的……科学在古老的大学里没有立足之地。”②虽然有修正论者对此观点进行了修正,但是这一时期绝大多数重大科学成就产生在大学之外的新式学院和研究机构中的事实可以证明,大学即便不是把新科学拒之门外,或者排斥新科学,也至少对新科学的发展态度消极,不是促进科学发展的理性场所。比如,17、18 世纪英国的牛津和剑桥大学,由于英国大学高度自治传统的负面影响,这两所大学当时固守纽曼的大学理念,对于社会的变化,科学的兴起持保守的态度,大学的课程仍然主要是神学、古典人文教育等,直到 19 世纪,有关近代自然科学的课程还是微不足道。大学培养的目标是为教会和政府培养高级神职人员和绅士阶层。这种守旧模式,使大学与社会需求脱节,大学里的科学研究是一片荒野,最终导致了大学发展的“冰河期”。针对大学完全或者过度自治所带来的危害,有必要借助政府的干预,打开大学封闭

---

① F. Bacon, Novum organum(London,1620),引自 H. F. Kearney, Origins of the Scientific Revolution(London,1964),144. 转引自:希尔德·德·里德-西蒙斯. 欧洲大学史:第二卷近代早期的欧洲大学(1500—1800)[M]. 贺国庆,等,译. 保定:河北大学出版社,2008:555.

② J. Bernal, The Social Function of Science(London,1967),71. 转引自:希尔德·德·里德-西蒙斯. 欧洲大学史:第二卷近代早期的欧洲大学(1500—1800)[M]. 贺国庆,等,译. 保定:河北大学出版社,2008:556-557.

的大门，接纳新科学，反映社会的需求。比如，19 世纪的英国、美国、法国、德国的大学将许多新的学科拒之于门外，国家不得不通过立法强制打开大学封闭的大门。[①] 另一种表现是政府集举办者、管理者和办学者于一身，过度干预大学，大学丧失自主权，最终导致大学的异化，大学不称其为大学。这种情形在大学的发展历程中不乏其例。比如，19 世纪的法国，拿破仑建立了高度中央集权的教育体制，将高等教育置于国家的严密控制之下，虽然也产生了一些急功近利的效果，但负面效应更多，诸如：学校缺乏自主权和活力、各学校处于分裂隔绝状态、学术水平不高等。这些弊端最终使法国大学在国际上声誉降低，科学研究更是落后于德国和英国。后来的德国也走上了法国的老路。19 世纪末 20 世纪初，德国大学越来越依赖于政府，专制政府对大学事务的干预司空见惯，大学的政治色彩日益浓厚。第一次世界大战中，德国大学几乎成为了军国主义的工具。纳粹上台后，德国大学迅速走向了变质，大学完全处在政治集权的严格控制之下，大学几乎蜕变成纳粹的国家机器，学术自由荡然无存。其结果一是导致大学学生人数的急剧下降。1933 年，纳粹政权成立时，大学生人数为 12.1 万人，到第二次世界大战爆发前的 1938 年，学生人数减少到 5.6 万人，几乎少了一半。[②] 二是对学术的摧残，学术水平的降低，使具有数百年光荣历史的德国大学受到毁灭性的打击。可见，政府的过度干预，不仅会阻碍大学学术水平的提高和学术事业的发展，甚至会导致大学立场的丧失，成为政治的附庸。

总之，与和谐、有序的政府和大学关系相反，混乱、无序的政府和大学关系则在二者间形成恶性循环，既不利于大学的生存和发展，导致大学的异化，又增加了政府的管理成本和负担，政府的既定目标也难以实现。因此，构建和谐、有序的政府和大学关系是必然之选。

---

① 约翰·S.布鲁贝克.高等教育哲学[M].王承绪，等，译.杭州：浙江教育出版社，2002：32.

② 黄福涛.外国高等教育史[M].上海：上海教育出版社，2008：182.

## 2. 信任具有维护政府和大学秩序之功能

构建和谐、有序的政府和大学关系，才能实现政府和大学的共生共存，促进大学的发展。而信任是建立和谐的政府和大学关系的重要途径，因为信任具有维护政府和大学秩序的功能。信任的这种维护功能主要表现在以下两个方面：

### (1)信任可以克服信息不对称带来的行动障碍，减少政府和大学间的不确定性

确定性是政府和大学秩序性的重要特征之一。确定性是与不确定性相对立的概念。确定性是政府和大学未来一定会发生或不会发生的行为。不确定性与风险有关，是政府和大学对对方未来行为的难以把握。确定性往往建立在政府和大学各自拥有对方详尽的信息，对对方熟悉和了解的基础上。但实际上，政府和大学间信息不对称是常态，政府和大学相互获得的信息有限。政府凭借权力优势，在制定政策、发展规划和科研经费的划拨等方面拥有信息优势。大学在教学、科研等方面拥有信息优势。尤其是随着中央集权管理体制向民主管理体制的转化，大学和政府既定关系随之发生改变，大学不再是被动的客体，而是具有自治权的相对独立主体，一些原来属于政府的权力被剥离出来下放给大学，大学在招生、教学、科研等方面拥有更多的自治权，政府完全掌控大学的行为已成为历史，对大学行为的可预见性程度降低，不确定性增加，风险加大。再加上随着时代的发展，大学社会地位的提升，大学在社会生活中开始扮演多样化的角色，大学行为的不可预见性特征也日益突出。这就需要借助信任减少政府和大学间的不确定性，因为“信任构成了复杂性简化的比较有效的形式”，[①]信任本质上是简化复杂性的机制之一。在卢曼看来，就系统信任（制度信任）而言，复杂性的简化是因为它把不确定性吸收，或者把不确定性消减为可以容忍的程度。

---

① 尼可拉斯·卢曼. 信任[M]. 瞿铁鹏，等，译. 上海：上海人民出版社，2005：10.

这样信任可以弥补信息不完整所带来的缺陷和不安，增加了对不确定性的承受力，正是通过信任可以成功驾驭暧昧不清的情况，使复杂性简化，从而使政府和大学冒险去界定未来，付诸行动，并使某些发展的可能性可以不加以考虑，某些不能排除的，但不会扰乱行动的危险中性化，增加政府和大学未来行为的确定性，实现政府和大学的和谐关系。

**(2)信任可以防止机会主义行为的产生，降低政府管理的成本，提高政府和大学行为的确定性和一致性**

第一，政府和大学信任可以使政府和大学的每一件事变得更容易处理，减少了合同谈判、诉讼纠纷等之类的成本支出来防止机会主义行为的产生，从而减少交易成本，这有利于保证政府和大学行为的连续性。第二，权力是建立政府和大学秩序的有效手段之一，要达到这个目标，就必须信任权力，相信政府或大学作为权力的持有方能有技术能力地或有信用责任地使用权力，而不会滥用权力，减少了未来行为的风险，保证政府和大学行为的确定性。第三，政府和大学信任形成后，政府和大学会相互相信合作伙伴是诚实守信的，会为组织的利益考虑，不会有机会主义行为发生，政府或大学更愿意与合作伙伴分享有用的知识和信息，使资源更合理地运用，提高了政府和大学行为的一致性和确定性。第四，政府和大学信任形成后，政府和大学相互间的沟通、交流和理解会极大增强，这样既有利于保证联盟的运作，又有利于在遭遇困难的关键时候，合作伙伴能相互伸出援助之手，减少了机会主义行为的发生，有利于降低风险，提高了政府和大学行为的确定性。

## 三、研究意义

### （一）为政府与大学关系研究提供新视角

政府和大学信任以主体间性为基础，以双向互动为特征，致力于共识和理解，以实现双方利益的最大化为目的，这是对基于主客体关系模式的政府与大学关系的颠覆，为研究政府与大学关系提供了一种新视角。

主客体关系模式以主体性哲学为基础，是一种二元对立的思维模式，这种思维模式强调主体的优先地位，把主体的利益置于首位，客体从属于主体。如辩证唯物主义认识论认为，主体与客体的关系一般来说是指人的生存关系，其中最重要的是实践关系、认识关系和价值关系。实践关系是指主体为了满足自身的需要而与客体发生的一种改造与被改造的关系，它体现了主客体生存关系的本质，是主客体之间其他关系的基础；认识关系则是主体与客体的认识与被认识、反映与被反映的关系。价值关系是主体需要与满足这种需要的对象之间的关系，即利用与被利用的关系，也就是说，主体按照自身需要实际的占有与享用客体，表现为客体趋向主体的运动。可见，主客体关系是工具行为，在此模式下，主体处于主动地位，是具有能动性和创造性的一方，客体则是处于被动、受动的地位，具有服从性的一方。主体总是从自身利益出发，以自身的需求和要求为尺度理解和改造客体，按照“为我”的方式去构建主客体关系，客体只是作为实现主体目的的手段，追求主体利益的实现。就政府与大学关系而言，在主客体关系模式下，政府是具有能动性的主体，是政府与大学关系的定位者，是政策的制定者和命令的发布者，大学则被视为被动的客体，是实现政府利益的工具和手段。因此，在主客体关系模式定位下，政府与大学是上级和下级、控制和被控制、领导和被领导的单向度关系，政府以单向度和命令式的模式管理大学，即政府把大学作为其隶属机构，把自己的价值诉求和意志强加于大学，并按照行政的方式管理大学，甚至学术事务也是基于行政管理的要求追求效率和数字化，而不顾学术本身的特殊性，大学除了听命并服从于政府，别无选择。比如，拿破仑时代的法国对大学的管理模式就是如此。但是，以学术为业的大学应该是有组织的无政府状态，学术的特殊性决定了大学应该拥有适度的自治权，自主管理大学的事务尤其是学术事务。因此，以主客体关系模式定位政府与大学关系，导致政府和大学权力配置的不合理，表现为：一方面，政府对大学干预过多，干预过强，政府管了不该管的，该管的又没管好。另一方面，导致大学自主权的丧失,尤其是学术自主权的缺失,致使学术逻辑隐退,行政逻辑横行。这样的权力配置既加重了政府的负担,降低了政府绩效,又压抑了大学的能动性,抑制了大学的活力和生命力,并导致了大学运行的混乱。针对政府和大学关系的混乱状况,专家学者提出了众多的治理之道,这些对策均强调政府应减少对大学的干预,放权或还权于大学,实现大学的自治权。比如,无论是从构建现代大学制度还是治理理论的视角,都呼吁去中心化,改革政府是唯一的权力中心的现状,实行民主管理,实现大学的自治权。应该说,这些研究为协调政府与大学的关系提供了有益的建议和对策,但这些研究主要是从大学的立场出发,拷问政府的权力,却忽视了从政府的立场出发,大学自身应当何为以满足政府的利益和要求,让政府放心放权,即这些研究仍然趋向单向度的思维模式,没有从政府和大学互动的角度研究政府与大学的关系,提出建立和谐的政府与大学关系的对策。

而基于信任的政府与大学关系,以主体间性为基础,主体间性即交互主体性,主体间性没有把主体看作原子式的个体,而是看作与其他主体的共在,是一种主体与主体之间的共在关系。因此,主体间性把主体性置于主体与主体的关系之中,超越了主客体关系中占有性的主体性理念,超越了主体性的自我异化,既体现了主体性,又强调了主体间的相互性和相关性。总之,在主体与主体之间的关系下,各自都把对方视为另一个"我",双方是平等交流、相互尊重的主体,主体间是"和而不同",求同存异,强调交互、理解和沟通,致力于意义的共识和视界的融合。何谓理解,哈贝马斯指出:"理解这个词是含混不清的,它最狭窄的意义是表示两个主体以同样方式理解一个语言学表达;而最宽泛的意义则是表示在与彼此认可的规范性背景相关的话语的正确性上,两个主体之间存在某种协调;此外还表示两个交往过程的参与者能对世界上的某种东西达成理解,并且彼此能使自己的意向为对方所理解"。[①] 因此,基于信任理念的政府与大学关系从

① 哈贝马斯.交往与社会进化[M].张博树,译.重庆:重庆出版社,1989:3.

根本上不同于工具行为的主客体关系。在信任视角下，首先，政府和大学不是对立的、具有等级性的主体和客体，而是平等互助的交互主体，即政府和大学是平等交流的主体，双方相互尊重，平等相待，都能设身处地为对方着想，从对方利益出发思考问题，审视自己的行为和策略，这就彻底改变了主客体关系模式下大学的从属地位，彰显了大学的自主性，因此，基于信任的政府与大学关系意味着政府和大学关系范式的转换，由原来的单向度范式转变为双向度范式。其次，政府和大学不是致力于对立和对抗，而是以理解和宽容为核心，致力于非强迫性的共识和合作，以实现政府和大学利益的最大化为目的。即基于信任的政府与大学关系下，政府和大学不是你死我活的竞争对手，双方不以实现自身利益最大化为目的，而是求同存异的合作伙伴，双方通过民主协商，相互理解，宽以待人，协调矛盾，制定规则，划分权限，寻求共识，其结果是双赢。可见，基于信任理念的政府与大学关系克服了主客体关系模式的弊端，弥补了主客体关系模式的不足，是对政府与大学主客体关系模式的颠覆，并为和谐的政府与大学关系的建立提供了新思路。

### （二）为大学自治权的实现提供有效路径

现代大学诞生于中世纪，纵观现代大学发展的历史，可以发现现代大学的发展史就是大学与政府干预抗争，争取大学自治权的历史。尤其是中世纪末期，随着欧洲宗教改革和民族国家的形成，政府干预大学的能力增强，中世纪大学特权逐步消失，大学自治权式微，政府和大学之间控制与自治的矛盾日益突出。特别是随着社会的发展，知识和技术在社会发展中地位日趋提升，大学在现代社会发展中的作用日益增强，各国政府更是加强了对大学的监督和控制，大学自治权难以彰显。但大学自治不仅是大学悠久的传统，而且是大学不辱使命，履行社会职能的必备前提，大学自治是大学立足之本。因此，在协调政府与大学关系时，必须兼顾政府与大学的意志和需求，既保证政府对大学的有效控制和监督，实现政府的价值诉求，又能让政府主动放权，赋予大学自治权，实现大学自治，处理好政府控制与大学自治的矛盾。而基于信任的政府与大学关系为解决政府控制与大学自治的矛盾，实现大学自治权提供了有效路径。

首先，信任作为一种形而上的理念，它所强调的交互性、平等性、宽容性和合作性等，不仅为研究政府与大学关系提供了一种新视角和新思路，而且也为政府进一步放权，真正赋予大学自治权提供了可能和前提，因为基于信任的政府与大学关系下，政府与大学都相信对方不会利用自己的弱点做有损自己利益的行为，双方是互利互惠、合作、互信的伙伴，在这种信念和理念的支撑下，政府放权于大学成为可能。

其次，信任作为一种形而下的制度和机制，为协调政府与大学关系，让政府放心放权或还权于大学，大学争得自治权，提供了有效的路径。信任理论的特殊性在于，它不仅是一种理论和理念，指导制度的构建，而且其本身也是一种制度和机制，完善的法律规范体系、明晰的权责、有效的监督机制等是信任的制度基础，可以为信任双方付诸信任提供安全保障。因此，在基于信任的政府与大学关系下，高等教育立法完善；政府和大学的权责清晰、统一，政府和大学各自享有的权力，应该履行的责任清楚明了；监督和惩罚滥用权力、不作为或不履行责任等行为的责任性机构存在，并有效发挥作用等，这一系列的制度，一方面为政府的放权或分权提供了依据。信任机制明确规定了政府管理大学的权限和职能，划定了政府行动的范围和边界，为政府剥离不属于自己的职能，下放或分离职责之外的权力，还大学应属之权力，实现大学的自治权提供了依据。另一方面，信任机制为政府放心放权，赋予大学自治权提供了制度保障。信任机制不仅明确规定了政府和大学的权力，还明确规定了政府和大学应该承担的与其享有的权力相应的责任，应该履行的职责，并构建了对大学行使权力，履行责任情况进行监督和问责的制度，建立了实施性责任机构，威慑大学按照既定的制度框架行事，维护了政府和大学之间的秩序，防止大学或者滥用权力，为所欲为，自行其是，或者逃避责任所带来的对政府利益的损害，使政府愿意给予大学信任，寻求与大学的合作，从而为政府心甘情愿放权提供制度性保障。因此，基于信任的政府与大学关系是实现大学自治权的有效路径。本书也拟从应然的维度建构政府和大学和谐的信任机制，在此基础上，从实然的维度分析基于信任的我国政府与大学和谐的对策。

# 第二章 我国政府和大学信任状况分析

当前我国大学的整体状态不尽如人意，究其原因是多方面的，其中政府和大学关系的不够和谐是无法回避的重要原因之一。如前所述，政府和大学的关系状况与二者的信任程度相关，本书结合新中国成立以来我国政府与大学关系的演变历史，以事实为根据阐明我国政府和大学的信任状况，以及这种状况对我国政府与大学关系的影响。

## 一、我国政府与大学关系的演变

新中国成立以来，我国政府和大学之关系和权力博弈是错综复杂的。无论是从高等教育合法性的政治论基础而言，还是从我国现代大学自诞生至新中国成立之前的历史来看，我国大学从来就没有也不可能完全脱离政府办学的轨道，作为历史承续的新中国成立之后的大学，同样脱离不了依附于政府的境遇。与此同时，从大学合法性的认识论基础来看，大学作为追求真理，探索智慧的学术机构，新中国成立之后的大学又有超越控制，追求自由，拥有自主权之必然要求。因此，政府控制和大学自治之争此消彼长，反反复复。从总体来看，目前虽然大学自主权尚待真正落实，然而随着我国高等教育管理体制由政府对大学的高度中央集权管理到宏观管理的改革，大学自主权总算由

"缺场"到"在场"。

对于我国政府和大学关系的历史演变考证的关键是什么呢？大学的发展既要遵循自身内在的逻辑和传统，又要受政治、经济和文化等外部条件的制约，而这些外部条件主要是通过政府公权力这个中介对大学发生影响，所以，一个国家大学发展有什么样的外部环境，主要是看政府在处理和大学关系中的角色取向，而政府态度的直接体现就是政府针对大学所制定和颁布的政策法规。因此，政府对大学事务的态度是集中控制、有限控制还是退场，主要以政策法规文本为参照物来考量。政策的制定具有时代性，政府的高等教育政策文本不是一成不变的，会顺应时代的要求而变化。新中国成立至今的历史中，十一届三中全会的召开是中国历史的重大转折，从此开启了我国改革开放和逐步走向繁荣的历程，因此以 1978 年为界，将新中国成立后我国政府与大学关系的历史分为两个时期。

## （一）1949 至 1978 年：计划管制时期

新中国成立至十一届三中全会召开之间，我国高等教育事业在探索中曲折前进，我国高等教育管理体制走的是一条"集权—放权—收权—再放权"的波浪式前进之路。

### 1. 集权（1949—1957 年）

1949 年新中国成立，开辟了中国历史的新纪元。随着全盘学习苏联的全面展开，我国建立了一套高度中央集权的计划管理体制。为了适应高度集权的计划管理体制，我国高等教育也必须学习苏联高等教育经验进行全面改革，因此，新中国成立初期，政府一方面对旧中国的高等学校进行接管、接收、接办，包括旧的国立大学、教会大学、私立大学等，然后逐步改造为公立大学；另一方面创办新型高等学校（中国人民大学和哈尔滨工业大学试点先行），发展新教育，建立社会主义高等教育体系。到 1953 年，高校全部收归由教育部和国务院有关部委直接管理，旧中国的教育事业转变成为新时期社会主义教育事业。

1950 年 6 月，教育部根据《共同纲领》的规定和第一次全国教育工作会议精神，召开了第一次全国高等教育会议，讨论了新中国高等教育的方针、任务等重要问题，对新中国高等教育体制做了进一步的规定。会议通过了《高等学校暂行规程》《专科学校暂行规程》《关于实施高等学校课程改革的决定》《关于高等学校领导关系的决定》《私立高等学校管理暂行办法》五项草案。其中，《关于高等学校领导关系的决定》对政府和大学的关系进行了明确的规定，强调：全国高等学校（军事学校除外）归中央人民政府教育部统一领导，各大行政区教育部均有根据中央统一的方针政策，领导本区高等学校的责任。凡中央教育部所颁布的关于全国高等教育方针、政策与制度、高等学校法规等，全国高等学校均应执行。这是我国最早的关于高等教育管理体制的文件，体现出高等教育行政管理的中央集权特征。《关于实施高等学校课程改革的决定》则指出："全国高等学校应根据上述原则，并参考第一届全国高等教育会议所讨论的各种课程草案，就各校的具体条件，制订各该校可行的课程及教学计划草案，报请中央人民政府教育部批准实行。"同时，还对学习年限、上课时数等作了具体规定。至此，新中国成立初期，已经初步建立了政府集权管理大学的体制。

1953 年 10 月政务院颁布的《关于修订高等学校领导关系的决定》进一步肯定了政府集权管理大学的体制，并更加具体化。《决定》还对各高等学校的管理权限进行了明确分工，即对综合性大学、多科性高等工业学校、单科性高等学校的管理在高等教育部和中央有关业务部门之间进行了明确分工。教育部和中央有关业务部门暂时接管有困难的高校，委托学校所在地的大区行政委员会或省、市、自治区人民政府负责管理。

在明确政府对大学的集中领导和管理的基础上，从 1952 年开始，全国高等学校模仿苏联进行大规模的院系调整和教学制度改革。经过院系调整，改变了原来的多种学科的综合大学模式，建立起以单科院校为主的大学体制。经过教学制度改革，建立了以专业为中心的专门人才培养体系。应该说这一改革适应了当时计划经济体制的要求，为国家建设培养了大批对口的专业人才，同时扩大了高等教育的规模。但改革在一定程度上也有悖于科学发展规律和大学的内在逻辑，其局限性在大学后来的发展中得到体现，[①]以至于20世纪90年代的高等教育改革的基本方向与20世纪50年代的改革刚好相反。

1956年5月，高等教育部颁布了《中华人民共和国高等学校章程草案》，《章程草案》部分条款如第5条、第29条、第48条也对政府和大学关系进行了具体的规定，包括高校的设立和停办由国务院决定、高校要按照教育部批准的教学大纲和教学计划进行教学工作等。[②]

### 2. 放权（1958—1960年）

由于高度集中的教育体制管得过多，统得过死，严重地压抑了地方的主动性和积极性，国家开始尝试将中央的部分权力下放到地方，扩大地方的权力，以调动地方的积极性。1958年4月，中共中央发出《关于高等学校和中等技术学校下放问题的意见》，提出：除了少数综合大学、某些专业学院和某些中等技术学校仍旧由教育部或者中央有关部门直接领导外，其他的高等学校和中等技术学校都可以下放，归地方领导。改变统一招生的制度，一般的高等学校和中等技术学校可以就地招生。改变毕业生分配办法，教育部和中央有关部门直接领导的学校的毕业生，由中央统一分配；地方管理的院校的毕业生，由地方分配工作。[③]1958年8月，中共中央、国务院颁布《关于教育事业管理权力问题的规定》，《规定》根据中央集权和地方分权相结合的原则，对中央和地方的权力予以规定，下放给地方很多的权力，加强了地方对教育事业的领导管理，改变了条条为主的管理体制，以充分发挥地方举办教育事业的主动性和积极性。[④]之后，形成了地方举办高等教育的热潮。1960年10月，中共中央转发教育

---

① 胡建华. 现代中国大学制度的原点：50年代初期的大学改革[M]. 南京：南京师范大学出版社，2001：289-290.

② 中华人民共和国高等学校章程草案[Z]. 高等教育部档案，1956年永久卷，卷65.

③ 陈学恂. 中国教育史研究（现代分卷）[G]. 上海：华东师范大学出版社，1994：439.

④ 金铁宽. 中华人民共和国教育大事记（1）[G]. 济南：山东教育出版社，1995：459-460.

部《关于全国重点高等学校暂行管理办法》，进一步强调全国重点高等学校的领导和管理实行中央和地方分工负责，双重领导。①这样就形成了对高等学校实行中央和地方两级领导管理、分工负责，在中央统一领导下以省级管理为主的新体制。

### 3. 收权(1961—1965年)

"大跃进"之后，1961至1965年是我国国民经济调整时期。1961年1月，中共八届九中全会确定对国民经济实行"调整、巩固、充实、提高"的方针(简称"八字"方针)。在"大跃进"期间，虽然放权在一定程度上调动了中央和地方的积极性，高等学校的数量也激增，但是由于国家对高等教育缺乏有效的宏观管理，也缺乏必要的法规约束，使我国高等教育的发展速度和规模显然超出了国民经济的承受能力，违背了教育规律，反而给我国高等教育事业的发展带来了负面影响，也严重地影响了高等教育质量。因此，痛定思痛，中央重新强调高等教育管理的集中统一领导。

1961年，教育部在北京召开了全国重点高等学校工作会议，会议着重研究贯彻执行"八字方针"，对全国重点高等学校实行"四定"(即定规模、定任务、定方向、定专业)的问题，并强调要通过调整建立完善的教学秩序，大力提高教学质量，加强对全国重点学校的集中管理。②在此背景下，教育部草拟了《教育部直属高等学校暂行工作条例(草案)》(即《高教六十条》)，以整顿高等教育发展中的无序状态。1961年9月15日经中央政治局常委通过，正式发布。《高教六十条》重申了集中管理原则，第7条规定："教育部直属高等学校，行政上受教育部领导，党的工作受省、市、自治区党委领导。省、市、自治区党委和学校党委对这些学校的领导，应该根据中共中央、国务院的方针、政策和教育部的各项有关规定办事。""教育部直属高等学校规模的确定与改变，学制的改变与变革，都必须经教育部批准。"第9条规定：

---

① 金铁宽. 中华人民共和国教育大事记(1)[G]. 济南：山东教育出版社，1995：572.

② 金铁宽. 中华人民共和国教育大事记(1)[G]. 济南：山东教育出版社，1995：581.

高等学校专业的设置、变更和取消，必须经过教育部批准；学校必须按照教育部制订或批准的教学方案、教学计划组织教学工作；课程和学科体系的重大改变，必须经过教育部批准。此外，第 24 条规定："根据国家的统一安排，经教育部批准，学校可以适当承担国家的科学研究任务。"第 31 条规定："教师的队伍要力求稳定，教育部直属高等学校的教师的调动必须经过教育部批准。"第 36 条规定："在国家规定的教学计划之外，教育部直属高等学校不再接受任何单位委托代为培养学生"等。至此大学完全变成政府的附属机构。1963 年 6 月，中共中央、国务院颁发《关于加强高等学校统一领导、分级管理的决定（试行草案）》，《决定》规定：对高等学校实行中央统一领导，中央和省、市、自治区两级管理的制度。在高等教育工作中，地方要服从中央。① 再次确立了高等教育的中央集权管理体制。

### 4. 再放权（1966—1978 年）

20 世纪 60 年代对高等教育事业的调整和整顿，虽然有由分权到集权的趋势，但对于改变"大跃进"时期高等教育的泡沫式发展所导致的混乱局面是及时、有效的，大学秩序趋于稳定，但紧接着历时十年的"文化大革命"（1966—1976 年），权力再一次下放，使我国高等教育陷入一片混乱，蒙受巨大损失。

1966 年 7 月，中共中央、国务院发出《关于改革高等学校招生工作的通知》，提出：从本年起，高等学校招生工作下放到省、市、自治区办理。1969 年 10 月，中共中央发出《关于高等学校下放问题的通知》，规定：国务院各部门所属的高等院校设在北京市的，仍归各有关部门领导，不在北京的高校或归厂矿革委会领导，或归当地省、市、自治区革委会领导；教育部所属的高等院校全部由所在省、市、自治区革委会领导。② 下放给地方的高校的撤销、合并、搬迁及专业调整等问题，由有关省、市、自治区革委会会同主管部门军管会共同研究，征求有关方面的意见，提出方

---

① 金铁宽. 中华人民共和国教育大事记(2)[G]. 济南：山东教育出版社，1995：704.

② 金铁宽. 中华人民共和国教育大事记(2)[G]. 济南：山东教育出版社，1995：886.

案，经国家计委审核，报中央批准。这一通知导致一批高校被撤、并、迁，大批校舍被侵占。①1971 年 8 月，中共中央批转经姚文元、张春桥定稿的《全国教育工作会议纪要》，指出："多数院校由地方领导；部分院校由地方和中央部门双重领导，以地方为主；少数院校由中央部门直接领导。原部属院校下放后，在中央统一计划下，实行以'块块为主'的管理体制。"②通过这一系列文件，教育部和其他业务部门所属高校大多下放到地方领导，地方管理高校的权力扩大。

"文化大革命"十年浩劫，给我国高等教育事业造成了极大的破坏。"文化大革命"期间，大批高校被撤销、合并，高等教育事业萎缩；停止招生，国家急需的人才断档，招收工农兵学员，教育质量下降；高等学校的设备、图书资料被毁和丢失，校舍被占，硬件建设受到极大的破坏。使这个时期的高等教育处于极端混乱的局面。因此，"文化大革命"结束后，逐步恢复了 20 世纪 60 年代所实行的中央统一领导、中央与地方两级管理的高等教育管理体制。

从总体来看，新中国成立后至 1978 年前，与我国高度中央集权的计划体制相适应，政府建立了一套高度集中的高等教育管理体制，对大学实行集中统一的管理。在这种体制下，政府集举办者、办学者和管理者于一身，大学是政府的附属机构，大学与政府是国家行政体制内的下级与上级的关系，大学缺乏自主权。因此，在这个阶段上，政府和大学之间是管理与被管理、控制与被控制的关系，大学处于从属和被支配地位，难以遵循大学内在的逻辑发展自己。

## (二)1979 年至今：体制改革时期

十一届三中全会后，伴随着各领域体制改革的进行，政府逐步改变对大学的集中管理模式，给予大学一定的自主权，政府和大学的关系开始发生较大的变化，在此阶段上政府对大学的管

① 郝维谦. 高等教育史[G]. 海口：海南出版社，2000：279.

② 刘英杰. 中国教育大事典(1949—1990)：下[M]. 杭州：浙江教育出版社，1993：108.

理呈现新特点。

拨乱反正时期重建的高等教育管理体制虽然对于稳定我国高等教育秩序有着积极作用，但它毕竟是计划经济的产物，随着我国经济体制改革的进行，其管得过多、管得过死的弊端凸显，改革高等教育管理体制被提上日程。1979 年 12 月 6 日，苏步青、李国豪、刘佛年、邓旭初在《人民日报》发表文章，呼吁给予高等学校一点自主权。[①]在此舆论的影响下，我国开始了以扩大高校自主权为重点的高等教育管理体制改革，初步采取了一些措施，落实扩大高校自主权。

随着《中共中央关于经济体制改革的决定》《关于科学技术体制改革的决定》的颁布，我国改革开放全面展开，在此背景下，教育体制改革也逐渐展开。1985 年 5 月 27 日中共中央发布了《中共中央关于教育体制改革的决定》（以下简称《决定》）。《决定》指出：我国高等学校管理中管理权限划分不合理，政府有关部门对高等学校管得过多、统得过死，使学校缺乏应有的活力；而政府应该管的事情，又没有管好。为了提高办学效率，体制改革是关键，具体而言，就是要改变政府对高校统得过死的管理体制，在加强宏观管理的同时，简政放权，扩大高等学校的办学自主权。第一次明确提出办学自主权问题。不仅如此，《决定》还明确规定了高等学校在招生、教学、科研等六个方面的自主权。这标志着我国高等教育的改革进入一个全面展开和不断深化的新阶段。

由于《决定》对高等教育管理职责、办学自主权等的规定过于原则，1986 年 3 月，国务院颁布了《高等教育管理职责暂行规定》，对国家教委、国务院有关部门、省级人民政府各自的主要具体职责做了规定，并把高校办学自主权扩充为八项，即高校在招生、科研、教学、财务、人事、基建、职称评定和国际交流等方面的自主权。《暂行规定》较以前加大了国家教委宏观管理和调控的职能，扩大了省级人民政府对本地区高校的管理职责，进一

① 金铁宽. 中华人民共和国教育大事记(2)[G]. 济南：山东教育出版社，1995：1 163.

步扩大了高校的办学自主权，调动了地方和高校办学的积极性和主动性。

《决定》颁布后，扩大高校自主权的改革不仅没有取得实质性进展，而且还诱发了高教秩序的混乱。因此，在1990年前后，政府又强化了对大学的控制，扩大高校自主权的改革中断。直到1992年中共十四大正式确立了建立社会主义市场经济体制的改革目标，建立与社会主义市场经济体制相适应的高等教育管理体制才又被提上议事日程。① 在此背景下，1993年2月，中共中央、国务院正式颁布了《中国教育改革和发展纲要》，扩大高校办学自主权的改革才开始真正起步。《纲要》第三部分提出：要加快教育体制改革的步伐，初步建立起与社会主义市场经济体制和政治体制、科技体制改革相适应的教育新体制。就高等教育体制改革而言，主要是解决政府与高等学校、中央与地方、国家教委与中央各业务部门之间的关系，逐步建立政府宏观管理、学校面向社会自主办学的体制。其中，在政府和大学的关系上，一是通过立法明确高校的权利和义务，使高等学校真正成为面向社会自主办学的法人实体，拥有招生、专业调整、机构设置等方面的自主权，进一步扩大高校的办学自主权。另一方面，高校要建立适应经济社会发展需要的自我发展、自我约束的运行机制，有效使用权力，履行相应的义务，承担相应的责任。二是政府要转变职能，由对学校的直接行政管理，转变为运用立法、拨款、规划、信息服务、政策指导和必要的行政手段，进行宏观管理。此外，在中央与地方、国家教委与中央业务部门的关系上，《纲要》都明确强调中央要进一步简政放权。由此可见，《纲要》明确提出了大学是法人实体的概念，大学作为法人将有权享有法律所赋予的自主管理权，为大学自主权的落实奠定了基础。与大学的法人地位相适应，政府开始从对大学事无巨细的微观管理中"退场"，而仅仅侧重于宏观管理，这就为改善政府和大学的紧张关系，实现二者的平衡开辟了道路。不过，《中国教育改

---

① 周光礼.学术自由与社会干预——大学学术自由的制度分析[M].武汉：华中科技大学出版社，2003：157-158.

革和发展纲要》毕竟不是正式的法律，其权威性有限，大学自主权亟待法律的确认和认可。1998 年颁布的《中华人民共和国高等教育法》以法律的形式确认了大学的法人地位，明确了政府和大学的关系。如第 11 条规定："高等学校应当面向社会，依法自主办学，实行民主管理。"第 30 条规定："高等学校自批准设立之日起取得法人资格。"同时，《高等教育法》第 32 至第 38 条还明确规定了高校的"自主招生""自主设置专业和调整学科专业"等七项办学自主权。2010 年国务院审议通过的《国家中长期教育改革和发展规划纲要》(2010—2020 年)中，提出：推进政校分开、管办分离，构建政府、学校、社会之间新型关系；"落实和扩大学校办学自主权。政府部门要树立服务意识，改进管理方式，完善监管机制，减少和规范对学校的行政审批事项，依法保障学校充分行使办学自主权和承担相应责任。高等学校按照国家法律法规和宏观政策，自主开展教学活动、科学研究、技术开发和社会服务，自主设置和调整学科、专业，自主制定学校规划并组织实施，自主设置教学、科研、行政管理机构，自主确定内部收入分配，自主管理和使用人才，自主管理和使用学校财产和经费。"2013 年 11 月中共第十八届中央委员会第三次全体会议通过的《中共中央关于全面深化改革若干重大问题的决定》中再次强调："深入推进管办评分离，扩大省级政府教育统筹权和学校办学自主权。"

从总体来看，十一届三中全会后，随着大学自主权概念的提出，到法律的最终确定，政府和大学的关系由紧张趋于缓和，并朝着平衡的方向发展。不过，即便《高等教育法》确立了大学的法人地位，但大学的法律地位模糊不清，因为大学的法人地位仅仅是局限在民法范围内，是承担民事责任的法人，而不是具有独立法律人格的公务法人，这样大学隶属于政府的科层式关系并没有得到彻底的改变。另外，《高等教育法》对大学自主权的规定过于简单笼统，缺乏详细的解释和配套的法规，可操作性差。因此，大学自主权难以得到真正的落实，政府和大学的和谐关系也就难以实现。

## 二、政府和大学信任存在的问题

政府与大学信任的重要特征是以主体间性为基础，以实现双方利益的最大化为目的。因此，政府和大学之间相互信任的重要表现是：大学不是政府的附属机构，而是独立于政府之外与政府平等交流的主体，政府和大学彼此尊重，相互理解，双方能合理配置权责，政府能把大学应然之权力赋予大学，大学能以实现政府的利益为己任，双方通过民主协商制定规则和制度，兼顾双方的利益和诉求，实现双赢，共谋发展。

但是，从新中国成立以来，我国政府和大学关系演变的历史来看，政府曾制定了多项政策法规，试图协调与大学之间的关系，应该说，经过几十年的调整，取得了一定的成效，政府对大学的管理由过去计划体制时期的中央集权管理逐步向扩大高校自主权方向转化，政府和大学之间的矛盾有所缓和。但是，政府与大学之间权力配置不合理，权力混乱和错位的状况并未得到根本的改变，表现为大学仍隶属于政府，政府对大学干预过多，大学缺乏自主权，这说明我国政府与大学信任存在问题。其实，政府干预过多，大学缺乏自主权是同一问题的两个不同侧面，二者也互为因果。政府干预过多，意味着政府管得过多，管得过细，统得过死，挤压了大学的自主权，因此，政府的过多干预必然导致大学自主权的缺乏。

### （一）政府干预过多

#### 1. 管得过多

在高等教育管理体制中，大学的举办者、管理者和办学者是三个极其重要角色，这三种角色在政府和大学之间分配的实质是权力的分配，其配置的合理程度是一个国家高等教育管理体制是否科学有效的关键。举办者是投资举办大学的主体，包括依法举办大学的政府、组织和个人，它们可以单独举办，也可以联合举办。举办者的职能主要是投资办学校、提供必要的办学条件、决定学校发展方向及人才培养规格、任命或聘任校长、对办学活动实施监督等。管理者是行使教育行政管理权，进行行政管理的主体，它只能是由政府或政府授权的组织来承担。管理者的职能主要是负责统筹规划和宏观管理全国或所辖地区的高等教育工作，用计划、法律、评估、信息服务等手段组织和领导高等教育。办学者是指具体从事大学办学活动，依法管理大学内部事务的主体，它是具有法人资格的实体，办学者应该是大学本身。办学者的职能主要是行使法律规定的办学权力，包括专业设置、招生、人事管理、教学工作、科学研究、经费使用、职称评定、对外交流等自主权。①可见，这三个权力主体是各为其位，各司其职，其中政府应该是公立大学的举办者，并作为管理者代表国家行使管理权，大学是办学者，依法管理和经营学校资产。

但是，从新中国成立以来，我国政府和大学关系演变的历程看，我国政府集管理者、举办者和办学者于一身，集管理权、所有权和办学权于一体，越权管理大学，大学缺乏办学自主权。

新中国成立至改革开放前，我国政府的职能基本定位于计划、包揽、集权、控制。与此相应，政府通过《关于高等学校领导关系的决定》等有关的政策法规和决定明确了高等教育管理的中央集权思想，政府将举办权、管理权与办学权结合，形成了三位一体的、高度集权的计划管理体制。虽然在此期间，政府曾在1958 年和 1966 年两次权力下放，但这种放权仅局限于权力在中央政府和地方政府的分权，属于大学的办学权并未从政府职能中剥离出来，政府并未还权于大学。比如，1958 年国家进行了中央放权，调动地方积极性的改革，最终形成了对高等学校实行中央和地方两级领导管理、分工负责，在中央统一领导下以省级管理为主的新体制，但并未给予大学办学自主权。因此，在改革开放前，政府扮演了全能政府的角色，将大学事务完全控制在政府手中，高等教育的决策权和最终决定权在中央，政府不仅对大学的办学方向、办学目标、办学规模、办学层次、领导体制、人才培

① 劳凯声. 中国教育改革 30 年：政策和法律卷[M]. 北京：北京师范大学出版社，2009：53.

养模式、管理体制等重大方面进行规定，而且还对大学的专业结构、招生、人事制度、院系设置、教学、科研、毕业生分配等大学内部事务进行干预和规定，大学完全在政府的直接领导下，执行和服从政府的命令，隶属于政府，没有办学自主权。

十一届三中全会后，随着我国计划经济体制向市场经济体制的转变，高度中央集权的高等教育管理体制的弊端日益凸显，高等教育管理体制改革被提上议事日程，以 1985 年《中共中央关于教育体制改革的决定》的颁布为标志，我国教育体制进入一个大改革时期。到 1991 年，随着高等教育管理体制改革的进行，政府对大学的举办权、管理权和办学权开始分离，这种分离体现在两个方面：一是办学权在政府内部不断下放，由中央下放到地方，增强地方政府的办学积极性；二是政府不断释放办学权，办学权开始回归大学。但从 1985 到 1991 年，大学运行过程的"双轨制"特征典型，即大学一方面受市场调节，创办自学考试制度、委培和自费生制度，满足社会和市场的需要，拥有一定的办学权。另一方面政府并未完全放权，计划体制仍在大学管理中占主导地位，大学的办学和管理过程仍受政府计划调节，比如编制、工资、职称等都在政府的控制之下。[①] 可见，在此阶段，大学虽然开始拥有了部分办学自主权，但仍然在政府的控制之下，附属于政府的被控制地位并未从根本上改变。

1993 年，《中国教育改革和发展纲要》的颁布是扩大大学办学自主权改革的真正起步。之后，1998 年颁布的《中华人民共和国高等教育法》以法律的形式规定了我国的高等教育管理体制，确认了大学的法人地位，明确规定了大学的自主招生、自主设置专业等七项办学自主权。《高等教育法》实施后，我国高等教育管理实行中央和地方分级管理、分级负责等体制，高等教育的管理权下放到地方教育行政部门，大学的办学自主权扩大和增强。但是，由于诸多原因，《高等教育法》确定的大学办学自主权并未真正实现，大学在招生、专业设置、科研等学术事务方面

---

① 肖起清. 论我国大学办学权的演变[J]. 清华大学教育研究，2008(6)：72.

仍然缺乏自主权。

因此，从总体来看，虽然随着我国高等教育管理体制改革的进行，办学权正从政府的权力中分离出来，大学也获得了一定的办学自主权，但并不充分，有相当多的办学权仍然掌握在政府手中，政府管了不该管的事。

## 2. 统得过死

政府不仅管得过多，管得过细，而且还对大学统得过死。政府和大学是性质不同的组织，大学不是行政机构，具有办学的自主性，因此，大学不应该是政府的附属机构。但是，在我国政府和大学关系中，政府把大学作为自己的附属机构，大学被当作行政机构来管理，不顾教育规律和学术规律，依靠行政权力，运用行政手段、行政方式对大学进行全面的管理，大学行政化严重，缺乏自主权。具体表现在：

第一，对大学设置行政级别。

一直以来，我国公立大学与行政机关一样具有相应的行政级别。以前，本科学校均属正局（厅）级，专科学校为副局（厅）级，进入21世纪，为了加强对高校的管理，“985大学”升格为“副部级”，截至2007年，我国“985大学”已经有43所，进一步强化了大学的行政级别。① 与大学的行政级别相对应，这些大学的书记和校长也就成了正局（厅）级、副局（厅）级、副部级的官员，大学成了官场。大学的行政级别不同，行政待遇不同，其社会地位和受国家重视的程度不同，主管部门也不同，因此，我国设立了众多的管高校的教育行政机构。如，国家层面有教育部，地方层面有各省（市、区）教育委员会或教育厅，分别管理副部级、正局（厅）级、副局（厅）级的大学。大学行政级别的设置，表明大学是政府的隶属机构，主管教育行政机构和大学是上下级关系，是控制与被控制关系，大学必须服从和执行上级的指令。

---

① 熊丙奇. 高校行政化之弊端[J]. 学习月刊, 2009(11): 28.

第二,政府对大学实行行政化管理。

大学行政级别的设置犹如一把枷锁使大学必须听命于政府,政府的行政权力至上,大学领导班子的配备、办学定位、办学规模、招生计划、经费拨付、教育教学、科学研究、学位授予权审批、职称评定等行政事务和学术事务,都依照国家或教育主管行政部门的指令办事,形成了按行政机构规则行事的运行机制。而《高等教育法》赋予大学作为独立法人和办学者所享有的招生、设置专业、人事、财务、教学、科研等自主权,没有得到全面落实。例如,教育主管行政部门掌握了大学重点研究基地评审、学科带头人与跨世纪人才及院士评审制度、重点学科评审、学位点的评审与授予、学位制度等具体学术事务的评审权,而这些学术事务的决策权应该属于大学。

第三,政府主要用行政命令手段管理大学。

在管理方式上,政府主要是依靠行政命令手段管理大学,而较少应用立法、财政、信息服务等手段管理大学。行政命令手段是借助国家权力,以权威和服从为前提,具有强制性,即教育主管行政部门发出的命令、指示、决定,大学必须服从和执行。行政命令手段管理大学会导致权力过于集中在政府,大学缺乏自主权,养成大学对政府的依赖意识,也不利于大学积极性、主动性和创造性的发挥。

不仅如此,政府对大学行政化的管理模式还延伸至大学内部,导致大学内部行政化倾向严重,大学更是异化为政府机构。这主要表现为:

第一,大学内部组织结构与行政机构趋同。

从大学内部组织设置看,大学内部组织设置几乎是国家行政机构系统的翻版,大学在组织形式上和政府一样均存在党政两个系统机构。大学的党政机关,除了教务处、学生处等少数部门外,其他的诸如行政办公室、党委办公室、组织部、统战部、宣传部、人事处、财务处、审计处、纪委、工会、团委、保卫处等,基本上是按照地方政府的模式设置的。大学的组织设置与政府不同之处在于:大学有学院或系等学术组织,但这些组织也越来越泛行政化,其内部同样有党总支、秘书等。

第二,大学组织运行与政府同构。

大学与政府一样均采取科层制。马克斯·韦伯认为科层制具有专业分工、权责明确、等级森严、理性等特征。这些特征在大学内部组织的运行中得到体现。一是大学内部的学术组织和党政职能部门都是按照自上而下的顺序排列,等级分明。二是按照下级服从上级的工作模式运行。比如,科员服从处长、教师服从院长等。三是以追求效率为价值取向。

第三,学术管理行政化。

大学是学术组织,学术性是大学的本质特征。学术管理行政化是大学管理行政化的最深层次。何谓大学学术管理,大学学术管理是指对大学学术事务与活动的管理。① 学术管理有两种形式:学术民主管理和学术行政管理。学术民主管理是指教授等全体教学人员根据学术的特点和发展逻辑来管理学术事务与活动。学术民主管理没有严格的等级制度,有利于营造宽松的学术氛围,能促进学术创新,实现学术自由,其结构是松散的;学术行政管理是指行政管理机构和行政管理人员,依据行政逻辑来管理学术事务与活动。学术行政管理有垂直的等级制度,具有规范化、程序化、制度化特征,有利于提高效率,但其非人性压抑组织成员的个性和创造性,易产生官僚主义和形式主义等问题。可见,这两种管理方式各有利弊,相辅相成,共同服务于大学的整体目标。离开了学术民主管理,大学同其他社会组织没有了区别;离开了学术行政管理,大学内部各部门会陷入混乱。因此,大学学术管理必须协调好二者的关系,才能促进大学学术事业的健康发展。② 从我国的实际看,在我国大学内部教授治学、学术自由没有实现,学术权力式微,行政权力泛化,代替学术权力主导学术事务,用行政逻辑管理学术事务,学术管理行政化。

---

① 别敦荣.中美大学学术管理[M].武汉:华中理工大学出版社,2000:6.

② 张兆芹,王妮.我国高校学术管理存在的问题与对策[J].高等教育研究,2006(4):40.

## （二）学术自主权缺乏

大学自主权是指大学作为学术性组织，依据法律法规的规定，根据自身的特点和教育规律，独立处理自己内部事务尤其是学术事务所需要的自主决策权、自主执行权和自主监督权等，它反映了政府和社会对大学活动的干预和支持程度。大学自主权包括教育教学权、科学研究权、招生权、教师管理权、学生管理权、机构设置和人事自主权、经费使用权等，其核心是学术自主权。尽管自1978年以来，伴随着社会主义市场经济体制的改革和政府职能的转变，大学争取自主权的呼声很高，政府也出台相关政策放权，但是纵观改革的全过程，政府的行政命令和控制的痕迹仍然十分显著，大学自主权没有真正落实，学术逻辑不能彰显。比如，大学在机构设置上与政府同构，政府有什么部门，大学就有什么部门，以便工作的对接；在职称评定上，评审指标和标准由政府制定；大学校长的选拔也是在上级党委的组织部门组织下进行，并最终由政府任命等，都表明大学的机构设置和人事自主权并未落到实处。事实上，政府干预过多，导致的最大问题是大学学术自主权缺乏，因为学术自主权是大学承担学术责任，完成学术使命的必要前提，而学术责任是大学合法性的基础。

大学学术自主权是指大学对学术事务的决策自主程度。根据克拉克的政府、市场与学术权力框架，大学学术自主权包括两个层次：大学对自身学术事务的自主权以及学校内学术人员对学术事务的裁量权和决策权。前者主要表现为大学的教学、学科、科研等学术事务从政府下放到大学的程度。后者主要表现为大学学术力量行使学术权力的程度。[①]与此相应，我国大学学术自主权的缺乏也表现在这两个层面。

### 1. 大学学术事务自主程度不高

随着我国高等教育管理体制改革的进行，政府逐步把学术

---

① 刘亚荣. 我国高校学术自主权变迁的实证研究[J]. 高等教育研究，2008(7)：38.

自主权下放给大学，如，1980 年颁布的《中华人民共和国学位条例》规定经国务院学位委员会提出，国务院批准的高等学校和科学研究机构是学士、硕士和博士学位的授权单位。1986 年国务院下发的《高等教育管理职责暂行规定》规定在保证完成国家下达的科学研究任务的前提下，高校可以自行决定参加科学研究项目的投标，承担其他单位委托的科学研究任务，下放了科研权；规定高校可以制订教学计划、教学大纲，选用教材，下放了部分教育教学权。2001 年教育部颁发的《关于做好普通高等学校本科专业结构调整工作的若干原则意见》中，允许北京大学、清华大学等若干所国家重点建设高等学校，经教育部批准，可自主设置本科专业。2002 年国务院学位委员会、教育部联合颁布的《关于做好博士学位授权一级学科范围内自主设置学科、专业工作的几点意见》中规定，学位授予单位在博士学位授权一级学科内自主设置学科、专业等。尤其是 1998 年颁布的《中华人民共和国高等教育法》规定大学在招生、专业设置、科研、教学等方面拥有自主权。但是，从总体来看，近 20 年我国高校学术自主权的下放呈先快后慢的上升趋势，高校学术自主程度处于低水平状态，政府仍然掌握着大部分学术事务的管理权，这与大学作为学术组织所要求的学术自主权是不相称的。① 具体表现在：

招生自主权方面。我国不仅制定了大学招生的政策法规指导大学的招生及管理，规定大学招生条件、考核标准、考试科目与考试内容、招生指标计划、录取程序与要求、生源分配计划以及考试管理规则等，还建立了体系完备的招生管理组织机制，从中央到地方统筹大学招生工作。如目前我国高校招生的规则是：教育部直属院校的招生计划必须由教育部批准，省属院校的招生计划由各省批准，但总数必须符合教育部的总招生计划，按

① 2007 年刘亚荣选取了科研项目自主申报权、教材选用权、培养方案设置权、学位授予权、文凭决定权、二级学科研究生学位点设置权、本科专业设置权以及二级学院设置权 8 项学术权力，对全国 27 个省的 100 多所高校中层及校级干部发放问卷调查，调查显示我国高校学术自主权在 1985 年、1995 年和 2005 年的综合指数分别是 0.19、0.36 和 0.42，高校学术自主权呈先快后慢的上升趋势，但总体水平低. 刘亚荣. 我国高校学术自主权变迁的实证研究[J]. 高等教育研究，2008(7)：37-42.

计划招生，大学没有自主确定招生计划的权力。虽然现在部分大学可以自主招生组织考试，但自主招生的自主程度仍然有限。我国目前的自主招生属于统招前提下的自主型，表现在：首先，目前我国大学的自主招生是大学在政府批准的基础上，从招生计划中拿出部分名额，根据学校的特点和要求，选拔有特长的学生，但自主招生的比例在学校整个招生计划中所占的比重很小，一般只有5%，而且自主招生的学校有限。其次，大学自主招生仍然以高考为前提，要求参加自主招生的对象既要参加大学单独组织的考试，还要参加高考，而且高考分数在录取时至关重要。比如，2006年复旦大学和上海交通大学的自主招生考试改革，要求已经被两校预录取的学生必须参加统考，且高考的成绩须上"一本线"。①可见，大学在招生方面自主权有限。

专业设置方面。专业设置权是大学的一项基本权利，是重要的学术自主权。《高等教育法》第33条规定：高等学校依法自主设置和调整学科、专业。但是，目前我国高校并未充分享有此项权利。1999年教育部颁布的《高等学校本科专业设置规定》中明确规定："高等学校依据高等学校本科专业目录，在核定的专业设置数和学科门类内自主设置、调整专业。设置、调整核定的学科门类范围外的专业，由学校主管部门审批，报教育部备案。"高校要设置、调整专业目录外的专业，学校要按规定程序组织专家论证，并报教育部批准。高校要设置、调整国家控制布点的专业，要报教育部批准。可见，政府对专业设置采取的是大一统的管理，制定了统一的专业目录，学校所开设的专业必须纳入专业目录，并需得到教育主管部门的批准，专业设置权仍然掌握在政府手中。

科学研究方面。科学研究权是大学的立足之本，是大学基本的权利之一。我国虽然对科学研究权的规定很宽松，但实际却是政府主导的科研管理体制。自2001年科技部、财政部、国家计委、国家经贸委出台《关于国家科研计划实施课题制管理规

---

① 张晓鹏. 我国高校自主招生改革若干问题的探讨[J]. 复旦教育论坛，2006(3)：13.

定》后，国家就设立了各类科学研究规划项目，如在人文社会科学领域设立了国家社会科学基金、国家教育部人文社会科学研究基金、青年人文社科基金、人文社会科学“十五”规划项目、国务院所属的部委以及省市教育主管部门设立的人文社会科学研究项目等政府设立的科研项目。自然科学领域里有国家重点基础研究发展规划项目、“863 计划”项目、“973”项目、国家和各省市的自然科学基金项目、国家技术创新项目等政府设立的项目。政府、大学也以所获得的政府项目和政府奖项的多少作为管理评价标准衡量大学的科研水平。此外，由于当前政府的科研经费有限，再加上大学经费的短缺以及在经费上对政府的依赖性强，使高校为了获得经费，不得不在科学研究中顺从政府的意志，听从政府的安排，这既不利于科研和学术的发展，也使得大学丧失了在科学研究中的主动权。

教学管理方面。《高等教育法》规定，大学有制订教学计划、选编教材、组织实施教学活动的自主权。事实上却是，中央有关部门统一规定教学计划中必须开设的课程，甚至规定课程名称、课程教学计划、课时等。比如，2001 年教育部印发的《关于“十五”期间普通高等教育教材建设与改革的意见》的通知，对教材的编写予以规定。2005 年《中宣部、教育部关于进一步加强和改进高等学校思想政治理论课的意见》，对大学思想政治理论课的课程设置作出了明确规定。

此外，还有一些重要的学术自主权包括学科设置和调整权、学位授予权、文凭决定权、二级学科研究生学位点设置权、重点学科设置权等，政府也没有下放给大学，如 1987 年国家教委颁布的《关于评选高等学校重点学科的暂行规定》明确规定，重点学科的评选最终决定权在国家教委。这一切均表明我国大学在学术事务方面自主程度不高。

### 2. 大学内部学术权力式微

大学校内学术力量是大学学术自主权的主要实现者。但是，如同任何事物作为一种系统存在，其内部要素都存在矛盾冲突一样，大学内部存在行政权力和学术权力、行政力量和学术力量的矛盾。就大学的管理和运行而言，行政权力和学术权力都有其合法性基础。大学虽然是学术性组织，学术的特点决定了其管理方式的民主性，行政组织的等级性、强制性是与之相悖的，但是，大学的健康运行既离不开学术权力，也离不开行政权力的作用。体现在：一方面，大学的正常运行离不开行政管理。随着大学规模的扩大、学科的分化，大学内部的公共事务越来越复杂，客观上需要管理机构和管理人员的增加①，单靠学术人员大学是难以维系的。正如克尔所言："不管在什么地方，行政管理已成为大学的一个更为显著的特征，这是普遍的规律。由于机构变大了，所以行政管理作为一种特殊的职能变得更加程式化和更为独立出来了；由于机构变得更为复杂，行政管理的作用在使大学整体化方面变得更加重要了。"②另一方面，大学学术管理中也离不开行政管理的作用。例如，教师职称的评定，既是对学术成果的评价，是学术行为，需要行使学术权力，但也涉及岗位设置、指标分配等问题，这是行政行为，需要行使行政权力。因此，大学内部始终存在行政权力与学术权力两种力量。经验告诉我们，只有这两种权力相互制衡，保持适当的张力，才有利于大学学术事业的健康发展，若行政权力泛化，挤压学术权力，学术逻辑式微，则大学学术力量对学术事务缺乏自主权，或者自主程度低。

从我国大学的实际看，大学虽然设立了学术委员会、学位委员会、职称评审委员会、教学指导委员会等学术组织，但《高等教育法》只明确了学术委员会对教学、科研等学术事务的咨询和审议权，没有赋予其决策权。加之，我国大学内部组织机构的设置和运行，都是按照行政部门设置，根据行政组织的方式运行，这就导致我国大学内部行政权力强势，行政权力渗透到学术权力中，学术权力处于弱势地位，使大学内部学术权力式微。具体表现在：

第一，大学学术组织的行政化。

① 马廷奇.大学管理的科层化及其实践困境[J].清华大学教育研究，2006(1)：33.

② 克拉克·科尔.大学的功用[M].陈学飞，等，译.南昌：江西教育出版社，1993：18.

对大学学术组织行政化问题，需从纵向和横向两个角度理解。

从大学学术组织的纵向结构看，大学学术组织科层化。大学学术组织的科层化是指大学学术组织运用科层制的管理理念和方式来管理学术事务和活动，使学术管理呈现出等级性、强制性等行政管理特征，大学学术组织变成了行政化的学术权力。①这种科层化表现在：首先，大学学术组织的构建是遵循自上而下的行政组织构建原则。20 世纪 50 年代，全面学苏联，我国大学学术组织形成了"校—系—教研室"三级组织结构。20 世纪 80 年代中后期，我国在美国等西方大学学术管理模式影响下，推行学院制组织结构，形成了"校—院—系"三级组织结构。在这种结构下，校级是纵向权力结构的最高层，校级学术组织主要包括学术委员会、学位评定委员会、职称评定委员会等，学术委员会负责审议教学、科学研究计划方案以及学科、专业的设置，评定教学、科学研究成果等有关学术事项。但是我国大学学术委员会是按照与科层组织类似的原则建立的，而不是学术同行自发组成的学术团体，其权力也是一种科层化、机构化的权力，它是学术权力科层化的标志。②院级学术组织是纵向权力结构的中间层次，但我国《高等教育法》没有明确规定大学内部学术组织的设置，因此，有的大学设立了院学术委员会或院教授会，负责学院的学术事务，有的大学根本没有建立，有的即便设立了也没有健全的活动机制，甚至具体的权责也不清楚。也就是说，学术委员会在院级没有相应的下属委员会，结果在实际操作中，就演变为院长负责教学、科研等学术事务，对重要的学术问题，比较典型的做法是召开行政扩大会议，或直接上报学校行政领导，采取行政程序来解决。至于教师职务资格评审、学位评定等学术管理，则由教师职务资格评审组和学位评定分委员会，

---

① 查永军. 我国大学学术组织科层化及应对[J]. 中国高教研究，2009(3):46.

② 金顶兵，等. 研究型大学组织整合机制的案例研究[J]. 北京大学教育评论，2003(2):91.

在院长领导和学校有关委员会指导下，行使相关职权。① 系是纵向权力结构的最低层次，是基层学术组织，系由系主任领导，系主任向学院院长负责，主要负责全系教学和科研工作的管理，如组织执行教学计划、拟定教学大纲、组织科研和学术活动、组织教学活动等，系实际上是学术活动的真正承担单位和执行单位，但是系并不拥有相应的决策权，所以，系的地位如同院级行政机构的下级执行单位，对学术事务缺乏自主权。对此，2003 年胡成功曾对全国 231 所高等学校进行了关于“高等学校基础学术组织现状与问题”的问卷调查，调查显示，高校基层学术组织普遍缺乏自主权。② 综上所述，从大学学术组织纵向结构看，“校—院—系”三级学术组织不仅演化成行政性机构，而且形成了倒金字塔式的行政控制关系，校级集权，中下层缺少自主权，学术权力的运行是自上而下贯彻执行，这是极其不合理的权力倒置现象，因为对学术问题最有发言权的应该是基层学术组织，但基层的教师群体却被置于权力的末端，没有发言权，或者发言没分量。不仅如此，由于学术组织是按照行政方式建构的等级式结构，学术组织机构也较少运用自下而上的、民主的学术权力运行方式，而是运用行政管理的方式处理学术事务，具有浓厚的行政色彩。

从大学学术组织的横向结构看，大学学术组织权力式微，行政权力占主导地位，学术组织泛化为行政组织。大学学术组织纵向结构的每一层次都存在一个横向的权力结构，而每一层次的横向权力结构均以行政权力占主导。以校级层次为例，横向的权力结构包括党委、校长和学术委员会等。党委统一领导学校工作，支持校长独立负责地行使职权，宣传和执行党的有关路线、方针、政策，讨论和决定学校改革与发展以及教学、科研等工作中的重大问题。校长全面负责本校的教学、科学研究和其他行政管理工作，是学术事务的实际管理者。学术委员会负责审

---

① 别敦荣. 中美大学学术管理[M]. 武汉：华中理工大学出版社，2000：126-127.

② 胡成功. 高等学校基层学术组织现状与问题——全国 231 所高等学校问卷调查报告[J]. 高等教育研究，2003(6)：38-46.

议教学、科研方案,评定教学、科研成果等学术事务。但是,我国《高等教育法》并没有规定学术委员会的决策权,没有对学术委员会的地位,以及与党委和学校行政系统的关系做明确的规定,三者权责不清晰。因此,在实践中,学术委员会仅是咨询机构,而非决策机构,对学术事务并不拥有多少实质性的权力,学术权力处于被支配地位。而且从学术委员会的构成来看,其成员中有相当数量的委员是担任了行政职务的干部。有关调查显示,在学术委员会的人员构成中,纯行政人员的比例平均为12.19%,双肩挑干部的比例平均为51.38%,纯学术人员的比例平均为41.34%。因此,62.3%的专家认为本校学术委员会成员是由学校行政最高权力组织确定的。①学术委员会泛化为行政机构。

第二,学术决策的行政化。

如前所述,有效的学术管理是既有学术民主管理,又有学术行政管理,学术权力和行政权力是交织在一起的。比如,学位评审时,学位答辩委员会的专家有权对申请人学位论文的质量、水平等学术性问题发表意见和作出评价,专家组行使的是学术性权力,而由多学科专家组成的学位评定委员会对专家组评议的结果进行审查,他们是行使程序性审查权力,所行使的是行政性权力。若在实践中学术权力和行政权力分工明确,责任清晰,学术管理的效果极佳。而我国大学内部这两种权力的配置却界限模糊不清或者错位,于是出现行政权力越位,行政权力取代学术权力,用行政管理的方式管理学术问题,学术决策行政化问题。从学术的本性看,学术决策的主体应该是教授等学者,是他们按照学术应有的方式,在充分研究的基础上,听取各方面专家学者的意见,经过科学地分析而做出的,不是"一言堂",不是少数人说了算。我国大学虽有学术委员会等学术管理组织,但运行机制不健全,缺少工作章程,活动不规范,没有起到应有的作用,使众多的学术性事务由行政系统决策②;有些大学虽设立学术委员

① 刘亚荣.我国高校学术自主权变迁的实证研究[J].高等教育研究,2008(7):40.

② 王恩华.学术越轨与大学学术管理[D].华中科技大学,2004:101.

会，但权力向上集中，学术人员参与学术决策的比重不高，而且大多是以座谈会参与方式，只是发表意见和看法，不是最终的决策，最终决策权在行政系统，因此，学术管理决策中的行政意志突出。

第三，学术评价的行政化。

大学学术评价的本意是要发挥评价的测量功能、导向功能和激励功能，达到分配正义，促进学术发展和繁荣的目的。但我国现行的大学学术评价制度在评价方法、评价标准等方面都存在缺陷，学术评价的行政化趋势非常明显，严重地阻碍了大学学术的创新发展和繁荣，凸显了大学学术权力的弱小。具体表现在：首先，评价主体的行政化。学术评价的主体应该是同行专家，因为只有同行专家学者最了解本学科或专业的知识和理论以及本学科或专业的发展状况，只有同行专家学者最了解学术的本性，知道应该评价什么，怎么评价。但是，我国大学学术评价的主体却让人费思量。因为一方面我国大学的行政机构主导学术评价活动，制定学术评价制度，由应然的学术评价执行机构，演变成学术评价的决策机构；另一方面，即使学校的学术委员会、职称评定委员会等学术机构在学术评价中起着重要作用，但在这些学术机构的成员中，行政官员占的比重高。华中理工大学科学行为研究小组曾对 60 个鉴定委员会的 490 名签名委员逐个分析，发现行政人员占 38%，其中许多人根本没有专业技术职称，有的人虽有技术职称，但早已没有从事学术研究了。实际上平均每个鉴定委员会中只有 3 名真正的同行专家。[①] 显然，我国大学学术评价主体行政化趋向明显。其次，评价指标的数量化。公正的学术评价应该是定性与定量相结合的评价方法，因为无论是对学术成果定性的同行评议评价方法，还是对学术成果的定量化的评价方法，均各有利弊。但是，由于中国人特有的讲人情、讲关系的传统，监督机制的缺乏，以及遴选专家制度的不健全和不规范，使同行评议受质疑，而定量化的评价方法操

---

① 王平. 同行评议活动中的制度性越轨行为[J]. 自然辩证法通讯，2000(4)：10.

作更方便、更高效,因此,我国大学学术评价制度中权重过于量化。学术成果的量化体现在两个方面:一是学术成果评价看重发表的文章数、出版的著作数和字数、完成的课题数、申请到的项目基金数。比如,根据某"211 工程"和"985 工程"重点大学"申报教授、研究员职务基本业务条件"的资料,其中,工科类教授职务任职资格条件包括:其一,论文著作/教材:在 CSCD 核心期刊源及以上级别学术期刊上以第一作者公开发表与本学科专业相关的学术论文 6 篇以上(有"专著"的不少于 3 篇,有"教材"的不少于 4 篇),其中至少被 SCIE 收录论文 2 篇或 EI 收录核心期刊论文 3 篇。其二,科研经费:年均到校软件经费 10 万元以上。其三,研究项目(4 选 1):①负责主持国家级项目 1 项及以上或主研 2 项及以上国家级重点以上项目(校内排名前 3 位且单项本人负责到校软件经费不少于 15 万元);②负责主持 2 项及以上省部级科研项目(本人负责到校软件经费不少于 10 万元);③负责主持横向课题 1 项(单项到校软件经费不少于 50 万元);④负责主持国家级教学改革项目 1 项或主持省部级教学改革项目 2 项。其四,奖项、专利(指持证人,3 选 1):①获省部级二等及以上奖励 1 项(排名前 5 位);②获省部级三等奖 2 项(排名前 3 位);③获国家发明专利授权 2 项(排名前 3 位)或实用新型专利授权 4 项(排名前 2 位)。二是应用 SCI 为代表的引文分析方法评价学术研究成果,也是我国较为流行的文献计量评价方法。这种方法源于西方学者创立的科学计量学,由这种科学计量学派生出一系列引文索引系统,如:SSCI(社会科学引文索引)、SCI(科学引文索引)、CSSCI(中文社会科学引文索引)等。我国大部分高校在评价学者学术成果和学术水平时,正是使用由 CSSCI 系统自动生成的《中国社会科学研究计量指标——论文、引文与期刊引用统计》的各项计量指标和统计(如引文数量、影响因子)排序客观判定我国高校学者的学术生产能力和学术影响,从而得出学术成果的贡献大小,水平高低。[1] 而追求量化、

① 郑龙. 我国高校学术评价行政化研究[D]. 吉林大学,2006:16-17.

效率是行政管理的目标，也是行政权力运行的价值取向，因此，评价指标的数量化是学术评价行政化的重要表现。不仅如此，刘明还指出，评价指标的量化指导思想是："学术活动的价值大致以其被认同的有关行政部门的级别为指向。"因为国内公开发行的期刊各学术机构都进行了级别划分，虽然各有差异，但大体上可以区分出自上而下的几个等级，如：权威期刊、重要核心期刊、核心期刊、省级期刊、省级以下期刊等，其共同点是，基本以期刊主办的行政级别来区分刊物级别的层次。认为在级别高的刊物上发表的论文质量就好。①最后，评价标准的单一化。为追求学术评价操作的方便、高效，管理容易，在学术评价中还借用行政管理标准化的特点，不顾人文社会科学和自然科学的学科差异、不同学术领域的差异等，将学术评价的标准单一化，搞"一刀切"，这种标准化的评价适用于行政管理求效率的特点，与学术追求个性和多元化的特点相背离。

## （三）社会力量的缺失

社会是一个系统，其内部各个要素相互影响、相互作用形成了社会的存在状态。社会力量是社会系统中的重要组成部分，自然会影响政府或其他组织的存在和发展。就高等教育自身看，高等教育作为随着社会发展而日益开放复杂的系统，政治、经济、社会等力量无不涉足其中，因此，高等教育系统的权力主体是多元的，包括政府、社会团体、市场力量、学术力量等。对于这些权力主体的关系，专家学者提出了多种经典模式，比如伯顿·克拉克提出的政府、市场和学术权力的"协调三角形结构模式"、荷兰学者弗兰斯·范富格特提出的政府、市场、学术力量、中介组织的"三角四块模式"、清华大学史静寰在综合国外模式的基础上，提出了知识、国家、市场、社会"四因素环绕互动性"关系模式等。②这些模式虽不尽相同，但都强调社会力量在高等教

① 刘明.学术评价制度批判[M].武汉:长江文艺出版社,2006:47.

② 史静寰.构建解释高等教育变迁的整体框架[J].清华大学教育研究,2006(3):19-25.

育系统权力结构中的制衡和沟通作用。因为无论是政府还是市场都存在着“失灵”现象，而社会力量作为独立于政府、大学、市场的中间力量，其自治性、公益性、非营利性、公正性等特征决定了它能弥补政府与市场的不足，成为沟通和制衡各权力主体的中介，因此，政府与大学之间的关系并非直接或单向的，它们之间横亘着社会力量，政府和大学需要通过社会力量这个“隔离带”发生联系，进行双向交流。

但是，社会力量要发挥上述作用必须借助一定的载体——社会中间组织。何谓社会中间组织，郑也夫认为社会中间组织是政治权威之外的社会力量建立的群体或组织，在社会结构中承担了至关重要的作用。[①] 本书言及的社会中间组织是介于政府与企业之间的非政府组织、非企业组织。包括中介组织、市民社会或“第三部门”、非政府组织等。社会中间组织是独立于政府之外自发形成的，具有自治性的民间组织，它代表公共利益，不以赢利为目的，承担政府或营利组织不愿或无法完成的事务，是一个不完全受政府干预和社会干预的社会领域，其中介性赋予了它具有引导、影响政府、营利组织和非营利组织的政策或决策，并监督这些组织的运行的功能。

信任理论认为，社会中间组织在促成社会成员或组织的相互信任中起着极其重要的作用，信任产生于社会中间组织。我国学者郑也夫在其《信任论》中指出，信任的产生依赖于空间、领地和时间、历史。他认为与领地或准领地（郑也夫认为它们是自然形成的，具有自治性）相系结的宗族和自愿组织等社会中间组织，有着清晰的边界，边界保护了成员间的识别性和频繁的博弈，避免了混乱型冲突，边界内有着相互依赖的双向关系和以此建立的相互间的义务。这就为社会交换和交往提供了平台和自由空间。若消除了社会中间组织，社会中只剩下指令、服从与执行，没有交易与交换的自由空间，也就没有为兑现诺言与否留下经受考验的机会，信誉也有无从产生，信任的历史基础也就无从

---

① 郑也夫. 信任论[M]. 北京：中国广播电视出版社，2006：123.

谈起。不仅如此,社会中间组织还有利于形成组织间或群体间的良好生态,促进信任的产生,社会的繁荣。①福山也提出了类似的观点,福山认为美国黑人经济落后的根源就是其社会中间组织被奴隶制摧毁,成为世界上最原子化的社会。②据此,社会中间组织作为独立于政府与大学之外的第三方力量,是政府与大学信任形成的重要基础,这里的社会中间组织主要指高等教育中介组织和大学董事会。

### 1. 高等教育中介组织作用的缺失

高等教育中介组织是依法成立具有法人资格的机构,它独立于政府和大学之外,是按照一定的法律规范,从事咨询、评估、服务、沟通、监督等活动的非营利性社会组织。目前世界各国高等教育中介组织众多,按照其设置方式及经费来源,高等教育中介组织大致分为三种类型:第一,政府组织形式。这类机构一般由政府部门发起,由政府官员、大学教授组成,经费由政府全额投入,主要通过拨款、审议、咨询、考试等活动干预大学教育。如英国 1992 年成立的高等教育基金会、法国的全国高等教育和科学研究审议会、日本的中央教育审议会等属此类型。第二,学术组织形式。这类机构由各大学发起,由高等学校的校(院)长、学校的行政官员和教师组成,其经费来源于组织成员单位,是一种非营利的、自治的大学联合体。比如,成立于 1949 年的联邦德国大学校长会议、美国大学和学院联合会、意大利的教授委员会、英国的全国大学正副校长委员会等属此类型。第三,民间组织形式。这类机构是由社会知名人士举办的,独立于政府、大学之外的非官方组织,其设置形态是财团法人,是一种民间的、自治的机构。比如,美国的卡内基高等教育委员会、美国高等教育鉴定协会、韩国的师亲协会等属此类型。③

---

① 郑也夫著. 信任论[M]. 北京:中国广播电视出版社,2006:121-122.

② 弗朗西斯·福山. 信任:社会美德与创造经济繁荣[M]. 彭志华,译. 海口:海南出版社,2001:302-303.

③ 田平. 建立中介机构:协调政府与大学的关系[J]. 高等教育研究,1996(6):32-34.

高等教育中介组织在协调政府和大学关系，构建政府和大学信任中起着极其重要的作用。第一，高等教育中介组织是政府与大学之间的“缓冲器”和协调者。高等教育中介组织的自治性和中介性，决定了它能作为第三方以一个相对独立的、不隶属于政府和大学任何一方的身份，去协调政府和大学之间在目标和行为上的冲突，具体体现在一方面它是政府利益的代表者，通过评估、建议、监督的方式管理大学，帮助政府把适当形式的责任施加给大学，并在一定程度上消除了政府单方行为的主观性，防止政府用行政权力直接干预大学，部分地分担了政府对大学施加的压力，维护大学自治，成为政府与大学之间一道必要的“屏障”；另一方面，它又能充分考虑大学的要求，是大学的代言人，帮助学校提出对政府的要求，在一定程度上维护高校自治的权力。[①] 因此，高等教育中介组织能够兼顾政府和大学双方的利益，成为政府和大学之间的“缓冲器”。正是基于对中介组织的这种责任性及其实施能力的信任，使政府和大学信任的建立成为可能。第二，高等教育中介组织是政府与大学权力的监督和制衡者。一方面，高等教育中介组织作为独立于政府和大学之外的公益性组织，具有对政府和大学权力的运行进行监督的合法性基础，是政府和大学权力运行的制衡者。另一方面，高等教育中介组织的专业性特征，保证了它对政府和大学监督的科学性、可靠性和可信性，能为双方的决策提供更准确、真实的信息。此外，政府往往会把中介组织对大学考察和评估的结果，作为其考虑是否给予大学信任的重要根据，从而有效地制约了大学权力的行使。第三，高等教育中介组织是政府与大学之间信息的沟通者。高等教育中介组织公正性特征使其成为政府与大学都信任的对象，基于这种信任消除了它与政府、大学信息沟通的障碍，使其能从政府、大学获得最大限度的、真实可靠的信息，成为政府和大学间信息沟通的桥梁，而信息的畅通是政府与大学信任建立的基础。可见，高等教育中介组织是对政府和大学进行

---

① 唐安国，阎光才. 关于高校与政府间中介机构的理论思考[J]. 上海高教研究，1998(6):36.

监督和制衡的重要一极，是构建政府和大学信任的重要制度基础。

遗憾的是，高等教育中介组织在我国高等教育系统权力结构中却缺失，从而影响了我国政府与大学的信任。这种缺失具体表现在：第一，高等教育中介组织在我国高等教育系统权力结构中法律地位的缺失。目前我国仅在一些政策文件中强调发挥社会力量在教育公共治理中的作用，比如，2010 年中共中央国务院印发的《国家中长期教育改革和发展规划纲要（2010—2020 年）》中强调："积极发挥行业协会、专业学会、基金会等各类社会组织在教育公共治理中的作用。"但是，我国不仅没有出台有关高等教育中介组织的专门法律法规，而且现有高等教育法律法规中也没有明确规定高等教育中介组织在高等教育系统权力结构中的地位和作用，没有明确赋予其权责，使其权力行使缺乏法律的根本保障，导致高等教育中介组织在高等教育系统中处于无足轻重的地位。第二，我国高等教育中介组织行政依附性强、独立性差，只是形式上的"中介"，不是真正意义上的"中介组织"，直接导致这种社会力量的缺失。从我国高等教育中介组织发展的历程看，我国高等教育中介组织是 20 世纪 80 年代前后才开始出现，当时主要是一些协会，比如，中国高教学会（1983）、中国高等教育管理研究会（1984）等。以后，随着我国教育管理体制改革的深化而逐步发展。1985 年颁布的《中共中央关于教育体制改革的决定》提出，教育管理部门要组织教育界、知识界和用人部门对高校的办学水平进行评估，根据高校办学情况或者予以奖励，或者予以整顿以至停办。这就为我国高等教育中介组织的发展提供了有利的外部环境，我国高等教育中介组织不仅数量增加，而且形式上也新增了咨询中介和评估中介，比如国家教育发展研究中心（1986）、高等学校设置评议委员会（1992）等。1993 年国务院颁布的《中国教育改革和发展纲要》关于深化教育体制改革中明确提出，政府要转变职能，建立有教育和社会各界专家参加的咨询、审议、评估等机构，对高等教育方针政策、发展战略和规划等提出咨询建议。以此为契机，再加上 1999 年《中共中央、国务院关于深化教育改革全面推进素质教育的决定》的进一步推动，高等教育中介组织的职能和形式进一步扩大。在中央层次，国家教育部建立了一些半官方性质的中介机构，如“211 工程综合实力评估组”、国家教育发展研究中心、高等学校社会科学发展研究中心等，开展政策研究、分析和咨询工作。在地方层面，上海、江苏、广东等省份开始重视教育中介组织，并成立了一些半官方或学术性的中介组织，如上海高等教育评估事务所、江苏省教育评估院等。近几年，一些民间性的中介组织和民间教育基金会相继成立，并开始介入高校内部活动。如上海教育基金会、宝钢教育基金理事会、霍英东教育基金会等。[①] 从我国高等教育中介组织发展的历程中可以看出，我国高等教育中介组织是自上而下在中共中央以及各级政府教育主管部门的积极引导下建立起来的，而非自下而上由高校推动。我国高等教育中介组织大多是官方或半官方性质，是事业单位，与教育行政部门存在上下级的隶属关系，其经费来源和人员配置都由政府行政机构控制，行政依附性强，缺乏完全的独立性。而自治性和中介性是中介组织的重要特征，因此，我国大多数高等教育中介组织不是真正意义上的中介组织，不是独立于政府和大学之外的能对政府和大学进行监督和制衡的社会力量。

### 2. 大学董事会作用的缺失

在西方高等教育权力系统中，大学董事会或理事会是一支重要的社会力量。也是社会公众参与大学治理、沟通大学与政府的利益、协调大学与政府之间的矛盾、监督政府与大学权责行使的重要平台和载体，大学董事会是大学与政府之间信任的纽带，在构建政府与大学信任中起着极其重要的作用。

第一，大学董事会作为信息沟通的桥梁是构建大学与政府信任的重要前提。

如前所述，政府与大学信任是一种策略性信任，即主要是政

---

① 阎光才. 政府、高校间中介机构的作用和职能运作——兼论我国高等教育宏观管理的发展走向[M]. 上海：华东师范大学出版社，1998：25-26.

府基于所获取的大学运行的各种信息，理性地计算大学在教学科研、培养人才、经费使用、服务社会等方面能否很好地履行自己的职责，满足政府的愿望，不做有损自己利益行为，以决定是否相信大学。信息的公开、透明和沟通渠道的畅通是政府与大学信任关系建立的前提。因为政府与大学之间彼此拥有对方的信息越多，对对方就会更熟悉，熟悉提高了对方行为的可见性，减少了操纵和欺骗的机会，是信任的重要前提。但是，大学与政府之间信息不对称却是常态，这就必须设计相应的治理机制和建立相关的机构，解决信息不对称带来的负面问题，防止大学的为所欲为，而大学董事会就是为达成此目的而产生的制度和机构。首先，大学董事会是由包括政府、社会和大学等各方利益代表组成的大学治理机构，这种性质的治理机构实际上就是一个信息聚集地、中转站和传播站，它一方面能把政府和社会的诉求等信息传递给大学，督促大学及时作出有效的回应，防止大学游离于现实世界之外，固守传统，闭门造车，缺乏创新和变革，以促进大学的改进和提升。另一方面，大学董事会又能将大学的理念、精神、目标、价值以及诉求等信息传递给政府和社会，让政府和社会了解、理解并支持大学，减少对大学的质疑和误解。而这些信息的互动和沟通是构建大学与政府之间信任的重要前提和基础。其次，从大学董事会的组织运行机制看，董事会一般会对其成员的任期和年龄予以规定，通过新成员的加入注入新的信息，以防止董事会行为固化，保证大学董事会富有活力和高效。如，据美国学院与大学董事会协会 2004 年的统计，公立高校董事会成员平均任期为 5 年，其中大约 25% 的高校限制其董事会成员连续任期的期限，其连续任期的中间值为 2 届。①这是其一。其二，各国大学董事会实行董事会会议制度，通常由董事会主席和校长事先广泛吸收包括政府在内的各利益相关者的意见，在掌握充足信息和深入讨论的基础上就某些重要问题达成一致。不仅如此，美国绝大多数公立高校的董事会议还对公

① 欧阳光华. 董事、校长与教授：美国大学治理结构研究[M]. 北京：高等教育出版社，2011：138-139.

众开放，甚至美国一些州公立大学董事会还允许高校内部人士或者普通公民只要按照董事会章程规定的形式提出请求，就可以参加董事会会议，并且可以在会议上发言。例如，美国密歇根大学董事会不仅每次正式会议都向公众开放，而且每次会议议程都包括“公众评议”部分。[①]可见，大学董事会是大学与政府、社会之间信息沟通的媒介，也是社会力量参与大学治理的重要平台。

第二，大学董事会作为协调矛盾的“缓冲器”是构建政府与大学信任的重要基础。政府和大学信任是“易碎品”，其生成和维系是漫长和艰难的，一旦被不利于信任的事件侵蚀，政府和大学构建信任的努力就会付之东流。因此，为构建政府与大学信任，必须建立协调政府与大学之间矛盾的权威机构，这个权威机构为政府和大学所认可和信赖，能够作出善意的努力以及公正地对待处于争端中的各方的判断和利益，协调各方利益，达成共识，促成信任，扮演了“缓冲器”的角色。大学董事会作为政府与大学之间的中介，就是发挥上述作用的机构，成为构建大学与政府、社会之间信任的基础。首先，大学董事会是法律地位明确的权威机构。西方各国往往通过法律法规明确了大学董事会的法人地位和职权，即大学董事会作为合法的法人组织，是大学的最高权力机构和决策机构，享有对大学进行控制和治理的合法权力，拥有诸如管理学校资源；审批学校长远规划、年度预算以及教育计划；任命、审查和支持校长等权力，是大学的代言人。不仅如此，各国法律还对董事会的组织结构、遴选方式、任期、运作、会议制度等问题作出了明确规定，使大学董事会有法可依，将大学董事会的管理活动纳入法制轨道，又为大学董事会的治理行为提供了法律后盾，避免外界的任意干预，成为大学、政府和社会认同的权威机构。其次，大学董事会是协调政府与大学之间矛盾冲突的机构。从委托代理理论的视角看，大学董事会具有双重身份。就大学董事会与政府、社会力量等外部利益相

---

① 王绽蕊.美国高校董事会制度：结构、功能与效率研究[M].北京：高等教育出版社，2011：73.

关者的委托代理关系而言，大学董事会作为法人是政府和选民、捐赠人等社会力量的代理人，承担受托责任，管理信托财产。董事会作为代理人必须按委托人的意志行事，以实现委托人的期望和目标为目的，否则就违反了信托责任。因此，协调大学与政府、社会之间的矛盾是董事会义不容辞的责任，董事会既是大学利益的传递者，帮助学校向政府、社会提出要求；又代表政府和社会将适当的责任施加于大学，兼顾各方的利益，处理好自治与控制的矛盾。就大学董事会与大学校长的委托代理关系而言，在董事会领导的校长负责制下，大学校长是最高行政长官，由董事会任命，执行董事会制定的决议并向董事会负责，因此，董事会是委托人，校长则是代理人。校长作为代理人必须按照董事会的意愿行事，否则就面临被董事会解聘之危险，此种委托代理关系为董事会实现协调大学与政府、社会之间矛盾的目标提供了保障。可见，大学董事会是政府与大学之间的“缓冲器”，是社会力量监督大学运行的重要载体，是政府与大学信任建立的重要基础和保障。

但是，从我国当前实际看，一方面我国现有法律法规对公立大学理事会或董事会的法律地位规定缺失，当下仅在一些政策或教育部的部门规定中，鼓励探索建立由校外人士组成的大学董事会，如国务院印发的《国家中长期教育改革和发展规划纲要(2010—2020 年)》、教育部颁布的《高等学校章程制定暂行规定》等，但对大学董事会在大学治理中的地位和作用没有予以规定。即便是我国《高等教育法》在明确规定大学领导体制时，只是规定：“国家举办的高等学校实行中国共产党高等学校基层委员会领导下的校长负责制”，根本没有涉及董事会机构的地位，表明大学民主管理中，董事会是不能挑战党委领导下的校长负责制这一体制安排的，它不是大学的最高权力机关，也不可能成为政府和大学之间的“缓冲器”。另一方面，有研究者统计，在党委领导下的校长负责制基础上，我国已有 200 所左右的公立大学成立了董事会，但这些董事会的职能定位不是政府与大学之间的“隔离带”，其治理权力微弱，甚至大多数公立大学的董事会只是大学建立社会联系、实现产学研合作、寻求外部资助的一种方式，是基金会、校友会、政府和企业关系联络部的一种组合体。而且董事会成员不仅包括自然人，还包括大量的组织实体，作为“董事单位”，有些董事单位对大学有明显的利益诉求，这有悖于董事会的非营利性。① 因此，在我国高等教育权力系统中，大学董事会不是政府与大学之间的缓冲器，不具备对政府和大学权责的监督和制衡职能，其作为制衡政府与大学的社会力量作用缺失。

从上述分析可见，高等教育中介组织、大学董事会等社会力量在我国高等教育系统权力结构中没有一席之地，更没成为高等教育权力系统中的重要一极。社会力量的缺失，后果严重。首先，导致我国政府与大学之间“缓冲带”的缺失，双方失去了沟通和协商的平台，以至于政府直接干预大学，甚至把自己的意志强加于大学，侵犯了大学的自主权，加深了政府与大学的矛盾。其次，导致政府权力运行缺乏制衡和监督，政府成为高等教育系统权力结构的中心，大学自主权缺乏。最后，导致大学权力运行缺乏有效监督和制衡，引起大学的混乱。这一切均会造成政府与大学信任的困难。

## 三、导致的后果

我国政府与大学信任上述问题的存在，影响了政府与大学关系的和谐，导致政府管理成本高、社会监督力量薄弱、大学运行规范性差等不良后果的出现，引起政府不满、公众质疑、大学抱怨等复杂局面的产生。

### （一）政府管理成本高

这里的政府管理成本是指政府部门为实现一定的高等教育目标对大学进行行政管理过程中所发生的费用和开支，包括直接成本和间接成本。政府管理大学的成本主要包括决策成本、

① 王绽蕊. 美国高校董事会制度：结构、功能与效率研究[M]. 北京：高等教育出版社，2010：190-192.

控制成本和责任成本等。影响我国政府管理大学成本的因素包括制度设计是否合理、资源配置是否合理、政府和大学的权责是否分明、行政机构是否庞杂、监督机制是否健全、运行机制是否合理等。

### 1. 政府“越位”和“缺位”管理导致的高成本

从我国政府和大学的实际来看,政府管得过多,管得过细,往往集管理者、举办者、办学者、监督者等诸多角色于一身,是管理权、举办权、办学权、监督权等诸权力的主体,对大学事务事无巨细,无所不管,无所不包,致使政府对大学的管理既“越位”又“缺位”。

就“越位”而言,政府是全能政府,管了不该管的。“越位”意味着政府的职能与权限过多,而政府职能是设置机构和配置人员的前提和基础,即政府每一职能或者权力的增加都将会导致机构的增设和人员的新配置,即便是不设立相应的部门或机构,也需要增加人员以承担新增的职能。因此,政府的“越位”管理,引发机构、部门和人员的成比例增长,政府管理大学的业务部门越来越庞大,人员越来越多,机构、人员的增加会导致成本的刚性增长,政府的管理成本增加。

就“缺位”而言,政府该管的没有管好。“缺位”意味着政府对高等教育事业调控不当和监管职能的缺失。首先,政府对公立大学财政资助不足。政府是公立大学投入的主体,但是,我国政府对高等教育财政投入一直低于国际平均水平。从财政性教育经费占 GDP 的比例看,根据国家统计局的数据计算,从 1992 到 2007 年,国家财政性教育经费占 GDP 的比例一直很低,只有 2006 年和 2007 年超过 3%,即我国财政性教育经费支出占国内生产总值的比例还不到 4%;从财政性高等教育经费占 GDP 的比例看,2005 年我国财政性高等教育经费只占 GDP 的 0.62%,低于发达国家 0.99% 的平均值,甚至低于发展中国家 0.74% 的平均值;从财政性经费占高等教育总经费的比例看,2005 年我国财政性经费占高等教育总经费的 45%,低于发展中国家 68.8%

的平均值。① 其次，对高等教育发展的宏观调控不当，表现为高等教育财政投入的“马太效应”严重、各地高等教育发展不均衡等，甚至出现严重违背教育规律的“教育大跃进”现象。如新中国成立初期，我国建立了高度中央集权的高等教育管理体制，将高等教育统得过死，抑制了大学的积极性，在此背景下，1958 年 8 月，中共中央国务院发布了《关于教育事业管理权力下放问题的规定》，实行权力下放，结果在调动了地方举办高等教育积极性的同时，也出现了“教育大跃进”的局面。据统计，1958 到 1960 年，我国普通高等学校数由 1957 年的 229 所增加到 1960 年的 1 289 所，增长了 4.6 倍；在校生学生数由 1957 年的 44 万多人增加到 1960 年的 96 万多人，增长 1.1 倍。如此发展速度和规模显然超过了当时我国在经济上的承受力和原有教育基础所能提供的办学条件，不仅如此，在专业设置、教学质量等方面都出现了严重的问题。② 最后，对大学办学中过度市场化行为监管不力或缺位。比如，对大学违规收费、违规办学等行为缺乏有效的监督。由于政府的缺位管理，导致大学一放就乱，一乱就需要政府增加控制成本以保证大学的有序发展，正是基于这样的情形，政府不愿放权，但不放权大学又缺乏活力，形成恶性循环，政府的管理成本明显增加。

### 2. 资源配置不优化导致的高成本

政府对大学统得过死，既压抑了大学的积极性，也不利于教育资源的优化配置。在我国现有的高等教育管理体制下，大学是政府的附属机构，缺乏自主权，政府采用行政化的管理模式管理大学，大学只是按政府的行政指令行事，等和靠是常事，大学没有办学的积极性，而且行政管理的特点是强调一致性、量化，因此在这种管理模式下，大学办学模式单一，组织机构雷同，计划统一，没有根据每所大学自身的情况和条件，量体裁衣，发挥

---

① 岳昌君. 中国高等教育财政投入的国际比较研究[J]. 比较教育研究，2010(1)：78-80.

② 郝维谦，龙正中. 高等教育史[M]. 海口：海南出版社，2000：191.

自己的优势，办出自己的特色，没有实现资源的优化配置，使管理成本增加。另外，由于政府垄断高等教育资源，不能有效发挥市场机制的作用，缺乏竞争所带来的惰性，也不利于资源的优化配置，同样带来高成本。

### 3. 信息不畅导致的高成本

政府对大学科层式管理模式阻碍了信息的交流，降低了政府决策的质量，降低了政府的适应力。在现有管理模式下，政府的最高管理者往往远离大学，大学发生的问题需要层层请示汇报后再作决策，在层层上报过程中，信息容易缺失，甚至信息交流困难，这就影响了决策的正确性，而决策质量的降低将导致政府管理的失误，从而增加政府管理的成本。而且科层式管理模式导致的信息不畅还会影响决策的及时性，导致政府适应力和调节力的降低，从而削弱了政府的应变能力，政府不能及时调整管理策略和政策以适应新情况，致使政府管理绩效降低，增加了政府管理的成本。

## （二）社会监督力量薄弱

法国自由主义思想家托克维尔认为对权力的制衡，除了制度性的力量外，还必须通过独立于政府之外的具有自主权的多元的市民社会，它们对权力构成了“社会制衡”的作用，即“以社会制约权力的思想”。托克维尔认为社会制约是一种外部制约，这种外部制约较之内部制约，不仅更具灵活性和及时性，而且其制约主体与受益主体是一致的，因此，社会力量对权力的制约和监督比内部制约和监督效果好。

高等教育中介组织、大学董事会是我国高等教育权力系统中社会力量的主体和重要组成部分，但是由于它们在我国高等教育权力系统的配置中没有真正分得一羹粥，没有成为高等教育权力系统框架中的重要一极，而对权力的制衡和监督需要权力，因此，我国高等教育中介组织、大学董事会对政府和大学行为和权力的监督缺乏合法性和权力保障，终使我国社会监督力量薄弱。

首先，高等教育中介组织监督薄弱。高等教育中介组织应该是监督和制约政府与大学权力运行的重要社会力量，但我国高等教育中介组织却没有真正承担起这一职能，其监督乏力。从高等教育中介组织对政府的监督看，由于我国高等教育中介组织大多是在政府的主导和控制下建立，其行政依附性强，没有独立地位，与政府存在上下级隶属关系，缺乏对政府实施监督和制约的实质性权力，成为政府功能延伸的组织。从我国高等教育中介组织的实际运作来看，通常的表现是：中介机构总是声称是按照政府教育主管部门的什么精神和具体安排来开展某项工作，①因此，中介组织对政府的监督主要是内部监督，只具监督的形式，不是真正意义上的社会监督，其对政府的监督薄弱，还不能提出议案，参与决策或对政府提起行政诉讼。从高等教育中介组织对大学的监督看，一方面，由于高等教育中介组织法律地位和权力的缺失，其对大学的监督苍白无力；另一方面，由于高等中介组织缺乏独立性，加之专业化水平低，其对大学的监督缺乏科学性、公正性和权威性，使其对大学的监督水平低。

其次，大学董事会监督无力。应然的大学董事会是政府与大学之间的"缓冲器"，肩负着监督政府与大学的双重责任。但是我国现有公立大学的董事会对政府与大学的监督极其有限，甚至"虚置"。一方面，我国仅是部分大学成立了董事会，即大学董事会这种社会力量还不成气候，正处于起步发展阶段，力量还很弱小，其监督自然薄弱。另一方面，现有的大学董事会也不是真正意义上的董事会，难以承担对政府和大学的社会监督作用。表现在：首先，大学董事会不是大学的最高权力机构，它没有权力提名和任命校长，校长不对其负责，董事会对校长的监督和制约作用难以实施；对学科专业的设置、资源的使用等重大问题也没有决定权力，对这些重大问题也缺乏监督权。这表明董事会对大学的监督极其有限。其次，由于大学董事会中的"董事单位"与大学有明确的利益诉求，使其难以保持中立的立场监督大

---

① 廖湘阳，王战军. 我国教育中介机构的组织特性分析[J]. 江苏高教，2002(5)：8.

学的运行,其监督效果也大打折扣。

总之,由于社会力量在高等教育系统权力结构中的缺失,导致我国社会监督力量薄弱,不能有效地实施对政府与大学的监督,权力缺乏制衡必然导致权力的滥用。政府权力的膨胀和大学运行的混乱均与社会监督力量薄弱有关。

## (三)大学运行规范性差

权力运行要有序、规范,需要权力的监督、制衡和责任的制约。我国大学作为高等教育权力系统中的重要权力主体,其运行规范性差体现在两个维度:其一,作为学术性组织的大学按照行政逻辑运行,学术逻辑不彰;其二,大学缺乏权力和责任的约束所引起的运行规范性差。即大学运行缺乏三个约束:一是由于我国政府和大学权责不清,致使大学既缺乏自主权,也缺乏责任的约束;二是由于政府缺位管理,致使大学缺乏政府应有的监督;三是社会力量的缺失所致的社会监督力量的薄弱,使大学的运行缺乏社会力量的有效监督,最终引起大学运行的不规范。前者是由于大学缺乏学术自主权所致,后者是由于大学权力缺乏制衡所致,这二者形成了大学运行的悖论,表明大学的正常运行既需要适当的自主权,以维护大学自治和学术自由,又需要以权力制约权力,防止大学权力的膨胀和滥用。化解之道在于明晰高等教育系统中政府、大学和社会的权责,明确权力的适用范围和界限,以权力制约权力,这恰是信任机制的重要制度基础。

### 1.大学按照行政逻辑运行

本真的大学是以寻求真理为事业的共同体,是精神和文化的圣地,是文明的传承者和开拓者,大学自治和学术自由是大学运行和存在的根基,大学的发展应该尊重学术规律,以学术逻辑为主,按照学术逻辑运行,并接受行政权力适度的制衡和监督。应然的行政权力是为学术权力服务,保障学术事业的有序运行,其对学术权力的制衡应有边有际,若行政权力越位运行,干预学术权力的领域,甚至取代学术权力,就会导致大学运行的不规范。由于我国政府的越位管理,大学缺乏自主权,使本应按照学术逻辑运行的大学行政化严重，学术逻辑“退隐”，大学不能按照应该的模样运行。行政逻辑至上既体现为政府采用行政方式管理大学学术事务，也体现为大学内部行政权力挤压或者取代学术权力。大学按照行政逻辑运行，以行政方式管理学术事务，致使大学运行不规范，给大学的发展带来严重的负面影响。

其一，导致大学精神的异化。

人无精神则不立，大学无精神则无以立足。正如加塞特所言：“把大学当做一种精神比把它当做一个有机体更为合适。”①何谓大学精神？大学精神是指大学追求自由、立足现实又超越现实的批判精神，是大学之为大学而区别于其他事物的内在规定性。②大学精神作为大学质的规定性，是超越时空的永恒，是所有本真意义上的大学必然之坚守。大学精神作为一种批判精神，又具有鲜明的时代性，会打上历史和社会的烙印，在不同时期，表现出不同的特色。因此，任何大学都是遗传和环境的产物，大学必须处理好“守”与“变”的辩证法，保持二者适度的张力。这里着重谈论大学应该坚守之大学精神。根据上述定义，大学精神的核心应该是自由、独立和批判。因此，大学要坚守大学精神必须坚持对自由至死不渝地追求；必须立足本性，追求学术和真理，遵循自身发展规律赢得独立而捍卫自由；大学必须具有直面现实，超越现实的批判精神，才能成为引领社会前进的灯塔。而如今大学按照行政逻辑运行，大学不仅不能遵循自身发展的逻辑运行，受外在逻辑的支配，而且行政所强调的服从性和等级性，也使大学失去应然的自由，听命于权威，丧失独立性和批判性，大学精神异化。

其二，导致“官本位”渗透到学术领域，阻碍了学术事业的发展，使学术水平低下。

行政管理的规则是“谁有权谁就有发言权”，有目共睹之事实是不少高校在申请重点课题和重点项目时，大多是行政领导

---

① 奥尔特加·加塞特.大学的使命[M].徐小洲，等，译.杭州：浙江教育出版社，2001：96.

② 刘亚敏.大学精神探论[D].华中科技大学，2004：19-20.

挂帅,因为他们有知名度,申请成功的概率高,但这些行政领导不一定学术水平高。这种"官本位"对大学学术事业发展的影响极其严重,一是导致学术风气败坏,学者价值取向被扭曲,学术被放逐。学者们为了获得话语权,不是潜心研究学术,创造学术价值,而是醉心弄虚作假,权力寻租,向往行政职位和行政权力,通过谋取行政权力,再通过权力争取学术地位。二是导致学术精英压抑了学术民主、自由的氛围。行政化强调等级和集权,使得少数学术精英凭借学术地位垄断学术领域和学术资源,剥夺普通学者参与管理学术事务的机会和权力,特别是在学术决策中拥有绝对话语权,这是对学术本性的背离,也抑制了学者参与学术研究和学术管理的积极性。所以,霍夫曼认为,"大学不是一个平等主义的社会,而是等级制度的社会。"①三是制约了新生学术力量的成长。为了维护自己的既得利益,巩固自己的地位,学阀们会打压威胁自己的新生学术力量,对这些有潜力的新生学术力量设置障碍。综上所述,"官本位"渗透到学术领域是学术事业的灾难,它颠覆了学术精神,异化了学人,极大地影响了大学学术水平的提高。

### 2. 权力缺乏制衡

大学有序运行既不能无权,又不能权力无限。由于政府和大学权责不清、政府监管的失责、大学责任的不明确以及社会监督力量的薄弱,使我国大学权力的运行缺乏应有的制衡和监督,导致大学在办学过程中滥用自主权以及学术活动的不规范。

#### (1)滥用办学自主权

随着高等教育管理体制改革的进行,我国大学逐步拥有招生、科研、教学、财务等办学自主权,但是大学在享有权力的同时,由于权力缺乏制衡,使大学在招生、学生管理、经费的使用等方面又滥用自主权,导致大学运行规范性差。具体来看:

---

① 约翰·S.布鲁贝克.高等教育哲学[M].王承绪,等,译.杭州:浙江教育出版社,2002:42.

办学过度市场化。服务社会是大学的职能之一,大学既要反映市场诉求,又是超越市场和市场利益的组织。因此,大学不能完全按照市场机制的导向行动,不能堕落为纯粹追求市场利益的经济主体,否则大学就成为市场利益的奴婢,成为随波逐流的世俗化组织,失去了自己的清廉和高洁。但是,由于权力缺乏约束,大学在自主办学过程中市场化行为严重,乱收费、乱办学、乱招生等不恰当商业行为频繁出现,严重干扰了大学正常的运行。主要体现在:其一,乱办学。乱办学主要表现为大学违反法律法规的规定,超出权力许可的范围,不顾自身的办学条件乱办班、乱发文凭等行为。比如,1985 年《中共中央关于教育体制改革的决定》明确提出了高校办学自主权问题,很快扩大高校办学自主权成为高校改革的重点,但在 20 世纪 80 年代末期,大学的自主权却被用于“创收活动”,滥用办学自主权现象出现。正如许美德所描述的,20 世纪 80 年代初那种基于学术考虑而进行课程革新的热情被课程商业化倾向取而代之。大学想方设法开办能吸引自费生的学科专业,以提高经济收入。无论师资等条件是否具备,大多数高校开办国际贸易、管理等追求短期经济效益的专业。科研也越来越转向与企业的实际挂钩,转向即便没有学术价值,但却有经济实效的横向项目。①再如,2012 年 4 月 26 日新华网报道,自 1996 年以来,武汉理工大学先后与“中国企业报社河北省廊坊市工作站”“廊坊市应用经济学会”合作举办研究生班,百余名学员涉嫌伪造本科学历并顺利拿到了“货真价实”的硕士文凭,②等等。其二,乱招生。招生自主权是大学办学自主权的重要内容,但是大学在自主招生过程中,滥用自主招生权的现象却频繁发生,严重危害了国家教育事业。沈阳师范大学张维平教授认为高校招生自主权滥用的表现形式有三种:高等学校招生自主权的商品化、私权化和官僚化。高等学校招

---

① 许美德. 中国大学:1895—1995 一个文化冲突的世纪[M]. 许洁英,主译. 北京:教育科学出版社息,2000:161.

② 武汉理工大学“廊坊班”硕士学位事件调查. 新华网. http://news.xinhuanet.com/edu/2012-04/26/c_111848898.htm.

生自主权的商品化就是高校招生负责人把招生权作为一种商品，搞权权交易、权钱交易、权物交易、权色交易，获取最大的私利。比如，有的高校利用外语小语种、保送生、特长生等特殊招生形式，钻“定向招生”“自主招生”等招生录取政策的空子，进行乱收费。①此外，为规范招生行为，教育部三令五申，严禁高校招生时以各种名义预收考生费用，但实际情况却是屡禁不止。如据2012年4月15日《新京报》报道，北京化工大学MBA中心违规预收取数十名学生的学费，每人缴纳保证金3 000元，后因招生名额的缩减被披露出来。这些乱招生行为严重干扰了我国高等教育事业的有序运行。其三，乱收费。大学收费工作事关广大人民群众的利益，事关大学的健康发展和有序运行，因此，大学在办学过程中应严格执行国家有关高等学校收费政策，严格执行教育收费公示制度，不能乱收费。但是，大学乱收费的势头并没有遏制住。大学通过违反规定擅自设立收费项目、提高收费标准、扩大收费范围；对明令取消的收费项目继续收费；违规收取赞助费、定向费、转专业费等；向学生收取代收费，强制学生购买教辅材料等方式乱收费，扰乱了大学的运行，在社会上造成极其不好的影响。②

对学生权益的侵犯。《高等教育法》规定高校有对学生进行学籍管理并实施奖励或者处分的权力。但是在实际执行过程中，大学侵犯学生权益的事件不断发生，如不颁发学生毕业证、学位证，或开除学籍、勒令退学等方面多次发生学生起诉自己所在高校的事件，表明高校在行使自主权时没有符合法律规定，引起纠纷，影响大学的运行。

滥用财务自主权。财务自主权是指大学自主筹措和使用经费的权利。它是大学自主权的重要方面，财务自主权的边界和实施状况关系到大学的教学和科研工作能否顺利开展。大学预算约束是软约束，所谓软预算约束是指经济主体运行的财务后

---

① 张维平.高校招生自主权的滥用与规约[J].现代教育管理,2009(11):42.

② 邹家骊.高校违规收费的形式、原因及对策[J].华中农业大学学报:社会科学版,2005(5,6):59.

果由政府或者其他机构承担。换言之,大学不能真正成为学校财务运作责任的最终承担者,大学不存在破产问题,其财务运作的最终后果由政府买单,这就容易引起大学事前机会主义行为,而且由于存在事后补贴,易造成资源配置效率低下。[①]因此,政府应该对大学的财务活动实施监督,防止大学随意贷款、随意支出带来的不良后果。但是,由于政府的缺位管理,监管失责,我国大学贷款规模过大,一些大学贷款已经超出学校的承受能力,如2004年年底中国银行已与清华大学、北京大学、上海交通大学等十几所大学签订了200亿元的贷款协议。[②]不仅贷款规模大,而且随意支出性大,如肆意扩大基础建设规模,扩建新校区,追求奢华的装修,甚至用于炒股等,使大学负债严重,给大学的正常运行带来严重的负担。

(2)大学学术活动规范性差

大学作为社会的学术机构在拥有基于学术特殊性的学术自主权的同时,也应当承担相应的学术责任。正如布鲁贝克所言,我们要保证学术自治不受侵犯,即保证学术自由,学者道德要求我们负责地行使这种自由。[③]但是,一方面,由于政府、社会对大学学术权力监督和制衡的缺乏;另一方面,由于大学学术管理的行政化,使现行大学学术评价指标以量化、统一性为特征,这种行政化取向与学术追求是相悖的。在这种评价制度下,对学者学术水平的评价只看重数量,不管质量;只看重结果,不看重过程;只看重学术成果在什么级别的刊物发表、在什么出版社出版,不看重成果的真正价值。再加上学者的收入与学者的地位、学术水平、学术声誉挂钩,这就导致部分学者学术道德沦丧,铤而走险,急功近利,学术造假、学术失范、学术腐败等学术不轨行为频繁发生,学术泡沫日益膨胀,大量粗制劣造、毫无价值的论

---

① 曹淑江.高等学校的软预算约束与财务自主权[J].高等教育研究,2005(10):49.

② 黄建新,陈楠.我国教育融资途径初探[J].南昌航空工业学院学报:社科版,2005(1):2.

③ 约翰·S.布鲁贝克.高等教育哲学[M].王承绪,等,译.杭州:浙江教育出版社,2002:126.

文凭空出世,使大学这块净土充斥着垃圾和污垢难以真面目示人。据2011年2月10中国青年报报道,近年来,中国科研论文发表数量突飞猛进。最新数据显示,中国的期刊论文数量已超过美国,位居世界第一。然而,这些论文的平均引用率排在世界100名开外,有价值的论文极少。可见,我国大学学术活动不规范已经达到极其严重的地步,而学术是大学之本,为追求真理的献身精神是大学生命力的源泉,不求真、求实,践行自己使命的大学何以独立,何以立足于世,社会公众、政府的质疑和不信任不言而喻。因此,学术权力的运行亟待规范,必须加大学术规范和学术法律制度的建设,并以权力制约权力,规范大学的学术领域,重塑大学精神。

# 第三章 影响我国政府和大学信任的制度根源分析

政府和大学信任的建立是实现政府和大学之间良性循环的重要途径。从我国的实际情况来看，我国政府和大学之间信任度不高，究其原因是多方面、多维度的，其中制度因素是影响我国政府和大学信任的关键。制度是政府和大学信任建立的起点和基础，在有效制度约束的基础上才有政府和大学信任的进一步发展和加强。因此，本章主要结合我国具体实际从制度角度分析影响我国政府和大学信任的因素。

## 一、大学法律地位模糊

大学是由国家设立的实现国家行政职能的一种组织机构。对于大学的管理可以有多种形式，或者是由教育行政机构直接管理，或者是将大学设置成一个公法人，由大学自主管理。究竟何种形式更为合理和恰当，取决于大学自身的特点。众所周知，大学是以探索高深知识为己任，并由围绕这些高深知识而工作的群体组成，高深知识的专业性、自主性等特征决定了只有学者才有能力胜任，大学是特立独行、不可替代的；决定了大学必须是自主的，拥有学术自由和精神自由，不能用行政手段粗暴地干涉。因此，不能把政府和大学关系定位为内部行政法律关系，在这种法律关系下，大学隶属于政府，不具备独立法人地位，是作为内部行政的相对一方，只是服从和执行的机构，政府可以根据行政管理的需要发布命令，控制大学的人事、财政、教学和研究等大学内部事务，大学若不服，不能提出复议或诉讼。教育行政机构对大学的直接管理会破坏大学的学术环境，压抑大学教师的积极性、主动性和创造性，大学的使命也难以实现。合适的管理形式应该是将大学视为行使一定公权力的公法人，是特殊的行政主体，取得了公法主体地位，大学与政府是外部行政法律关系。在这种法律关系下，大学是作为公法人中的特别法人，政府和大学之间是两个法人之间的关系，政府不能随意要求大学履行法律未规定的义务，若政府侵权，大学可以提出行政诉讼。同时，大学还是具有独立的民事主体资格的法人，与政府在财产、土地、学校环境等方面存在教育民事法律关系。因此，大学的法律地位是多元的、复杂的，大学的法律地位除了包括大学在民事关系中的法人地位外，大学还具有在行政关系中的法律地位，是特殊的公法人或公务法人。大学的法律地位是否明确、定位是否合理是厘清政府和大学权责关系的前提，而只有政府和大学关系定位合理，权责明晰，政府和大学信任才有可能建立。

从我国的实际来看，我国大学的法律定位出现了偏差，大学的法律地位模糊，在与政府的关系中，大学的地位是尴尬的。表现在：虽然我国《高等教育法》已经以法律形式确立了大学的法人资格，但却只是民事关系中的独立法人，大学作为与教育行政机构地位平等的、独立的公务法人地位并没有得到确立。

### （一）大学的事业单位法人地位

新中国成立之初，受计划经济体制的影响，我国整个社会高度政治化，行政权力几乎渗透到社会生活的一切领域，政府是名副其实的“全能政府”，大学只是政府的一个附属机构，大学没有自主权，与政府是行政隶属关系。十一届三中全会召开后，随着计划经济体制的转型，市场力量的崛起，政府开始简政放权，新中国成立以来形成的高度集中的教育权力开始变迁，其标志是

1985 年中共中央国务院颁布的《中共中央关于教育体制改革的决定》(以下简称《决定》),《决定》在对教育体制改革的目的方面有这样的规定:"改革管理体制,在加强宏观管理的同时,坚决实行简政放权,扩大学校的办学自主权。"①而实现这一改革目标的重要路径就是确立和落实高校的法人地位。

1986 年颁布的《中华人民共和国民法通则》(以下简称《民法通则》)正式确立了我国的法人制度,《民法通则》是分析大学法人地位确立的重要起点。不过,《民法通则》并未具体规定我国公立大学的法人地位问题,而且在《民法通则》颁布时,我国高等教育体制改革刚刚起步,大学还不具备成为法人的条件,因此,教育政策和立法都未跟进。直到 1992 年,我国在《关于国家教委直属高等学校内部管理体制改革的若干意见》中,首次提出:国家教委直属高校是具有法人地位的教育实体,在国家赋予的权力内自主管理学校内部事务,并承担相应的责任和义务。1993 年《中国教育改革和发展纲要》正式提出"要使高等学校真正成为面向社会自主办学的法人实体"。从此,高等学校的法人地位问题才被教育界和法学界广泛关注。之后,1995 年颁布的《中华人民共和国教育法》第 31 条规定:"学校及其他教育机构具备法人条件的,自批准设立或者注册登记之日起取得法人资格。"首次在法律上明确了学校的法人地位。1998 年颁布的《中华人民共和国高等教育法》(以下简称《高等教育法》)第 30 条规定:"高等学校自批准设立之日起取得法人资格。高等学校的校长为高等学校的法定代表人。高等学校在民事活动中依法享有民事权利,承担民事责任。"该规定进一步确立了高等学校的法人地位。

根据上述法律法规,我国大学的法人地位已经得到确立。那么,我国大学究竟是何种法人呢? 我国《民法通则》对法人进行了界定,《民法通则》指出:"法人是具有民事权利能力和民事行为能力,依法独立享有民事权利和承担民事义务的组织。"对

---

① 金铁宽.中华人民共和国教育大事记(3)[G].济南:山东教育出版社,1995:1595.

于法人的分类,《民法通则》不是按照法人成立或产生的方式,而是根据其设立宗旨和活动性质来进行划分,具体来说,主要是按照是否营利的目的将法人分为企业法人和非企业法人,非企业法人又包括机关、事业单位和社会团体法人。大学属于不以营利为目的的事业单位。1998 年国务院颁布《事业单位登记管理暂行条例》,进一步阐释了《民法通则》的规定。该法规第 2 条规定:本条例所称事业单位是指国家为了社会公益目的,由机关举办或者其他组织利用国有资产举办的,从事教育、科技、文化、卫生等活动的社会服务组织。对我国大学的事业单位法人地位做了进一步的确认。

## (二)大学事业单位法人定位带来的困扰

我国的法律法规将大学定位为事业单位法人,但是大学的法律地位仍是模糊的,在现实和实践中也造成了困扰。具体而言,首先,事业单位法人不能准确反映大学的法律地位。按照《事业单位登记管理暂行条例》对事业单位的规定,大学作为事业单位应该是以政府职能、公益服务为主要宗旨的公益性单位,是社会服务性组织,据此规定大学应该具有公法人的特点。但是根据《高等教育法》第 30 条的规定,高等学校只是在民事活动中具有"法人"地位,大学只是民法意义上的"法人",在行政活动中是否具有法人地位,《高等教育法》并未明确。按照此规定,大学又成为民事法人。这样在我国的法律制度中,大学具有双重身份——事业单位和民事法人,而事业单位和民事法人是两种不同的法律地位,因此,事业单位法人不能准确地反映大学的法律地位。①其次,事业单位法人无法反映大学的公法地位。由于我国无公法和私法之分,因此,《民法通则》在界定法人时,也无公法人和私法人之别,法人在我国仅仅是一个民法上的概念,在行政法上并无实质意义,此后,国务院颁布的行政法规《事业单位登记管理暂行条例》,仍然承续了《民法通则》对法人分类

① 王敬波. 高等教育领域里的行政法问题研究[M]. 北京:中国法制出版社,2007:16.

的思路,没有明确大学的公法地位,因而大学等事业单位实际处于模糊的法律地位。我们常常不得不面对一种尴尬境地:从组织形态看,一方面,大学在教学、科研、学位、教师和学生管理等领域履行公权力,是行政法上特别法人,是特殊的行政主体;另一方面,人们习惯将包括大学在内的事业单位排除在行政机关之外,或者作为行政机关的下属机构,现在我国大学都具有相应的行政级别,副部级或者厅局级,这一现象充分说明了大学是政府的隶属机构。在司法救济上,一方面,人们无法将大学与其利用者、使用者学生之间所有的关系定性为平等主体之间的民事关系而纳入普通民事诉讼中;另一方面,由于无法解释大学享有管理学生之权力的法律来源,大学作为事业单位与学生之间的争议又被人们排斥在行政诉讼之外,于是,此类争议成为司法救济的真空地带。为解决此尴尬,司法实践只好将大学作为“法律法规授权组织”,因为大学作为法律法规授权组织实施公权力的行为,使行政行为可以提起行政诉讼,但此做法却没有解决法律法规何以授权?对谁授权?在何种情况下授权等问题。[①]而事实上,我国的《教育法》第 28 条赋予了学校 9 项权利,《高等教育法》也赋予高等学校依法自主设置和调整学科和专业、自主制订教学计划等多项自主办学权,这些权力就是法律对高校的授权,使大学成为行政主体。但是,将大学作为法律法规授权组织,同样会导致大学的行政主体地位模糊。因为作为法律法规授权组织,只有在授权范围内行使职权时才是行政主体,在授权之外的场合,不具有行政主体地位。由于大学授权的范围难以界定,就很难界定大学在什么场合是行政主体,在什么场合又不是行政主体。这就造成大学行政主体地位的模糊和摇摆不定,进一步导致司法实践中大学的行政法律关系和民事法律关系的混淆,大学的权力与责任、权利与义务的混乱。此外,再加上我国事业单位系统庞杂,其范围和类型含糊不清,更是加剧了大学法律地位的模糊性。

---

① 马怀德. 公务法人问题研究[J]. 中国法学,2000(4):43.

正是上述困扰,使我国政府和大学的关系定位不清,双方的权责划分不清晰,甚至混乱,以致出现政府或越权管理大学,行使本应属于大学的权力,或缺位管理大学,没有履行政府应该承担的责任;大学或缺乏自主权,使大学缺乏生机和活力,或滥用权力,自行其是。这对于政府和大学信任而言是致命一击,政府因对大学缺乏信心而不愿意放权,成为全能政府,干预大学的一切事务。大学因政府的过度干预而不满,对政府的管理能力缺乏信任。可见,我国大学法律地位的模糊是影响我国政府和大学信任的重要因素。

## 二、政府和大学权责不清

法律是划分权力和责任最权威、最有效的手段,只有法律对权力与责任的规定清晰明了,政府和大学才能明确各自的活动空间,清楚各自的职能,因此,我国高等教育法律法规明确、合理地规定政府和大学的权力与责任,是政府与大学信任建立的关键因素和重要基础。但是,从当前我国高等教育法制建设的现状来看,我国高等教育法律法规体系不仅不完备,法律法规数量远远不足,而且法律法规的规定在内容上不全面、过于粗略,语言高度概括,表达简单模糊,没有细化,在操作中容易出现各种问题。再加上,与大学相关法律、法规配套的实施细则滞后等问题的存在,这就导致我国现行的高等教育法律法规对政府和大学的权力和责任划分的规定模糊、不清晰,这种不清晰带来的严重后果就是政府的越权、大学缺乏自主权、政府和大学责任的缺位,这种混乱局面使政府和大学失去了信任对方的信心。

### (一)我国政府和大学权力规定模式

各国对政府和大学高等教育权力的规定做法不一,但大致分为三种:第一种是分别规定政府和大学的权力是什么;第二种是在法律中明确规定政府的权力,高校的权力就是除此之外与办学相关的权力;第三种是在法律中明确规定高校自主权,对于政府的权力则不明确规定。①

20世纪70年代末以来，我国在立法上对政府和大学高等教育权力的规定经历了三次大的调整：第一次是1979年中共中央、国务院发布的关于《加强高等学校统一领导、分级管理的决定（试行草案）》，详细列举了教育部的8项权力。第二次是1986年国务院发布的《高等教育管理职责暂行规定》，规定了国家教育委员会的12项权力，国务院有关部门在国家教育委员会的指导下的9项权力，以及省、自治区、直辖市人民政府的7项权力。第三次是在20世纪90年代末，《中华人民共和国高等教育法》以列举的方式对高等学校自主权进行了明确界定，但政府的权力没有在法律中列举。也就是说，我国现在对高校自主权和政府高等教育权力的规定是采用第三种模式，因为我国的高等教育立法，包括《中华人民共和国教育法》和《中华人民共和国高等教育法》都主要是规定高校的自主权，对于政府的高等教育权则没有明确的规定。按照这种立法模式，除了法律规定的高校自主权外，剩余的高等教育权力就属于政府。对政府高等教育权力的不限定或者不明确，自然容易导致政府权力膨胀和扩张的弊端，从而侵犯高校的自主权，尤其是在我国现行高等教育立法对高校自主权规定比较笼统和原则的情形下更是严重。②

## （二）我国大学自主权法律规定的模糊性

### 1.《高等教育法》对大学自主权规定的模糊性

高等学校自主权是高校依据教育法的规定而享有的权利，其性质是一种公权力。作为公权力，高校只要合法正当地行使，便不受政府公权力的干预，政府只能在法定范围内通过合法的手段进行监督。③对于高校自主权问题我国有很多法律文件涉及，其中最具代表性的是《中华人民共和国高等教育法》。《高

① 申素平.重新审视高等学校自主权[N].中国教育报,2003-01-04.

② 申素平.高等学校法人与高等学校自主权[J].中国高教研究,2005(5):9.

③ 申素平.重新审视高等学校自主权[N].中国教育报,2003-01-04.

等教育法》第 32 条至第 38 条，规定高校拥有自主招生；自主设置和调整学科和专业；自主组织教学活动、自主开展科学研究、技术开发和社会服务；自主开展与境外高等学校之间的科学技术文化交流与合作；自主进行机构设置和有限的人事权。

仅从上述法律条文的规定来看，和其他国家的高等学校自主权法律规定相比，我国高校自主权的范围并不算窄，但这些自主权却没有真正地完全落实，在实施过程中还有很大的困难和阻力。理论与现实的落差，除了我国在理论和制度上都缺乏大学自治的传统，政府和社会各界对高校自主权的性质缺乏清晰的认识，会有意无意地干预法律赋予高校的自主权，以及《高等教育法》颁布后，无论是国务院还是教育部都没有及时出台关于《高等教育法》的《实施条例》等原因外，最根本原因是现有法律自身的问题，即现有法律对高等学校自主权规定过于笼统和原则，可操作性较差，因而，在执行过程中会有不同的理解和做法，会遇到一些问题和困惑，难以具体实施。

首先，我国《高等教育法》在规定高校自主权时，没有考虑不同类型的高等学校之间的区别，把大学、学院和高等专科学校的自主权放在一起统一规定，既缺乏针对性，也不一定合理，因为不同类型高校的办学目的、在国家高等教育体系中的地位和作用是不同的，各自需要的权利是有差异的。不同类型的高校按照整齐划一的自主权行事必然导致执行中的混乱，也不利于政府对大学的信任。

其次，《高等教育法》对高校七项自主权的规定过于笼统和原则，没有明确高校行使自主权的法定形式，使高校的自主权不断受到政府以评估、审批、通知、文件等各种形式的侵犯和干预，高校实际所获得的自主权是有限的。例如，《高等教育法》第 32 条规定："高等学校根据社会需求、办学条件和国家核定的办学规模，制定招生方案，自主调节系科招生比例。"此条款对高校和政府在招生中的权限没有明确的规定，在实际执行中，高校根据社会需要和自身办学条件制定的招生规模、招生计划的自主权，仍然受政府行政政策的制约，无法具体落实。《高等教育法》第 33 条规定："高等学校依法自主设置和调整学科、专业。"《高等教育法》所规定的学科、专业设置权究竟是何含义？高等学校能自主到什么程度？高等学校是否无需教育行政部门的批准就应当拥有此项自主权？由于法律规定过于笼统，在实际操作中这个问题并没有解决好，大学的专业设置仍然必须报教育行政部门批准。再如，《高等教育法》第37条规定："高等学校根据实际需要和精简、效能的原则，自主确定教学、科学研究、行政职能部门等内部组织机构的设置和人员配备；按照国家有关规定，评聘教师和其他专业技术人员职务，调整津贴及工资分配。"这里《高等教育法》所规定的有限人事权具体包括哪些？是否包括办学自主权中最重要的大学选举校长权？《高等教育法》中并没有明确的规定，现实的情形是大学并没有选举校长的自主权。正是法律条款规定的模糊，使高校的自主权在执行中障碍重重，难以真正实现。

明确政府和大学各自的权力，是政府和大学信任建立的重要基础。我国立法对政府和大学高等教育权力的规定模式是通过法律法规规定大学的办学自主权，对于政府的权力不予以规定，从逻辑来看，大学自主权之外的高等教育权力就应属于政府。但是，由于我国法律对高校自主权规定的模糊，使政府、社会和大学对高校自主权的性质缺乏清晰的认识，致使政府和大学权力边界不清。对于大学而言，对权力的不当执行或者丧失权力的情形就会出现。对于政府而言，易出现越权、不当干预和不作为的情形。这些情形都是不利于政府和大学信任的因素，阻碍了我国政府和大学信任的建立。

### 2. 大学章程明确政府和大学权力作用的缺失

大学章程是大学之"宪法"，是大学自治之"宪章"，它上承国家法律，下启大学具体规章制度，既是国家意志或举办者意志（我国公立大学的举办者是政府——作者注）的体现，又是大学意志的体现。不仅如此，大学章程作为沟通政府和大学意志的桥梁和中介，既将高等教育法律法规具体化，又设定了大学自治的领域以及政府行使教育管理权的边界，章程一经生效，无论是政府还是大学都必须在章程确定的框架内行事，不得随意超越。

因此，大学章程是厘清政府和大学的权责界限和关系的重要法律文本，是确保大学自治的重要屏障，也是政府和大学信任建立的重要制度保障。

从我国大学章程的建设情况来看，理论上我国高等教育立法对大学章程建设是非常重视的，这可以从我国的《教育法》和《高等教育法》等法律对它的着墨颇多中得到证明。如《教育法》第 26 条、第 28 条，《高等教育法》第 27 条、第 28 条、第 29 条、第 41 条等规定了章程的提交、内容、修改及核准等事项。如《教育法》第 28 条规定：学校按照章程自主管理。《高等教育法》第 27 条规定：大学章程是申请设立高等学校，向审批机关提交的条件之一。但在实践中，我国大学章程建设问题众多，致使大学章程在明确政府和大学权力中应有的作用缺失，这些问题具体表现在：

第一，大学章程缺位。

按照我国高等教育立法的规定，是否有大学章程是大学能否设立的必备条件之一，但是事实上我国绝大部分大学在《教育法》和《高等教育法》颁布前就已经成立，这就意味着这些大学可以不用制定大学章程。虽然 1995 年 8 月原国家教委下发了《关于实施〈中华人民共和国教育法〉的若干意见》指出："各级各类学校及其他教育机构，原则上应实行'一校一章程'。"要求在《教育法》颁布前依法设立的学校及教育机构，凡没有制定章程的，应逐步制定和完善学校章程，并报教育行政主管部门核准。但与此规定不相称的是，2005 年 12 月 28 日通过的《吉林大学章程》，被认为是我国第一部大学章程，"在学校发展进程中具有里程碑意义，引起了国家教育主管部门和全国高校的广泛关注。"①到目前，我国也只有上海交通大学、吉林师范大学、哈尔滨工业大学、延边大学、南昌大学等少数高校制定了章程，绝大多数高校包括北京大学、清华大学、中国人民大学等国内著名的高校都未制定章程。大学章程既然缺失或者根本就没有制定，那

① 张文显，周其凤. 大学章程：现代大学制度的载体[J]. 中国高等教育，2006(20)：7.

就更谈不上大学章程对明确政府和大学权责的作用。

第二,大学章程的法律地位不明确。

大学章程的法律地位是指大学章程在教育法律体系中所处的地位。借鉴国外大学章程在沟通政府和大学意志、厘清政府和大学权责边界中的作用,从理论上讲,大学章程应该是连接国家高等教育法律和行政法规与大学规章制度的"桥梁",它是依照国家高等教育法律法规制定的规章,又是规范大学运行的纲领,大学内部规章不得与之相冲突;它既体现政府的意志,又明确了大学的法律地位,是大学自治的宪章。大学章程一经生效,无论是政府还是大学都必须遵守。但是,大学章程在我国现有高等教育法律体系中的地位尚无确切的答案。首先,我国现行高等教育法律法规尚未对大学章程在我国教育法律体系中的地位及其法律效力等问题做出确切的回答。其次,我国并不是所有大学都有自己的章程,没有章程的大学同样在运行。①最后,目前国内大学所制定的大学章程没有明确的效力渊源。大学章程的法律效力是指大学章程生效的范围,主要体现在时间效力、空间效力、对象效力上。"大学章程的对象效力,主要是指大学章程对什么样的人和组织有效。大学章程的时间效力,主要是指大学章程生效的起至时限。"②大学章程的空间效力是指章程在哪些领域范围内发生作用。目前,我国大学章程的效力问题非常复杂,按照我国《教育法》和《高等教育法》的规定,章程必须提交教育行政机构核准方能具有法律效力。但是,对于大学章程由谁来制定、通过什么程序来制定、以什么样的方式表决等问题,法律并没有给予明确的规定。而且在实际操作中,并不是所有大学的章程都报教育行政机关核准,有的只是报教育行政机关备案,还有的大学章程只是内部审议通过。甚至"有些大学的章程报主管教育行政机关备案,但在教育领域的执法环节和

---

① 陈学敏.关于大学章程的法律分析[J].武汉大学学报:哲学社会科学版,2008(2):171.

② 米俊魁.大学章程价值研究[M].青岛:中国海洋大学出版社,2006:47.

司法环节，大学章程几乎束之高阁、弃之不用”①正由于此，目前我国大学章程的法律地位不明确，这就使大学章程在具体的实施过程中潜伏着法律纠纷，难以发挥在明确政府和大学权责中的作用。

第三，大学章程对政府和大学权力规定的缺失。

明确规定政府和大学的关系，明确政府和大学的权责是大学章程的重要内容。审视当前我国现有大学章程，发现我国绝大部分大学章程没有对政府和大学的权责界限及关系作出规定，比如，2005 年通过的《吉林大学章程》、2006 年通过的《上海交通大学章程》均未明确规定政府与大学的权责，这是我国现有大学章程的严重缺陷。我国《高等教育法》第 28 条规定，高等学校的章程应当规定举办者与学校之间的权利、义务。如前所述，由于我国《高等教育法》对政府和大学权责的界限、政府和大学关系的规定是极其模糊的，大学章程是进一步厘清政府和大学关系及其权责的重要规范性文件，但由于我国大学章程对政府和大学关系、政府和大学权责规定的缺失，最终导致政府管理什么？如何管？什么情况下管？大学什么条件下自主管理？自主管理空间是什么？这一系列问题均无法得到很好的解决，以致出现政府频繁干预和侵犯大学自主权，政府和大学信任也成空中楼阁。

总之，由于大学章程本身的缺位、法律地位不明确以及对政府和大学权力规定的缺失，使大学章程失去了在协调政府和大学关系，厘清政府和大学权责中应有的作用，这是影响我国政府和大学信任度的重要因素。

### （三）政府和大学法律责任的模糊性

权力与责任对等，享有多大的权力，就应承担多大的责任。法律责任规定了政府和大学行为的底线，为政府和大学设置了责任性背景，减少了政府和大学未来行为的不确定性，因此，明

---

① 陈学敏. 关于大学章程的法律分析[J]. 武汉大学学报：哲学社会科学版，2008(2)：171.

确政府和大学的法律责任是政府和大学信任建立的重要制度基础。但是我国高等教育法律法规对政府和大学的法律责任的规定是含糊不清的,这就极大地影响了我国政府和大学信任的建立。

## 1. 大学法律责任的模糊性

大学在享有法律规定自主权的同时,也应该履行对等的义务,承担相应的法律责任。能否独立承担法律责任是大学是否具有法人资格的最终标准。但我国目前对高校法律责任的研究比较薄弱,现有教育法律对高校法律责任的规定是比较模糊和不完善的。一方面,高校享有法律规定的自主权,就应该承担对等的义务,若高校不履行《教育法》和《高等教育法》规定的义务,就必须承担相应的法律责任。我国现有教育法律体系中《高等教育法》作为规范高等教育的专门法,只是赋予高校拥有七项自主权,但并没有系统规定高校应该承担的义务。目前,仅在我国《教育法》第 29 条规定了学校及其他教育机构应当履行遵守法律、法规;贯彻国家的教育方针,执行国家教育教学标准,保证教育教学质量;维护受教育者、教师及其他职工的合法权益;以适当方式为受教育者及其监护人了解受教育者的学业成绩及其他有关情况提供便利;遵照国家有关规定收取费用并公开收费项目;依法接受监督等义务。这些规定只是适合我国各级各类学校及其他教育机构的普遍性、原则性规定,比较笼统和粗略,没有针对性地规定高校的具体义务,尤其没有规定高校不同于其他中小学等学校的特殊性义务,没有规定与高校的自主权相对应的义务。比如,《教育法》规定的“依法接受监督”义务,高校和中小学与政府的关系不同,因此大学和中小学接受政府监督的方式和内容应该是不同的,但《教育法》没有进行区分。再如,培养人才、发展科学是大学的职能,大学用于教学和科研的经费数额巨大,因此,《高等教育法》第 38 条规定:高校不得将用于教学和科研的财产挪作他用,但如何界定? 如何衡量? 没有明确的规定。如果法律对高校应履行的义务认定不清,高校自然不清楚应如何履行义务,履行什么样的义务,高校的法律责任就难以认定和明确。另一方面,高校的活动若超越高等教育法和教育法规定的权利范围或违反高等教育法和教育法的规定,高校也必须承担相应的法律责任。对此,《高等教育法》仅在第66条有如下规定:“对高等教育活动中违反教育法规定的,依据教育法的有关规定给予处罚。”《教育法》从第71条至81条有11条规定了追究政府、学校、直接负责的主管人员和其他直接责任人员的行政责任、刑事责任和民事责任的条款,其中有7条条款规定的责任与学校相关,但这些规定不仅不全面,而且笼统模糊、不具体,也缺乏针对性,难以操作。比如,大学和学生的关系有民事法律关系,也有行政法律关系,《教育法》只规定了大学应承担的民事责任,却没有规定大学的行政责任。

总之,由于法律对大学法律责任规定的模糊和不全面,既带来追究大学法律责任的困难,其法律空白也为大学的不合理行为带来可乘之机,同时,大学因缺乏约束和规范自身行为的标准,也可能会做出不利于政府的行为。正由于法律提供的对大学有效约束的责任性背景的不完善,导致政府给予大学信任的困难。

### 2. 政府法律责任规定的不明确

目前我国高等教育立法对政府的法律责任缺乏系统、明确的规定,只是在《教育法》和《高等教育法》中零星涉及政府的义务和责任。比如,在《教育法》中第28、第29条规定了学校的权利和义务,第42、第43条规定了受教育者的权利和义务。但是,《教育法》中没有专门的条款规定政府的义务和应该承担的法律责任,只是可以把某些条款的内容理解为是政府的义务和责任。如《教育法》第16条规定:“国务院和县级以上地方各级人民政府应当向本级人民代表大会或者其常务委员会报告教育工作和教育经费预算、决算情况,接受监督。”第53至第66条关于“教育投入与条件保障”的条款可以理解为是政府的义务和责任。第71条规定:“违反国家有关规定,不按照预算核拨教育经费的,由同级人民政府限期核拨;情节严重的,对直接负责的主管人员和其他直接责任人员,依法给予行政处分。违反国家财政制度、财务制度，挪用、克扣教育经费的，由上级机关责令限期归还被挪用、克扣的经费，并对直接负责的主管人员和其他直接责任人员，依法给予行政处分；构成犯罪的，依法追究刑事责任”。《高等教育法》也同样如此，没有对政府的法律责任予以明确、系统的规定。政府法律责任规定不明确，使政府的行为更是缺乏约束性，也不利于大学在被侵权时寻求法律救济。

正是由于我国高等教育法律法规对政府和大学权力规定的不明确，使政府和大学之间缺乏清晰的权力边界，政府和大学各自活动的范围和底线不明确，政府侵犯大学自主权时有发生，大学对政府的管理和监督职能质疑。另一方面，现行法律对大学应该承担的法律责任以及大学不当行使权利时的制裁方式缺乏明确的规定，使法律对大学的行为缺乏有效的约束，政府对大学承担法律责任的能力也持怀疑态度。这一切使我国政府和大学互信因缺乏法律的保障而困难重重。

## 三、高校监督机制的不完善

监督是一种权力，监督从词意看，是监察督促的意思。①后来引申到政治上，是对政治权力的监察和制约的一种机制。其实质是以权治权，防止权力的滥用。正如孟德斯鸠指出：“一切有权力的人都容易滥用权力，这是万古不变的一条经验……从事物的性质来说，要防止滥用权力就必须以权力约束权力。”②

随着我国高等教育管理体制改革的进行，改变了大学的“无权”状态，大学拥有了一定的自主权，并承担了相应的责任。若大学不滥用权力，自觉履行自己的义务，承担应尽的责任，就能取信于政府。这就需要建立有效、完善的高校监督机制，对大学的行为进行监督，防止权力的滥用，并督促大学承担自己的责任。因此，监督机制是政府和大学信任建立的保障机制和重要制度基础。但是，当前我国高校监督机制却存在法理依据不足、

① 莫吉武. 当代中国政治监督体制研究[M]. 北京：中国社会科学出版社，2002：1.

② 孟德斯鸠. 论法的精神[M]. 张雁深，译. 北京：商务印书馆，1961：154.

监督形式单一、监督力度不够等问题，以致大学在其发展中产生了滥用权力、腐败、低效等不良现象，最终导致政府的不信任。

## （一）监督的法理依据不足

法律是政府、社会等利益相关者对大学办学行为进行监督的最权威的合法性依据，法律应该对监督的主体、监督的客体、监督的内容和范围、监督的方式、方法和程序等予以明确的规定，使监督有法可依，有章可循，将监督纳入法制的轨道，防止任意行为的发生。遗憾的是我国高校监督的法理依据不足，难以依法监督。

### 1. 多元高校利益主体法律地位的缺失

按照公共产品理论的观点，全社会产品分为公共产品、准公共产品和私人产品三类，公共产品是具有非竞争性和非排他性的物品；准公共产品是具有有限的非排他性或有限的非竞争性的公共产品。高等教育是大学提供的主要产品之一，大学所肩负的培养人才、发展科学和服务社会职能决定了大学提供的产品具有消费的非排他性，但却在非竞争性上不具有充分性，因此，大学所提供的产品是典型的准公共物品。这种竞争单纯依靠政府是不能实现的，这就需要引入市场机制，提高资源配置效率，扩大高等教育的有效供给，这就决定了大学的利益相关者是多元的，包括政府、社会公众、家长、学生、媒体、管理者等，这些利益相关者都应该是对大学办学行为进行监督的主体。而且我国宪法第 2 条规定：中华人民共和国的一切权力属于人民。人民依照法律规定，通过各种途径和形式，管理国家事务，管理经济和文化事业，管理社会事务。然而，在我国《教育法》《高等教育法》等法律法规中，只是确立了部分利益主体的监督权，另一部分利益主体由于法律监督地位缺失难以行使监督权，严重影响了我国高校监督机制的运行效果。具体来看：

《中华人民共和国教育法》第 29 条规定了学校及其他教育机构应当履行的义务，“依法接受监督”是其中第 6 款义务，但未明确规定应接受谁的监督。从我国目前已有的高等教育法律法规看，主要规定了政府、教师是大学的监督主体。

政府是我国公立大学的举办者和出资者，是公立大学的外部利益相关者，而且是大学利益相关者中重要的一极。政府理所当然是大学的监督主体。1985 年《中共中央关于教育体制改革的决定》指出："国家及其教育管理部门要加强对高等教育的宏观指导和管理。教育管理部门还要组织教育界、知识界和用人部门定期对高等学校的办学水平进行评估，对成绩卓著的学校给予荣誉和物质上的重点支持，办得不好的学校要整顿以至停办。"《决定》在给予高校自主权的同时，强调国家和教育管理部门对大学自主权的监督。1995 年颁布的《教育法》第 14、15 条规定："高等教育由国务院和省、自治区、直辖市人民政府管理。""国务院教育行政部门主管全国教育工作，统筹规划、协调管理全国的教育事业。县级以上地方各级人民政府教育行政部门主管本行政区域内的教育工作。县级以上各级人民政府其他有关部门在各自的职责范围内，负责有关的教育工作。"而后，1998 年颁布的《高等教育法》进一步明确了政府部门是对大学进行监督的主体。如《高等教育法》第 13、14 条规定："国务院统一领导和管理全国高等教育事业。省、自治区、直辖市人民政府统筹协调本行政区域内的高等教育事业，管理主要为地方培养人才和国务院授权管理的高等学校。""国务院教育行政部门主管全国高等教育工作，管理由国务院确定的主要为全国培养人才的高等学校。国务院其他有关部门在国务院规定的职责范围内，负责有关的高等教育工作。"第 44 条规定："高等学校的办学水平、教育质量，接受教育行政部门的监督和由其组织的评估。"

在现代大学中，教师既是主人又是雇员，教师是大学的关键利益相关者，是当然的高校监督主体。对此，《中华人民共和国教师法》第 7 条规定：教师享有对学校教育教学、管理工作和教育行政部门的工作提出意见和建议，通过教职工代表大会或者其他形式，参与学校的民主管理的权利。我国《教育法》第 30 条规定：学校及其他教育机构应当按照国家有关规定，通过以教师为主体的教职工代表大会等组织形式，保障教职工参与民主管理和监督。《高等教育法》第 43 条规定："高等学校通过以教师为主体的教职工代表大会等组织形式，依法保障教职工参与民主管理和监督，维护教职工合法权益。”

学生是大学服务的对象，也是大学的重要影响力量，是大学的主要利益相关者，学生应该对大学的教学和管理工作拥有发言权，进行监督。但是我国《教育法》和《高等教育法》虽然规定了教师可以通过教代会参与高校管理，但是对于学生通过何种途径进行监督却没有予以规定，只是强调学生应服从学校的管理。对于学生参与学校管理仅在2005年颁布的《普通高等学校学生管理规定》第41条规定：“学校应当建立和完善学生参与民主管理的组织形式，支持和保障学生依法参与学校民主管理。”没有规定学生参与管理和监督的具体途径和形式，使学生参与学校管理和监督没有制度支撑。

此外，高等教育的准公共产品性质以及服务社会的职能决定了社会公众（包括家长）是大学的主要利益相关者，对于社会公众的监督主体地位，目前，仅在国家颁布的一些决定和纲要中提及。比如，1985年5月《中共中央关于教育体制改革的决定》中第一次明确提出：“教育管理部门还要组织教育界、知识界和用人部门定期对高等学校的办学水平进行评估。”而后，1993年国务院颁布的《中国教育改革和发展纲要》关于深化教育体制改革中明确提出：“政府要转变职能，由对学校的直接行政管理，转变为……进行宏观管理。要重视和加强决策研究工作，建立有教育和社会各界专家参加的咨询、审议、评估等机构，对高等教育方针政策、发展战略和规划等提出咨询建议，形成民主的、科学的决策程序。”1999年《中共中央、国务院关于深化教育改革全面推进素质教育的决定》中再次提出：“加强对高等学校的监督和办学质量检查，逐步形成对学校办学行为和教育质量的社会监督机制以及评价体系，完善高等学校自我约束、自我管理机制。”“进一步发挥非政府的行业协会组织和社会中介机构的作用。”“鼓励社会各界、家长和学生以适当方式参与对学校工作的评价。”2010年颁布的《国家中长期教育改革和发展规划纲要（2010—2020年）》中进一步强调：“健全校务公开制度，接受师生员工和社会的监督。”“探索建立高等学校理事会或董事会，健全社会支持和监督学校发展的长效机制。”“积极发挥行业协会、专业学会、基金会等各类社会组织在教育公共治理中的作用。”等。遗憾的是，当前我国高等教育法律法规并没有确立社会公众的监督主体地位，使他们难以真正发挥监督大学办学行为的作用。

正是由于我国高等教育立法对多元利益相关者监督主体地位规定的缺失，使我国高校监督机制出现监督主体缺位、监督方式单一等问题，弱化了对大学自主权的监督，导致了大学办学中腐败等行为的产生，最终导致政府对大学的不信任。

### 2. 对监督程序、方式、方法规定的不明确

监督程序和监督方式是高校监督的实施机制，其规定是否明确、合理是影响监督实效的重要因素。但是，我国高等教育立法对监督程序、监督方式、监督方法的规定模糊，致使监督不规范，从而影响了监督的效果。

从监督程序看，我国《教育法》《高等教育法》除了规定高校教师通过教职工代表大会的途径参与高校监督外，并未专门规定其他各监督主体的监督程序。教育部作为全国高等教育工作的主管部门，也未对监督程序作出统一的规定。从我国现有法律法规看，仅在《中华人民共和国行政监察法》《中国共产党党内监督条例（试行）》等法律法规中对监督程序有所规定。其中，《中国共产党党内监督条例（试行）》毕竟只是党内法规，其监督范围有限。《中华人民共和国行政监察法》第五章共15条对监督程序进行了较为详细的规定，是现有法律中对监督程序最为系统的规定，但它只适合教育行政部门的监督。

从监督方式看，高校监督从内部、外部的视角分为同体监督和异体监督两种方式。同体监督是体制内的监督，是指监督主体和监督客体同属于一个组织或系统，是权力部门内部的一种自我监督。同体监督既包括纵向的上下级权力部门之间的监督，如上级教育行政管理部门对高校领导的监督、高校领导对下级管理人员工作的监督，也包括横向的权力部门内部的监督，如高校纪委对党委的监督。异体监督是体制外的监督，是指监督

主体和监督客体不属于同一个组织或系统，是来自权力部门外部的一种监督。如高校教职员工、用人单位、学生及其家长、社会大众（包括媒体）、社会中介组织等的监督。①同体监督和异体监督各有优劣。首先，同体监督是系统内部的监督，其动力来自系统内部，而异体监督的动力来自系统外部，因此，同体监督的监督动力小于异体监督的动力，有一定的局限性，其监督效果弱于后者。其次，同体监督具有直接性，中间环节少，信息传递快，监督成本更低，适合事前和事中监督；异体监督具有间接性，中间环节多，信息流通不畅，监督成本更高，适合事后监督。最后，同体监督具有封闭性和隐蔽性，异体监督具有公开性和开放性，其监督效果比前者更好。②因此，这两种监督方式应该相辅相成、相互配合，并以异体监督为主，标本兼治，形成对大学全方位的监督。但是，我国《教育法》《高等教育法》虽然强调大学有依法接受监督的义务，但对监督的方式却没有给予明确的规定，导致我国当前同体监督和异体监督地位倒置，以同体监督为主，异体监督不受重视或者建构不完善，而大学监督方式的不完善，为大学权力滥用、权力寻租等腐败行为的产生提供了可乘之机。

从监督方法看，对大学办学行为进行监督的方法和途径应该是多样的。评估、校务公开、审计监督、行政监督、书记信箱等都是有效的监督手段，只是监督的重点不同。但目前，我国高等教育立法对监督主体采用何种方法监督大学没有给予明确的规定。比如我国以法律形式确认了政府是高校的监督机构，并在《高等教育法》第 44 条和第 65 条，规定了政府监督的内容，包括对高等学校的办学水平、教育质量和财务活动等进行监督。但是，对于监督方法法律基本没有涉及，仅在《教育法》第 24 条规定：国家实行学校及其他教育机构教育评估制度。以及《高等教育法》第 44 条规定：高等学校的办学水平、教育质量，接受教育

---

① 郭文亮，王经北. 同体监督异体化·异体监督实体化——改革和完善我国权力监督机制的路径与对策[J]. 理论探讨，2010(5)：105.

② 郭文亮，王经北. 同体监督异体化·异体监督实体化——改革和完善我国权力监督机制的路径与对策[J]. 理论探讨，2010(5)：105-106.

行政部门的监督和由其组织的评估。由于缺乏法律强制性的规定，使我国高校监督手段不健全，监督机构的设置不完善。

可见，由于我国高校监督机制立法上的缺陷和不足，导致我国高校监督机制先天不足，再加上后天执行中的问题，使高校监督机制难以有效约束大学的行为，难以扼制大学的权力寻租行为，从而影响了政府对大学的信任。

## （二）同体监督不力

大学组织及其活动是高校监督的客体。从我国的实际看，对大学行为进行监督的主要方式是同体监督，但是，同体监督却存在体制不顺、机构不健全等弊端，使同体监督太软，作用不力，难达实效。

### 1. 监督体制不顺

由于我国高校的事业单位法人定位，使之与我国政府仍然是内部行政法律关系，它们或者隶属于国家，或者隶属于地方政府，再加上我国大学与政府权责关系的不清晰，以及大学内部政治、行政和学术权责的不明晰，导致我国高校同体监督体制不顺畅。表现在：

第一，上级教育行政部门监督大学之难题。

首先，我国大学实行中国共产党高等学校基层委员会领导下的校长负责制，大学校长是大学的法人代表，由政府任命。因此，教育行政部门是大学领导机构权力的委任者，按理其应该能很好地发挥上位监督作用，但在现有体制下，一方面，由于教育行政部门管理和监督的高校众多，受监督成本的限制，一般只能采用例行检查、总结汇报、督导检查等有限的方式监督大学；另一方面，大学为了自身的利益，比如担心影响大学的声誉、入学率等，会有意隐瞒不利信息，使教育行政部门和大学领导机构之间存在严重信息不对称，因此，教育行政机构对大学领导机构的监督是有限的。其次，由于我国政府集大学管理者、举办者、办学者、监督者于一身，职能的未分化，导致政校一体，管办合一，政府既是游戏规则的制定者，又是游戏的参与者，这种不合理的角色扮演容易滋生带来利益的权力寻租行为，使教育行政部门对大学监督的实效性大打折扣。

第二，“双重领导制”的悖论。

在现行体制和权力构架中，我国实行民主集中制，既强调下级服从上级，又强调上级接受下级的监督，这种监督和服从关系交织在一起，本身就会带来矛盾和不确定性。加之党章和党的法规又强调党的下级组织要服从上级组织，这就增加了党的下级组织监督上级组织的困难。比如，现行我国大学纪委对同级党委的监督就面临此难题。一方面，纪委要接受党的上级纪检监察机关的领导，监督同级党委，另一方面又要接受同级党委的领导。纪委既要服从同级党委的领导，又要监督同级党委，这本身就是一个悖论，它直接导致处于弱势地位的监督主体对处于强势地位的监督客体的监督力度有限，因为纪委的首要任务是服从同级党委，其次才是监督同级党委。而上级纪检监察机关有监督大学党委的力量，但又碍于信息的不对称，其监督难以下手或者无从做起。可见，“双重领导制”带来的两难选择使监督机构缺乏监督的实权，使大学的监督机构在监督方式上流于形式，在监督内容上仅关注细枝末节的小事，而放弃了对重大问题的监督。同样，大学的监察机构也处于同样的境地，虽然名义上有监督权，但是实际上无权。根据国家教委印发的《关于国家教委直属高等学校监察工作若干问题的意见》（教监 1992 号）的规定：国家教委直属学校的监察机构是学校内设监察机构，是在校长领导下负责校内行政监察工作的职能部门，其监察业务工作接受国家教委监察局的直接领导。学校监察机构的监察对象是学校行政机关各部门及其行政工作人员和学校任命的其他人员。从中可见，大学监督机构拥有双重领导，大学监察机构既是大学校长为科学管理大学而设置的职能机构，是校长领导下的职能部门，对同级的其他职能部门进行监督，是大学内部监督的重要组织形式，同时，大学监察机构又要接受国家行政监察机关的指导监督大学。这种双重身份使大学监督机构在实施监督时矛盾众多，利益冲突严重，监督工作难以顺利开展。

第三，“双重身份”的难题。

由于我国大学内部权力划分的不清晰，使我国现行大学运行机制中，决策权和执行权混在一起，使监督难以开展。例如，党委是大学的决策机构，大学校长班子是决策的执行者，又是几个部门的主管，但是我国大学校长班子却同时又是党委常委，是大学的最高决策者，即大学校长既是“裁判员”又是“运动员”，兼任决策者和执行者双重身份，在实践中，这种双重身份带来的问题是：其一，在决策时，校长往往会考虑他所管部门的利益，决策时难免有失公平。其二，若他主管的部门出了问题，难以追究责任，甚至会阻挠调查，将大事化小，小事化了，难以监督。①

## 2. 监督机构不健全

监督机构是监督、调查的具体实施者，监督机构设置的健全与否、配备人员素质的优劣是决定高校监督水平高低的重要因素。从总体来看，我国大学监督机构设置不健全，人员配备不到位。目前，我国法律法规对大学纪检监察审计监督机构设置还缺乏具体规定，使高校监督机构设置和专职人员配备参差不齐，很不平衡。有的大学是纪检监察审计三个机构合署办公，大多数是纪检监察合署，有的是纪检审计合署，也有的学校是设置三个独立的机构。实际上，设置这三个机构的目的都相同，都是为了促使职能部门及其工作人员廉洁奉公，遵纪守法，保证大学的正常运行。但是，这三个机构的职能、职责范围、监督对象、监督检查的依据、实施的处分、隶属的机构等不同，譬如，纪委可以监督同级党委及成员，监察机构是对校长负责而不能对其实施监督，但监察机构具有检查权、调查权、建议权和一定的行政处分权。审计机构主要负责财务、基建、后勤服务和领导干部经济责任的评定、审核工作，对高校内部控制流程、领导决策等较高职能涉及不多。而且这三个部门对人员的专业素质和技术要求也不同。因此，这三个机构应该按照党政分开、分工协作、各司其职的原则开展工作，合署办公难免在工作中会出现越权、失职等

---

① 李玉华，等. 建立健全中国特色现代大学监督体系的构想[J]. 中国高等教育，2004(23)：23.

错误,从而影响了高校监督的质量。高校监督机构不仅在机构设置上存在问题,而且在人员配备上还存在专业素质不高、理论水平偏低等不利于监督工作有效开展的弊端。监督机构设置的不健全严重影响了高校监督的质量,导致大学不良行为的发生。

### 3. 监督种类的不完善

高校监督的种类繁多,按照监督的内容,高校监督分为政治监督、行政监督、道德监督、法律监督等。按照监督的方式,高校监督分为决策监督、执行监督、制度监督、专项监督、管理监督、考核监督等。本书以监督实行时间的先后为标准,将高校监督分为事前监督、事中监督和事后监督等。事前监督是对高校将要发生的行为进行监督。事中监督是对高校正在进行的行为进行监督。事后监督是对高校已经发生的行为进行监督。事前监督和事中监督有利于及时发现问题,采取补救措施,防患于未然。事后监督的优势在于全面、准确地把握和评价高校行为,提高了监督的准确性和针对性,但事后监督也存在严重的弊端,主要表现在事后监督补救的滞后性,往往导致大学利益相关者合法权益受损,造成国家资源的浪费。因此,完善的高校监督必须是三种监督类型兼备,将预防与惩罚相结合,为防止高校腐败、权力寻租等不良行为筑起钢铁长城。而我国高校监督却只重视事后监督,重视事后的惩处和案件的调查,忽视事前监督,而事中监督又不完善。从我国的实际情况看,高校监督只重视事后监督,常处于被动状态,“民不告,官不究”,往往是在接到群众举报,大学发生重大事故和问题时,被动地进行监督和调查。而大学出现重大事故,往往和用人不当、决策失误有关,这就需要注重监督制度的改革和创新,重视事前监督,从源头上阻止大学腐败等行为的发生。从事中监督看,由于校内教职工和学生的监督途径不畅,校外新闻媒体和群众监督的渠道单一,使事中监督难以发挥强有力的约束作用。正是由于高校监督流程的断裂或者缺乏连续性,使大学中不法行为有机可乘,导致大学恶性事件的频繁发生,使政府难以信任大学。

同体监督是我国高校监督的主要方式,但它却存在上述诸多问题和缺陷，使同体监督没有发挥其应有的作用，大学中腐败等不法行为自然产生，大学表现得不尽如人意，自然导致政府的不信任。

## （三）异体监督虚置

从监督效果看，异体监督比同体监督的作用更大。但是，由于立法的滞后性、体制不畅、监督渠道单一、异体监督主体自身的不足等原因，我国高校异体监督形式上具备，实质上监督乏力，形同虚置，异体监督没有成为高校监督占主导地位的方式，从而影响了我国高校监督的效果。

### 1. 高等教育中介组织发育不完善

根据信任理论，高等教育中介组织作为独立于我国政府和大学之外的第三方，其对政府、大学的监督最为客观、有效，它应该是高校异体监督的中坚力量。但是，我国高等教育中介组织由于起步晚，发展时间不长，再加上受我国政治、经济、文化等因素的影响，我国高等教育中介组织发育还不成熟，除了前面提及过的行政依附性强，独立性差外，还存在诸多缺陷，与国际上成熟的高等教育中介组织相比，存在非常大的差距。因此，目前我国高等教育中介组织还不具备作为中介组织所应有的功能，不能很好地发挥对大学的监督作用，不能成为政府和大学之间的“缓冲器”。其存在的问题具体表现在：

#### (1)专业化程度低、权威性不高

权威性是高等教育中介组织存在的合法性基础。我国高等教育中介组织的权威性是一个混合体，“在这一混合体中，官僚权威、专业权威、公众权威占有较大分量。”①这里的官僚权威是指高等教育中介组织借助法律或政府的许可、授权，在其权利范围内所具有的影响力。专业权威是借助高等教育中介组织内部成员所具有的专业知识和技能而获得的影响力。公众权威是高

---

① 廖湘阳，王战军. 我国教育中介机构的组织特性分析[J]. 江苏高教，2002(5):8.

等教育中介组织凭借其官僚权威和专业权威的高低，在公众中的影响力。在这三种权威中，专业权威是中介组织权威性的基础，因为官僚权威影响力的大小和其实现要依赖专业权威水平的高低，专业权威也是中介组织公众权威大小的参照系。中介组织专业化水平高，专业权威强，其监督水平高，效果好。

我国高等教育中介组织的权威主要来自官僚权威，而不是靠自身的专业能力确立自己的权威性，虽然目前官僚权威不是基于立法手段确立而效力等级还不够高。中介组织的专业权威不彰显情形的产生和两个因素有关：其一，我国高等教育中介组织本身缺乏独立性，行政依附性强，是官方或半官方性质的中介组织，其权利来源于政府权力的下放，是作为行政机关的附属机构发展起来的，隶属于政府，自然从建立之日就具有官僚权威，而在专业技能和职业道德上都存在不少缺陷。其二，与我国高等教育中介组织本身专业化程度低有关，这是导致专业权威“缺场”的最主要原因。高等教育中介组织是从事咨询、评估、监督和服务等功能的机构，具有知识性和专业性特征，其专业权威依赖于庞大的专家智力支持系统，对从业人员的专业素质、道德素质等要求极高。但是，我国高等教育中介组织专业弱化现象却很严重，表现在：第一，没有建立从业人员资格认证制度。目前我国法律法规尚未对教育中介组织成立的具体标准作出明确的规定，对从业人员的学历、专业、职业道德等没有具体的要求和规定，也没有建立从业人员资格认证制度，使教育中介组织鱼目混珠，专业化水平低。第二，队伍建设不规范。高等教育中介组织缺乏人事自主权，从业人员大都是政府委派，甚至是机构改革分流人员，真正的专业人员进入渠道不畅，其从业人员中兼职人员多、离退休人员多，专职人员少，结构不合理，并且人员流动性大，导致工作不连续，从而影响了中介组织专业水平。第三，从业人员专业素质不高。由于从业人员中专业出身人员少，没有经过专门的职业技能训练，再加上我国高等教育中介理论研究滞后，使我国高等教育中介组织从业人员整体专业素质不高，专业技术水平低，自律性不强。

我国高等教育中介组织专业化程度不高可以从中介组织对

大学的评估中窥见一斑。评估是对大学进行监督的手段之一,评估也是我国高等教育中介组织监督大学的主要手段,其中评估指标体系权重是衡量评估标准是否合理的重要因素。指标权重是指评估大学的各个考察指标在整个评估指标体系中价值的高低和相对重要的程度以及所占比例的大小量化值。评估指标体系的权重反映了评估机构对大学进行综合评估时的着重点,对大学未来的发展方向和定位有导向作用。但是,我国高等教育评估指标体系权重在定量数据和定性数据的权重、数量指标和质量指标的权重以及人才培养和科研指标权重等方面却不合理。这可以从目前国内评估机构对我国大学进行排名时所采用的评估指标体系得到证实。

在目前国内众多的高校评估体系中,比较具有代表性并得到广泛关注的主要是中国管理科学研究院武书连课题组、网大以及中国校友会网的高校评估体系。这些评估指标体系的构成和权重不同,对大学的排名结果也不同。①首先,从定量数据和定性数据的权重看,定量数据与定性数据各有千秋,定量数据比较客观准确,但不是评估中所有项目都可以量化,还需要借助定性数据或主观评价来考察,定性数据可以弥补定量数据的不足,二者相结合不仅可以提高评估的客观性、真实性和科学性,还可以克服单纯依靠数据带来的片面性。②因此,上述各评估指标体系都将定量数据和定性数据相结合。比如,网大所进行的学校声誉方面的调查,就是由两院院士、知名学者、大学校长和中学校长等同行专家进行主观评估的定性数据。但是,这几个评估机构的指标体系中绝大部分都是定量数据,定性数据占的比重偏小,这就影响了评估的真实有效性。其次,从数量指标和质量指标看,在定量数据中,有数量指标和质量指标之分,数量指标只表明规模、总量等外在的数量特征,如学生数量、教师数量等;

---

① 李海涛. 国内外高校评价体系最新内容比较及其启示[J]. 高等教育研究,2010(3):41.

② 李海涛. 国内外高校评价体系最新内容比较及其启示[J]. 高等教育研究,2010(3):44.

而质量指标能表明相对数量、平均数量等内在的数量特征，如师生比、生均教学设备支出等。由于数量指标值与学校规模大小有关，学校规模越大得分越高，容易出现以量代质的问题，因此，数量指标的可比性没有质量指标高，在评估指标体系中，质量指标的权重应远远高于数量指标。如美联社和泰晤士报所用定量数据全部是质量指标。但是，我国几大评估机构在数量指标和质量指标的应用上，网大的质量指标权重最大接近半数；校友会网以数量指标为主；武书连课题组除了本科毕业生质量、研究生培养环境外，其余都采用数量指标。[①]这种权重是极不科学的，这样的大学排名也让公众、大学和政府质疑。最后，从人才培养和科研指标权重看，大学肩负着培养人才和发展科学的任务和使命，但培养人才是大学最基本的使命，因此，在评估体系中权重应该向人才培养倾斜。但是，国内几个评估机构中，除武书连课题组的评估体系是将人才培养权重置于评估的首要地位外，网大的科研权重至少在50%以上，人才培养权重仅占40%；校友会的科研权重占49%，人才培养占44%。可见，大学排行榜更注重科研，这更是助长了我国大学目前普遍存在的重科研轻教学的不合理现象的蔓延。[②]高等教育评估标准存在的上述问题，导致评估的结果不客观、不公正、不科学，评估没有达到预期的目的，由此可见，我国高等教育中介组织专业化水平不高。

正由于此，我国高等教育中介组织专业权威脆弱，而专业权威是中介组织立足之本，中介组织专业权威的薄弱不仅最终导致我国高等教育中介组织的权威性不高，而且也削弱了高等教育中介组织监督大学的能力，降低了高等教育中介组织监督大学的水平。

(2)高等教育中介组织自身权责不清、监管不到位

高等教育中介组织具有自治性和独立性，但这种自治仍然

---

① 李海涛.国内外高校评价体系最新内容比较及其启示[J].高等教育研究,2010(3):44.

② 李海涛.国内外高校评价体系最新内容比较及其启示[J].高等教育研究,2010(3):43-44.

是相对的，它必须受规则的制约，受他律和自律的监管，这是由高等教育中介组织的局限性决定的。首先，高等教育中介组织享有监督、管理一定高等教育事务的权力，而权力是把“双刃剑”，若无约束和制衡，就会成腐败之源。其次，高等教育中介组织只是特殊群体公共利益的代表者，其利益与社会公共利益是有冲突的，需要监管加以约束；最后，高等教育中介组织作为一个组织，具有组织的特性，同样适用于“米歇尔规律”，为防止少数寡头控制中介组织，需要监管。[①] 因此，没有规矩不成方圆，高等教育中介组织的活动必须规范化、制度化，受规则的制约，在规则允许的范围内行动，按规则许可的方式运行，以防止高等教育中介组织权利的泛化，使其行为具有可预测性和确定性。这就需要明确高等教育中介组织的权利、义务和责任，加强内部和外部约束，建立行业自律制度和监督机制，明确监督机构和部门的责任。但是，我国高等教育中介组织由于存在的时间不长，法制化程度不高，在实际运行中存在权责不清，监管不到位的问题。具体表现在：

我国高等教育中介组织法律地位不明确，立法监管不到位。从立法的角度看，目前我国还没有制定有关高等教育中介组织的专门法律，仅仅是依靠一些行政法规和条例对高等教育中介组织进行管理，立法层次不高，高等教育中介组织的法律地位不明确，缺乏对高等教育中介组织的地位、作用、权利、义务、责任等的规定，对高等教育中介组织的设立条件、认证、退出机制和从业人员的资格认证等也缺乏明确的规定，致使立法监督无法可依，导致对高等教育中介组织管理的混乱，使一些高等教育中介组织钻法律的空子，从事边缘化甚至非法的活动。

政府监管不到位。在政府和高等教育中介组织的应然关系中，政府是行政主体，中介组织是作为政府行政管理相对人，受政府的委托，行使相应的权利，接受政府的管理和监督，以保证

---

① 周光礼. 论中国政府与教育中介组织的互动关系：一个法学的视角[J]. 北京大学教育评论，2006(3)：148.

权利的不被滥用。[①]但是,由于我国高等教育中介组织法律地位模糊,政府和高等教育中介组织的权责不明确,致使政府对中介组织的监管责任不到位。

高等教育中介组织行业制度不健全,行业自律管理不到位。对高等教育中介组织的约束,不仅要有外部法律法规的约束,而且还必须要有行业内部规范的约束,内外结合,以确保高等教育中介组织活动的有效性。但从内部约束看,我国高等教育中介组织制度不健全,无法对机构内所有人员的行为进行有效监管。同时,由于中介组织内部没有建立真正有效的自律机制,从业人员的职业道德水平不高,自我约束力不强,使一些从业人员受金钱、权力等各种利益因素的影响,从事一些有违中介组织宗旨的行为,甚至是违法犯罪行为。

正是由于缺乏外部法律和行政的约束和监管,以及内部行业制度不全导致的监督不到位,使我国高等教育中介组织缺乏有效的监管,其不正当行为时有发生,使高等教育中介组织的活动有失公正,在高等教育中介组织自身存在合法性危机的情形下,它对大学的监督更是难以置信,也决定了它在高校监督中地位的卑微。

总之,由于上述问题的存在,我国高等教育中介组织虽然开始在高校监督中发挥作用,但其监督作用小,还不能成为高校监督的重要影响力量。

### 2. 司法监督界限不清

有权力就有监督,从来没有哪种权力是不受监督的,拒绝监督的权力是可怕的,大学若没有司法监督,逍遥于法律之外,就极有可能成为法治国家的漏洞。司法监督是正义的最后守护神,对于大学的违法行为,高校的行政相对人可以提请法院进行司法审查,以追究大学管理主体的法律责任,这种途径比其他任何途径都更能有效地对大学进行监督,司法监督是高等教育法

---

① 周光礼. 论中国政府与教育中介组织的互动关系:一个法学的视角[J]. 北京大学教育评论,2006(3):144.

治化的必由之路。

学术自由是大学立足之本,但学术自由不是大学成为"特别权力关系说"但学术自由不是让大学变为"特别权力关系说"横行天堂的理由。特别权力关系理论源自19世纪的德国,是为了维护君主对官员及军队的统治权而发展起来的法学理论,后来这一理论逐渐拓展到监狱、学校等其他行政领域。传统的特别权力关系理论认为,特别权力关系是指行政主体基于特别的法律原因,为实现特别的行政目标,在一定的范围内对行政相对人具有命令强制力,而行政相对人负有服从义务的行政法律关系,如学校与学生的关系就是典型的特别权力关系。其"特别"之处在于:一是排除法律保留原则;二是剥夺救济手段。所以,特别权力关系是权力主体对抗法治主义的一道理论屏障。但在第二次世界大战后,随着法治国家的建设,传统的特别权力关系理论遭到广泛的批评。因此,传统的特别权力关系理论不断被修正并演变。比如,1956年德国学者乌勒提出了著名的"基础关系与管理关系理论"。他把特别权力关系分为基础关系以及管理关系,基础关系是指发生(成立)、变更、或者终结特别权力关系的部分,也就是设定、变更或消灭特别权力关系身份的行为,以及特别权力关系身份受到影响的行为,例如公务员、军人以及公立学校学生身份资格的取得、丧失,以及降职、改任,学生的留级,都是属于这一个范畴。基础关系属于法律保留的范围,基础关系下的处分都可以向行政法院提请司法审查。管理关系是指行政机关为达成设定特别权力关系的目的,而作出的各种管理或经营性质的行为。管理关系不使用法律保留原则。[①]可见,法律保留原则逐渐适用于特别权力关系。对于大学而言,大学不能以学术自由和大学自治为借口,排除司法监督,所谓净土的学术领域仍然有许多死角亟待完善,对大学进行司法监督是必要的,只是司法监督的界限要清晰。

从我国的实际看,对大学进行司法监督在实践上已有所突

① 袁文峰.论高校行政案件的司法监督边界[J].广东工业大学学报:社会科学版,2010(2):44.

破，比如，“田永诉北京科技大学拒绝颁发毕业证、学位证行政诉讼案”是学生状告学校违法行使行政职权的典型案件。① 但是，由于我国立法建设的滞后性，对大学进行司法监督的界限是模糊不清的，这就导致司法监督实施的困难。比如，教师和学生是大学的重要利益相关者，他们与学校的法律关系是大学管理中极其重要的关系。对于学校与学生的关系，我国的《教育法》《高等教育法》《教师法》《学位条例》等法律，为我国大学与学生关系的定位提供了法律依据，但仅仅是做了原则性的规定，也存在不具体、不系统、缺乏操作性的缺陷，具体操作由各个学校根据自己的情况来定，这就给学校留下了过大的自由空间。如我国《高等教育法》规定大学有对学生进行学籍管理并实施奖励或者处分的职权，但对缘由、范围与效力并未作出明确规定，显然给大学留下自由处置的空间，而且《高等教育法》也没有规定此项权力是公权力还是私权利，造成学校在行使此项权力时，相对人难以判断大学的法律地位而不知寻求何种救济。不仅如此，我国高等教育立法本不完善，法律保留原则尚未真正确立起来，法律如何界定司法对高校的监督边界尚不清晰，尤其是大学的学术权力和行政权力交织在一起时，司法监督的范围更是难以确定，所以，在司法监督实践中，对于大学内部的纠纷，往往不予受理，即便受理，也很难在法律条文中找到明确适用的法律依据，致使司法实践管了不该管的，该管的又没管好，司法实践还没有成为高校监督的重要影响力量和方式。

### 3. 高校教职工监督渠道有限，监督不力

教职工是高校中庞大的群体，是高校运行的重要主体，他们对高校管理工作的监督责无旁贷，是高校监督系统的重要组成部分。高校教职工有效发挥监督作用须具备两个前提：一是要有参与监督的途径和渠道；二是要拥有监督的权利。目前，教代会、工会、校务公开、舆论等是实现教职工监督大学运行的主要

---

① 该案具体案情参见《中华人民共和国最高人民法院公报》，1999(4)：137-139.

形式和途径，不仅参与途径不广泛，而且由于监督权利的缺失，现有监督途径存在问题颇多，部分监督甚至是徒具形式、形同虚设，导致高校民主监督不到位或缺位严重。

(1)教职工代表大会

我国《高等教育法》第43条明确规定高等学校教职工代表大会(以下简称教代会)是依法保障教职工参与民主管理和监督，维护教职工合法权益的组织形式。教代会是高校民主管理和民主监督的重要形式。教代会应该有权参与学校的发展规划、办学思路、年度工作计划、改革方案、师资队伍建设、岗位设置与聘任等重大行政事务和学术事务的讨论，提出建议，并拥有监督高校各级领导的权利。因此，充分发挥教代会的监督作用，有利于高校决策和管理的科学化、民主化，有利于对权力的制衡。但是，目前不少教代会却存在诸多问题。首先，教代会职能不清或职能弱化。《高等教育法》虽然明确教代会是民主管理和民主监督的重要形式，但却没有明确规定教代会的具体职能和权利，仅是1985年教育部和中国教育工会全国委员会颁布的《高等学校教职工代表大会暂行条例》第5条规定了教代会的职权，但仅是部门法规，法律层级低，效力有限。这就导致在实践中，教代会的功能变形或弱化，嬗变为教职工福利机构，关心教职工的福利待遇，而不履行监督学校重大决策的职能。教代会在实际运作过程中也没有什么实际权力，基本的知情权不能得到保证，其主要的监督职能也难以发挥出来。其次，未能制度化。表现在教代会代表的确定存在一定问题，代表不一定是选举产生，而是领导任命。按照《高等学校教职工代表大会暂行条例》代表的构成，既要照顾到学校各方面人员，又要充分体现学校以教学为主，其中教师代表一般应占60%左右。但有些大学的教代会教师人数没有占到规定比例。另外，很多高校教代会的监督没有经常化、制度化，监督活动随意化。教代会是教职工参与监督的最主要形式，但由于上述这些问题的存在，导致绝大部分高校的教代会没有发挥应有的监督作用。

(2)高校工会

维护高校教职工的合法权益是高校工会的基本职责，是法律赋予高校工会的权利。工会维护教职工民主管理、民主监督的权利的途径之一就是通过对学校的各项工作行使民主监督权,如参与党政联席会、参与学校重大政策的制定、参与学校改革方案的制定等,使学校党政的各项工作、出台的各项政策能反映广大教职工的诉求,代表教职工的心声。但是,目前很多高校工会却存在诸多问题,使其难以发挥维护教职工合法权益,监督高校党政的职能。这些问题表现在:第一,职能的弱化。目前我国的高校工会维权的层次太低,高校工会只把自己定位为协助学校党政部门做好各项工作的一个助手,而不是教职工利益的代表者和维护者,很多高校工会已沦落为学校的福利机构,其主要作用是在重要节假日对教职工进行慰问,组织学校教职工文体活动等,没有积极主动争取参与和监督学校重大方针政策的制定和执行。第二,没有建立完善的民主制度。高校工会是通过教代会组织职工参与本单位的民主决策、民主管理和民主监督,但是,高校教代会制度建设滞后,教代会提案的程序不完善,提案的质量也不高,使广大教职工的民主管理和监督权利难以实现。第三,没有建立制度化的诉求制度,信息渠道不畅通,不能及时沟通和反映教职工的意愿,难以对党政实施有效的监督。

(3)校务公开

校务公开也是保障教职工参与民主管理、民主监督的重要途径和手段。校务公开要达到目的必须形成党委统一领导,学校行政主持,纪检、监察、工会协调、监督,业务部门各负其责,教职工群众积极参与的工作格局,尤其要发挥工会、教代会在校务公开中的作用。但是,如前所述,我国高校的工会和教代会自身的不足,使校务公开这种监督途径的作用被消解。从实践看,校务公开的内容大致分为三类:一是学校的重大决策要公开。学校的重大决策关系到教职工的切身利益,他们有权了解并提出建设性意见。重大决策公开有利于决策的科学性,也能体现教职工的主人翁地位和监督作用。二是财务收支公开。包括学校财务审批制度、年度预决算、上级拨款、公务费等,其目的是让教职工参与管理、监督,有利于资金的合理安排和使用,防止违反财务制度的事情发生。三是教职工关心的热点问题公开。包括干部聘任、职称评聘、工资晋级、招生、就业、住房、出国、采购、项目招标等，接受教职工监督，办好实事。校务公开要求努力做到政策公开、过程公开、结果公开。但现实却是，有的学校即使执行校务公开，但却只是向领导干部公开，不向教职工公开，学校出了大事，教职工最后才知道。或者是只向上汇报，不向下通报。使校务公开途径在执行中变形，没有达到预期的监督效果。

### 4. 学术委员会监督乏力

大学内学术权力和行政权力是并存的重要权力形式。行政权力的行使保证大学办学活动维系良好的运行秩序；学术权力的存在，保证大学培养人才、发展科学、服务社会职能的实现，使大学成为独特的、具有浓郁学术性的社会组织而备受社会关注。因此，大学的内部管理既需要学术权力也需要行政权力。学术权力和行政权力是两种性质不同的权力，行政权力主要实施学校教学、科研和其他行政管理工作；学术权力应该对学校有关学术的重大问题拥有决策权和审议权，因此，不能用行政权力取代学术权力，否则就违背了学术活动的规律。但是，学术权力又离不开行政权力，没有制约的权力会导致失范、独裁或者腐败，行政权力是保障和维护学术权力正常运行的条件，“而且学术权力行使的结果通常需要由行政权力加以确认”。[①]但是，这种制衡必须是适度的。我国大学面临的状况是行政权力泛化，用行政管理的方式来处理大学学术事务，学术权力没有得到应有的尊重和提高，使学术委员会权力式微。学术委员会本应是大学中对学术事务进行评议、决策的最高机构，由学者组成，对学术管理和监督问题最有发言权。但是由于大学内行政权力的膨胀和越权，使学术委员会不能真正发挥对学术事务的监督作用，导致大学内部有效的学术监督和惩罚机制缺位，使大学中学术失范、学术不端、学术腐败等不良现象泛滥。

此外，作为高等教育消费者的高校学生本应是高校监督的

---

① 王青斌.论高教法治与大学自治[J].行政法学研究,2006(2):17.

重要主体,但目前我国大学普遍存在学生监督的途径缺乏或不畅,使学生对高校的政策和决策没有发言权。

总之,由于我国高校监督机制的不完善,再加上高校问责制在我国的缺位,使我国大学在招生与收费、经济活动以及学术等方面出现腐败、权力寻租、权力滥用等负面现象,大学的表现拷问大学的声誉,而声誉是政府信任大学的重要基础,政府担忧不愿放权是情理之事,最终导致二者的恶性循环。

# 第四章 我国政府和大学和谐的信任机制

建立和谐的相互关系是我国政府和大学的共同诉求，理解和合作是和谐的政府和大学关系的主要特征。信任既可以克服我国政府和大学间原有的单向度思维模式的不足，达成共识，相互理解，又可以减少伴随我国高等教育管理体制改革带来的政府和大学之间的不确定性，降低风险，促进合作。因此，信任是建立和谐的我国政府和大学关系的有效途径。必须建立以健全有效的法律规范体系为基石，权责清晰、统一为核心，完善的问责制为保障的“三位一体”信任机制，以实现我国政府和大学关系的和谐。

## 一、和谐的我国政府与大学关系的主要特征

和谐是中国传统文化的重要内容，在辞海中“和谐”有和睦协调、和解、和好相处的意思。在现代汉语词典中“和谐”是指配合得当的意思。概括来说，和谐就是相融、平衡、协调、不矛盾、不冲突。本书所言及的“和谐”是和而不同，是指我国政府和大学之间在彼此尊重对方的利益、地位和功能基础上的交融、适应、协调、相辅相成和合作，双方各取所长，各尽其责、各尽其能的优化配置状态。

### (一)相互理解、平等相待

政府和大学相互理解、平等相待,意味着政府和大学各自承认对方的主体性,相互尊重,真诚相待,双方都能从对方的利益出发审视自己的行为,修正自己的目标和规划,正确定位各自在相互关系中的地位和职能,以寻求共识为目的,求同存异,通过民主协商处理和解决问题。

具体而言,政府将改变过去缺乏互动、以命令和强制性为特征的、单向度的主体性管理模式,推行以理解和共识为特征的主体间性管理模式。这就意味着:第一,政府将重新定位与大学的关系。政府不再将大学视为自己的附属机构或下级组织,而是拥有公权力、在行政活动领域具有独立主体资格的法人。政府对大学法人地位的承认和认同,表明政府和大学不再是内部行政法律关系,而是外部行政法律关系;政府与大学之间不是上下级关系,不是管理与被管理、控制与被控制的关系,而是性质不同、职责不同的两个主体间关系,政府不再以居高临下的姿态而是以平等协商、沟通的姿态处理与大学的关系。第二,政府将转变职能,重新定位自己的角色。政府将不再是无所不包、无所不管的全能型政府,政府所扮演的管理者、举办者、办学者、监督者等多元角色将分化,政府"既是游戏规则的制定者,又是游戏的参与者"缺乏合理性的机制将一去不复返。政府将不再垄断大学的管理权,而是与大学、社会合理分权,把办学自主权归还大学,赋予社会举办权和监督权,政府仅是宏观管理者、服务者、维护者和监督者,即政府将承担制定高等教育规划,对高等教育的规模、结构、布局等方面进行宏观调控;制定高等教育政策和法律法规,建立有效的制度;通过公共财政分担教育成本,通过转移支付促进教育公平;提供信息,建立支持高等教育改革发展的服务体系;健全高等教育标准,对大学教育质量进行检查监督等职能。第三,改变政府的管理方式。改变计划经济体制下,全能型政府通过指令性计划和行政手段管理大学的方式,而是通过法律、规划、督导、拨款、评估等方式间接管理大学,维护大学的利益,尊重大学的选择,寻求理解和共识。

从大学的维度看，大学独立法人地位的获得，将大学从被束缚、被控制的地位中解放出来，主体性得到张扬，主要体现在：第一，获得与政府平等协商、沟通、讨论事关二者利益事务的平台，而不是像从前一样单纯地服从和执行政府的命令，甚至是在利益受损的情形下也不能寻求救济。第二，获得办学自主权。办学自主权的获得，使大学在办学时能遵循学术规律，按照学术逻辑自主管理大学的事务，尤其是学术事务，而不受政府的干预。第三，大学在拥有办学自主权的同时，也承担了相应的责任。大学能满足政府的愿望，维护政府的利益，实现政府的高等教育目标，以回应政府的理解和信任。

## （二）互利互惠、合作双赢

我国政府和大学互利互惠，合作双赢，意味着我国政府和大学虽然是性质不同的组织，二者在社会系统中扮演不同的角色，发挥不同的作用，甚至存在着利益上的冲突，但是公共性是两者皆备的属性，政府公共性的实现要依赖大学，大学的正常运行和公共性的实现同样离不开政府的支持和资助，因此，我国政府和大学可以求同存异、各尽其能、相辅相成、相互合作、共生共荣，实现双赢。

### 1. 相辅相成、利益共生

国外通常认为政府是一个国家或社会的代理机构，是为了应对自然状态下战争或人们生活，是为了建立和维持有序的社会秩序而产生的。“政府的起源是人类理性选择的结果，它是一系列有形或无形契约的签订或者是制度网络的形成过程。”①因此，政府除了对外具有维护国家的主权与完整，防止外来侵略的职能，对内具有维护特定阶级利益的政治职能外，还具有社会公共职能，而且社会公共职能是政治职能存在的前提和基础。公共性是政府的基本属性之一。政府的公共性主要体现在依法行

① 吴金群等.政府的性质：新制度经济学的视角[J].浙江大学学报：人文社会科学版，2008(2)：59.

使公共权力，管理公共事务，代表和体现公共利益，承担相应的公共责任等。①这些公共责任包括政治责任、经济责任、文化责任等。政府的公共性决定了政府应该是公共利益的代言人和公共利益的实现者，由于公共事务的广泛性和复杂性，单靠政府自身的力量难以胜任，因此，政府在实现公共职能的过程中一般需要借助相关社会机构的支持和合作，而大学作为探索高深学问的组织机构，可以为政府在政治、经济、文化、教育等领域公共职能的实现提供知识、人才、技术等方面的支持。正如布鲁贝克所言，在现代社会，无论其政治、经济制度有多么的不同，都需要一个传授、批判、创新知识的机构存在，②而大学就是布鲁贝克所言及的教育机构，大学就是为此目的而存在的机构。在布鲁贝克看来，如果没有大学，我们就不可能理解复杂社会的复杂问题，更不可能解决问题，因为过去依靠经验就能解决的企业、农业、教育等问题，现在必须借助深奥的知识，而能提供这些知识和人才的机构就是大学。“大学只不过是统治阶级的知识之翼。”③

具体来说，大学对我国政府实现公共职能的作用主要表现在以下几方面：

教育上，大学通过培养学生和传承、探求、应用知识两种方式实现政府肩负的公共教育职能。首先，培养人才是大学最基本的职能，正如唐纳德·肯尼迪所言：“不管它们位于何处，不管它们规模有多大，或者它们的声誉有多高，所有的大学机构都有，或者应该有一种共同的东西，即教育学生的基本使命。”④大学主要通过两种方式为我国现代化建设培养人才：一是通过向学生传授重要和真实的专业知识，引导学生参与科学研究，提高学生的智力，培养学生的工作能力和谋生本领，使其能适应社会和时代的需要。二是通过广博的通识教育，使学生拥有深厚的

---

① 乔耀章. 公共行政与公共哲学[J]. 江海学刊,1999(3):86.

② 约翰·S. 布鲁贝克. 高等教育哲学[M]. 王承绪,等,译. 杭州:浙江教育出版社,2002:13.

③ 约翰·S. 布鲁贝克. 高等教育哲学[M]. 王承绪,等,译. 杭州:浙江教育出版社,2002:15,32,34.

④ 唐纳德·肯尼迪. 学术责任[M]. 阎凤桥,等,译. 北京:新华出版社,2002:32.

人文积淀和科学素养，拥有合理的知识结构，了解人生的意义和价值及其肩负的社会责任，形成健康的人格，成为全面发展和富有创造力的人。事实上，在国际社会，政府往往以大学教育质量和人才培养质量为基础决定自己的教育决策和拨款，若大学教育质量好，能够为政府提供所需要的人力资本，大学就能获得更多的政府资源的资助和支持。社会中介组织对大学评价的指标中，教学所占的比重也越来越大。其次，大学是传承、探求和应用知识的机构。大学是以知识为中心而建立的机构，是知识的圣殿。克拉克·克尔在《大学的功用》一书中这样总结："现代美国巨型大学存在的理由何在？历史就是一个答案。与周围社会取得一致又是一个答案。除此之外，在保护、传播和探究永恒真理方面，它没有什么同道；在寻求新知识方面没有在世的同道；在整个历史上服务于那么多先进文明的高等教育机构中也没有同道。"①即大学肩负着传承知识、探求新知识、应用知识等多方面复杂的责任。大学对知识的责任具体表现在：第一，大学通过大学教师对学生的责任实现传承知识的责任；第二，大学不仅是知识的"聚集地"和"中转站"，更是新知识的发源地。对知识的探求不仅是闲逸的好奇，还必须对知识进行精确的验证。大学通过创新和发展知识，验证、阐明和澄清知识，公布新知识等方式探求新知识。第三，从应用知识的责任看，人类探求知识的目的不在于知识本身，而是为了指导实践，服务于实践，知识若束之高阁则毫无价值。大学作为探求高深学问的机构，义不容辞地肩负着把知识运用于实践，服务于社会发展的责任。在当代中国，大学是占据高深学问和高科技前沿制高点的主要机构之一，大学的研究成果对社会诸多领域的发展起着至关重要的作用，而科学研究及其应用是把"双刃剑"已成共识，因此，既然大学在开拓、创新知识方面扮演一个重要的角色，那么大学就不能逃避责任，必须承担监督知识的应用并关注知识应用的后果的责任。这就要求大学一方面要保证它所进行的研究不会对

---

① 克拉克·克尔.大学之用[M].高铦，等，译.北京：北京大学出版社，2008：25.

公众和社会的利益带来危害或威胁，尤其是在进行有争议问题的研究时更应该特别小心谨慎，大学作为社会的良心显得至关重要。对于这一点，美国社会科学协会道德准则声称："尤其是在当研究成果会对政府政策或公众利益产生直接影响时，研究就不应该进行，除非具备了必不可少的技术和资源，能使研究的完成达到尽可能高的优秀水平。"①为了达到这样的目的，大学至少应该承担如下责任：必须尽力保证政府规定的严格执行；必须依据现行规定建立道德评估委员会；必须遵守安全规则，实行检查制度；必须制定审议程序，确保政府研究经费支出与相应的拨款条件或合同相符合。②另一方面，大学还需要对知识的应用过程进行监督，以确保知识不被滥用、误用，不会贻害社会和公众，这是大学的社会责任和价值。可见，大学承担的上述责任有助于政府公共教育职能的实现。

政治上，大学以学术为业，学术的重要作用在于使人保持"头脑的清明"。③自古希腊开始，伟大的教育家和哲学家就把教育视为政治的分支。如布尔迪厄指出："在一个给定的社会构成中，被组成这一社会构成的集团或阶级之间的权力关系置于教育行动系统统治地位的教育行动，无论从它的强加方式来看，还是从它强加的内容及对象的范围来看，都最全面地符合统治集团或阶级的客观利益（物质的、符号的和此处涉及的教育方面的），尽管采取的形式总是间接的。"④就我国政府与大学关系而言，大学一方面可以为我国培养政治人才，保证政府机构的正常运行；另一方面，大学通过开设思想政治理论课程、开展党团活动等方式，对学生进行社会主义核心价值观和社会主义核心价

---

① 美国社会科学协会道德委员会：《道德准则：美国社会科学协会委员会 1981 年审议本》，1981，5.

② 德里克·博克. 走出象牙塔——现代大学的社会责任[M]. 徐小洲，等，译. 杭州：浙江教育出版社，2001：214.

③ 马克斯·韦伯. 学术与政治[M]. 冯克利，译. 北京：生活·读书·新知三联书店，2003：43.

④ 布尔迪厄 J.-C. 帕斯隆. 再生产——一种教育系统理论的要点[M]. 邢克超，译. 北京：商务印书馆，2002：15.

值体系等主流意识形态的教育，可以为我国社会主义事业的发展提供思想政治素质和思想道德素质过硬的接班人，为政府提供政治合法性基础。

经济上，在知识经济时代，国家间综合国力的竞争是人才的竞争，科技是第一生产力，是推动经济发展的倍加器，因此，国家提出建设创新型国家的战略，以应对时代的挑战，应对国际社会的竞争，而建设创新型国家战略的实现必须依托创新人才的培养和知识的创新，大学作为探求高深学问、追求真理的机构，作为培养高素质人才的机构，责无旁贷地肩负着培养创新型人才，促进国家经济发展的重任。大学一方面通过自己输出的产品——人才，为国家各行各业输送高素质的劳动者，通过他们直接参与国家的经济生产过程，促进国家经济的繁荣和发展；另一方面，大学通过把自己的研究成果和知识——潜在的生产力，渗透到生产力的诸要素中，如转化为生产工具、运用于管理等，转变为直接的生产力，推动国家经济的发展。

文化上，随着时代的演变，大学的社会责任被赋予新的时代内涵。如今大学是社会发展的"动力站"已经成为大学的重要理念，大学成为引领社会发展的重要力量。美国学者亚伯拉罕·弗莱克斯纳认为大学的崇高使命是紧跟时代甚至超越时代，是照亮社会前行的灯塔，引领社会发展方向，而不是风向标，社会流行什么就迎合什么。大学的引领作用主要表现为大学对文化的责任，即通过创新和弘扬先进文化，引领社会发展。因为文化是民族的血脉，是人民的精神家园，任何经济、政治的变革都离不开思想文化基础，离不开思想文化的指导。什么是文化，斯诺(C. P. Snow)在他的《再论两种文化》一书中，关注文化的两种内涵：一是指智力的发展、心灵的发展；二是表示生活在共同环境中，由共同的行为习惯、共同的理想和共同的生活方式联系在一起的人类群体。[①]托尼·比彻在斯诺定义的基础上，把文化的含义拓展为：一是受过良好的教育的人；二是从人类学意义上，文

---

① 伯顿·克拉克.高等教育新论——多学科的研究[M].王承绪，等，译.杭州：浙江教育出版社，2001：171-172.

化是包容着一个民族的传统和社会遗产，他们的习俗和业绩，他们世代相传的知识、信仰、法规及伦理道德，他们用于交际的语言符号及其共同的涵义。[①]西班牙学者奥尔加特·加塞特也认为文化是时代赖以生存的思想体系，是生活中必不可少的一部分。他认为任何时代总会存在一种最新的思想体系，这种思想体系是时代本质特征的体系，代表着时代的最高境界和层次，而这种引领时代发展的思想体系就是时代的文化。[②]大学作为文化传承的创新基地和新思想的摇篮，肩负着以理性的批判精神反思现实，前瞻未来的文化责任。从我国当前的国情看，为全面建成小康社会，实现中华民族伟大复兴的中国梦，必须建设面向现代化、面向世界、面向未来的，民族的科学的大众的社会主义文化，推进社会主义文化大繁荣大发展，提高国家的文化软实力。建设社会主义文化强国，必须走中国特色社会主义文化发展道路。大学作为社会的文化高地，是中国特色社会主义文化建设的重要阵地，是引领中国特色社会主义文化建设的生力军。首先，大学肩负着传承和创新文化，推动中华文化源远流长，激发民族文化创造力的使命。中华民族五千多年的历史造就了博大精深的优秀文化。教育的过程就是传承人类文明的过程，大学作为高等教育机构，可以通过开展文化教育、文化育人、文化传播等工作，帮助学生和社会公众了解中华民族的优秀文化，让中华文化薪火相传。同时，大学也具备传承和创新中华民族优秀文化的学科优势、技术优势、智力优势和人才优势，为中华文化的发展提供源源不断的动力。其次，大学肩负着树立高度的文化自觉和文化自信，提升中华文化影响力的使命。拥有高度的文化自觉和文化自信是实现社会主义文化的大繁荣和大发展的前提和基础，大学可以通过文化引领、文化创新、文化传播等途径，帮助学生和社会公众真正认识到中华文化的地位、意义和

---

① 伯顿·克拉克.高等教育新论——多学科的研究[M].王承绪，等，译.杭州：浙江教育出版社，2001：172-173.

② 奥尔加特·加塞特.大学的使命[M].徐小洲，等，译.杭州：浙江教育出版社，2001：82-85.

价值,增强文化自豪感。最后,大学肩负着加强社会主义核心价值体系建设,引领社会的价值取向,引导社会健康发展的使命。社会主义核心价值体系是兴国之魂,决定着中国特色社会主义发展方向。大学应该深入开展社会主义核心价值体系学习教育,广泛开展理性信念教育,大力弘扬以爱国主义为核心的民族精神和以改革创新为核心的时代精神,倡导富强、民主、文明、和谐,倡导自由、平等、公正、法治,倡导爱国、敬业、诚信、友善,积极培育和践行社会主义核心价值观,自觉用社会主义核心价值体系和社会主义核心价值观引领各种社会思潮、凝聚社会共识,提高公民的道德素质,引导社会健康发展。

从大学的立场看,政府之于大学极其重要,政府是大学发展和运行的最主要依赖者。首先,我国公立大学是非营利性机构,办学和科研经费有限是大学的"阿里克斯之踵",因为经费的有限性严重影响了大学教学活动的正常开展,干扰了科研的顺利进行,大学逐渐失去立足之本,而政府可以通过公共财政资助解决大学经费短缺之难题。从另一个角度看,大学在社会事务中的重大作用及高等教育的准公共产品属性,也使政府对大学的发展和建设承担着责无旁贷的财政责任。因此,政府的财政拨款是我国公立大学经费的主要来源,我国高等教育法第 60 条还规定:"国务院和省、自治区、直辖市人民政府依照教育法第 55 条的规定,保证国家举办的高等教育的经费逐步增长。"具体来说,政府的财政资助包括:第一,我国政府为大学的正常运行提供必需的办学经费资助;第二,提供必需的科研经费的资助,保证大学科研工作的顺利进行。第三,为接受高等教育的学生提供经济资助。政府通过提供低息贷款、奖学金、助学金、生活补贴等形式,资助贫困学生,保证学生有接受高等教育的机会和能力。其次,我国政府通过高等教育立法以法的形式为大学的发展提供了法律保障和法律支持,保障大学的学术自由和大学自治。如我国高等教育法第 10 条规定:"国家依法保障高等学校中的科学研究、文学艺术创作和其他文化活动的自由。"并通过对高等教育的宏观调控,控制高等教育发展的规模,协调大学间的矛盾,优化大学的发展环境。最后,政府是制度的供给者,政府通过行政立法和行政政策等手段实现依法治校、依法治教，规范大学的办学行为，防止机会主义行为的发生，保证大学办学质量，兼顾效率与公平，促进国家高等教育健康有序发展。

可见，我国政府和大学之间是互惠互利，双方都可以满足对方的利益诉求。因此，在和谐的我国政府和大学关系下，双方都能发挥各自的优势，自觉地承担各自的责任，履行各自的义务，满足对方的需求。

### 2. 协调矛盾，共谋合作

虽然我国政府和大学之间互利互惠，利益共生，但是我国政府和大学毕竟又是性质不同的两个组织，差异就意味着矛盾和对立，因此，从新中国成立后，我国政府与大学关系发展的历程中，可以看出我国政府和大学之间权力的此消彼长、利益的冲突不断。即政府从自身的利益出发，为实现利益的最大化，集权控制大学，让大学臣服于政府，即便有限的几次放权也只是权力从中央政府下放至地方政府，大学的无权地位没有从根本上得到改变；大学也从自身的利益出发，要求政府放权或者分权，获得办学自主权的呼声从未停止过。政府和大学之间的不协调，说明我国政府和大学之间虽利益共生，但利益又是矛盾之源，因此，我国政府和大学又是矛盾对立面，两者的利益之争是无硝烟的战场。矛盾的解决方式是多样的，一方战胜另一方是一种方式，但会导致政府和大学两败俱伤，对双方都不利；而以融合的方式解决矛盾，可以使政府和大学互助合作，在尽量不损害对方利益的前提下，实现双方利益的最大化，结果是双赢，从博弈论视角来看，这是最佳的选择。事实上，从前面对我国政府与大学关系演变历史的考量，我们发现当政府仅从自己的利益出发，为实现自己利益的最大化，对大学实行高度集中管理时，大学怨声载道，缺乏活力，政府高等教育目标的实现程度反而不高。反之，当大学只考虑实现自身利益的最大化，不管社会和政府的需求，或者不顾条件地扩大规模，开办不具备条件的热门专业时，其结果是带来大学的混乱，导致社会的质疑和批评，政府的集中控制，大学反而失去自由。历史早已尘埃落定，历史不能改写，历史乃后世之师，历史警示告诉我们，政府和大学只有携手合作，才能双赢。

总之，和谐的我国政府和大学关系，意味着我国政府和大学审视适度，求同存异，以融合的方式处理两者之间的矛盾，协调好了政府和大学之间的利益冲突，政府和大学相互合作，双方定位合理，分工明确，互不越权，能发挥各自的优势，实现资源的优化配置，共求双方利益的最大化。

## 二、信任是建立和谐的我国政府与大学关系的有效途径

建立和谐的我国政府和大学关系，可以有效地解决我国政府和大学之间现有的矛盾，既有利于政府目标的实现，又有利于大学的发展和繁荣。而信任是建立和谐的我国政府和大学关系的有效途径。

### （一）信任是达成共识、相互理解的手段

政府和大学信任是以主体间性为基础，主体间性是主体与主体之间的关系，以沟通为手段，是对缺乏互动的主客体关系的颠覆。主体间性意味着大学不再是被动接受和服从命令的客体，而是具有法人地位的独立的主体。双主体关系为我国政府和大学平等、民主协商提供了平台，民主、平等又消除了特权和等级差异，使沟通和对话有了可能，而沟通和对话是达成共识，促成理解的有效手段。在双主体关系下，我国政府和大学还能够相互尊重对方的主体地位，维护彼此的尊严，彼此认可，真诚相待，而真诚是相互理解的重要前提。而且政府和大学信任本身就意味着对彼此的相信和信赖，这种相信和信赖使政府和大学能真诚对待对方，主动从对方的立场出发，审视自己的所为，审视自己的政策和规章。这一切都有利于我国政府和大学达成共识、相互理解，而相互理解是和谐的政府和大学关系的重要特征，也是和谐的政府和大学关系建立的重要前提。

## (二)信任是减少不确定性,促成合作的手段

信任和不确定性相关,不确定性意味着对未来的不可知,意味着风险,信任是应对风险的手段。现代社会是一个风险社会,我们拥有选择数量不断增加的世界,面对的可能选择越多,所做出的决定越不可预测,纯粹依靠理性不足以解决问题,这就需要诉诸信任。从我国的国情来看,一方面,当代中国正处于社会转型时期,或者说,随着中国经济、政治、教育、科技等体制改革的深入,我国的改革进入攻坚阶段,各种社会矛盾凸现,政府和大学需要面对的不确定性因素增加。另一方面,随着我国高等教育管理体制改革的进行,大学开始拥有了一定的自主权,尤其是1998 年我国颁布的《高等教育法》明确规定高校是法人组织,拥有面向社会,依法自主办学,实行民主管理的权力。随着大学法人身份的确立,我国大学拥有双重身份,大学既是行政单位隶属于政府,接受政府的管理,又是法人组织,拥有自主权。前一个身份让政府安心,因为作为下级的大学要服从、听命于作为上级的政府,受政府的控制。后一身份让政府操心,因为法人拥有独立性和自主性,政府对大学的可控度降低,可控范围减少,使政府对大学管理的不确定性随之增加。另外,随着高等教育管理体制改革的进行,我国大学所有权(属于政府)和经营、管理自主权(属于大学)的分离,政府和大学信息不对称、契约不完全问题出现,信息不对称主要是指大学内部管理者掌握了关于大学更完备的信息,出于自身利益的考虑,大学会有意识的隐瞒信息,政府知晓的信息有限,处于不利地位,对于政府而言风险乍现。契约不完全是指任何契约本身就不可能做到面面俱到,尽善尽美,总有遗漏之处,再加上外部条件变化增加的复杂性,因为在不同的情景和情节下,即便是最明晰和清楚的法律和规则也总是难以给出准确的解释,不可控因素随时浮现,因此,任何契约都有不确定性,都会带来风险。所有这些不确定性需要借助信任增加政府和大学双方的信心,增加成功的机会,因为信任是应对风险和不确定性的手段,有了信任才会付之于行动,只有行动才会有成功。

## 三、“三位一体”的信任机制框架

信任是构建和谐的我国政府和大学关系的有效途径。但是，信任必须建立在有效的制度基础上，本书以社会学信任理论为基础，构建包括健全有效的法律规范体系、权责的清晰、统一和完善的问责制“三位一体”的信任机制，这三者在政府和大学信任机制中的作用和功能不同，但又彼此依赖，相辅相成，缺一不可，三者的协同作用实现政府和大学的和谐共生。

### （一）健全有效的法律规范体系是基石

#### 1.法律规范体系在“三位一体”信任机制中的作用

随着我国高等教育管理体制改革的进行，立法手段已经成为我国政府管理大学的重要手段。立法是通过法律规范的制定来界定政府与大学的权责，避免主观或偶然的因素对政府和大学关系的影响。通过立法手段既规范了政府对大学的管理，维护了大学的自治权，又规范了大学的办学行为，保障了政府的权益。不仅如此，法律规范还由法院或专门的机构按照严格的程序来执行，具有其他的社会规范无可比拟的强制性和规范性。因此，法律规范体系为我国政府和大学的行动创设了有效的责任性背景，把政府和大学的行为限制在特定的范围内，并借助强制力减少了政府和大学机会主义行为的发生，是政府和大学信任建立的重要外在制度基础。

法律规范体系不仅是我国政府和大学信任建立的重要制度基础，而且是“三位一体”信任机制的基石。这种基石性作用主要体现在：第一，法律规范体系是明晰政府和大学权责最有效的手段。政府和大学信任是组织间信任，组织间信任主要以制度规范为基础，以组织之间权责的规范、划分为关键，因为权责为组织的活动范围划定了边界，使组织知道何者可为，何者不可为，知晓自己可以享有的权力和应该承担的责任，这是组织信任建立的必要前提，因此，我国政府和大学信任必须明晰各自的权责。但权责由谁划分？怎样划分？最为科学、客观、有效。按照“经济人”假设，无论是政府还是大学作为权责划分的主体，都可能从自身利益出发选择对自身最有利的标准和原则来界定权责，都希望有权无责或者享有尽可能大的权力承担尽可能小的责任，因为权力含有“不平等性”“支配”和“强制”之意，权力是权力主体操纵、控制社会或者他人，实现自己意志的能力。其结果不仅有失公平，不能达成政府和大学的共识，而且还导致政府和大学的矛盾冲突，从而不利于政府和大学信任的建立。因此，对于政府和大学的权责必须达成协议或制定契约，明确规定政府或大学必须做什么，即责任，规定政府或大学可以做什么，即权力。而法律规范是按照严格的程序制定，是一旦确立就会强制执行的最有效的契约，能够为权责提供保障，避免权责的随意变化，并且法律规范是按正义原则制定的，正义即公正合理，其最低要求是不能随意地分配权利和义务，而是要遵循一定的标准和规范，这个标准就是要有利于社会的进步和符合绝大多数人的利益，具体到政府和大学而言，正义就是兼顾政府和大学的利益，满足双方的需求而不厚此薄彼。法律规范体系通过合理分配政府和大学的权力和责任，把正义原则具体化、制度化，并通过强制执行伸张和实现正义，容易得到政府和大学的共同认可，因此，法律规范体系是明晰我国政府和大学权责最有效的手段。第二，法律规范体系是问责制的合法性基础。简单来说，问责制是对权力进行监督，防止滥用权力，并追究责任的一种法律制度。任何制度建立和实施的前提就是有法可依。问责制作为一种法律制度，它在社会生活中的地位、功能、构成要素、操作程序等都需要通过相应的法律规范予以规定和确立，比如，权责的明确是问责制的核心，而只有法律规范对问责客体权责规定最有效。可见，问责制的正常和有效运转，需要完善的法律法规体系为其提供依据和保障，法律规范体系为其提供合法性基础。

### 2. 法律规范体系必须健全有效

法律规范体系要达到预期的目的，要成为“三位一体”信任机制的基石，其前提是法律规范体系自身必须是健全、合理和有效的。法律规范体系何以有效？这就要求我国制定的法律规范体系必须做到以下几点：

第一，法律规范体系的内容具有一致性。

这里的一致性是指将规范我国政府和大学行为的法律规范视为一个系统，按照系统论的观点，各种法律规范在对政府和大学行为的约束中处于不同的地位，起着不同的作用，但都服从系统的整体功能。从纵向看法律规范体系具有层级性，最高层次是宪法中有关教育的条款。宪法是国家的根本大法，宪法中有关教育的条款是教育法律规范的最高层次，其他任何形式的法律、法规、规章都不得与之相抵触，否则无效。比如，我国宪法第 47 条确定了学术自由的法律地位，因此，其他任何层级法律规范的制定都不得侵犯大学的学术自由权。仅次于宪法的是教育基本法律。教育基本法律是与国家宪法相配套，对整个国家的教育全局进行宏观调控。比如，我国的《中华人民共和国教育法》。沿着外在制度的层级下行，是教育单行法律，包括高等教育的专项法以及有关高等教育专门问题予以专门规定的法律等。教育单行法律是根据宪法和教育基本法确立的原则制定的，囊括了教育的各个领域。对于大学而言，最关键的是《中华人民共和国高等教育法》，与上层的宪法和教育基本法相比较，《中华人民共和国高等教育法》更具体，对高校的管理、高等教育的基本制度、高等学校的设立、高等教育的组织和活动、高等学校的教师和学生等都做了具体的规定，《中华人民共和国高等教育法》对于处理政府和大学的关系、划分政府和大学的权责、确立高等教育的任务起着至关重要的作用，其效力仅次于宪法和教育基本法，但不能与之相抵触。顺着层级下行，是政府条例。包括国家最高行政机关和地方国家权力机关制定的具体细则和条例等。从纵向结构来看，法律规范体系各层级是环环相扣，具有承袭性，下层级法律规范要服从上层级法律规范，体现上层级法律规范的原则，若与上层级抵触，则无效。因此，规范政府和大学行为的各种法律规范的条款必须具有一致性，不能自相矛盾，否则健全的法律规范体系的建立只能是空中楼阁，也会导致政府和大学的无所适从。

第二，法律规范体系的事实有效性。

哈贝马斯在其《在事实与规范之间：关于法律和民主法治国的商谈理论》一书中认为，“在法律的有效性模态中，国家对法律之施行的事实性，与法的制定程序——这种程序被认为是合理的，因为它保障自由——的论证合法性力量，彼此结合起来了。”①因此，在他看来，法律规范的有效性需要两个向度得到保障：“一方面是行为的合法律性（Legalität），也就是必要时借助于制裁来强制实施的对规范的平均遵守；另一方面是规则本身的合法性（Legitimität），它使任何时候出于对法律的尊重而遵守规范成为可能。”②这里哈氏所说的合法律性，就是指法律规范的事实有效性，意指法律以国家强制力为后盾，强制人们遵守，若违背法律规范必将受到法律的制裁，从而使人们的行为可以预测，而这种制裁要求法律规范的制定必须是实证的、确定的。因此，法律规范的事实有效性主要表现为法律规范的实证性、确定性或可预见性、强制实施性。概而言之，法律规范本来是一种利益分配的制度安排，为达到有效性的目的，法律规范作为制度文本，其语言表达必须做到清楚明了，不能含糊不清；必须通俗易懂，不能艰涩隐晦；必须具有可操作性，不能大而化之；必须规范严谨，不能随意。在此基础上，法律规范才能为人们的行动提供指南，才能使社会成员清楚自己的权利和义务并遵守规则，行政机关和司法机构才能按照规则具体执行和操作。

作为规范政府和大学行为的法律规范体系，应当为政府和大学的行为划定边界，划定权责，告诉政府和大学何者可为，何者不可为，违反规则的后果，这样才能对政府和大学当下和未来的行为具有指导作用。具体来说，法律规范体系应当对以下涉及政府和大学关系的重要问题作出明确的规定。第一，明确政府和大学各自的法律地位，双方关系的属性。比如，大学是隶属

---

① 尤尔根·哈贝马斯. 在事实与规范之间：关于法律和民主法治国的商谈理论［M］. 童世骏，译. 北京：三联书店，2003：34.

② 尤尔根·哈贝马斯. 在事实与规范之间：关于法律和民主法治国的商谈理论［M］. 童世骏，译. 北京：三联书店，2003：37-38.

于政府的机构，受政府的行政控制，与政府是内部行政关系，还是独立于政府之外的公务法人，与政府同属公法人，与政府是外部行政关系。因为大学的法律地位不同，政府管理大学的模式就不同。第二，明确政府和大学的权责。权责的边界就是政府和大学各自行动的边界，法律规范体系应明确规定政府和大学的权力，政府和大学才可以依据法律规范的规定在各自的权限范围内自主地处理和解决问题，维护对方的利益，并承担各自应当承担的责任。若法律规范的条款内容不确定，政府和大学之间就容易出现权力之争，因为任何组织都是“经济人”，都会追求自身利益的最大化；也容易出现政府和大学互推责任，产生责任真空地带。这样政府和大学间混乱不堪局面的出现是必然，要理顺二者的关系，协调二者的矛盾，不仅困难而且成本极高。第三，要有实施性条款，以保障法律规范的执行。实施性条款是指法律条款如何实施、执行或监督，如果缺乏实施性条款法律条款将形同虚设，①因此，规范政府和大学行为的法律规范体系必须要有实施性条款，保证法律规范可操作，真正有效地保障政府和大学各自的权益。第四，要有惩罚性条款，以确保政府和大学的权利。惩罚性条款包括责任追究和救济。责任追究是指权力主体违法行使权力或不履行责任应当承担的不利法律后果，具体表现为一种制裁，包括民事责任追究、行政处罚或处分、刑事惩罚等。如果政府或大学没有履行法律规范确定的义务，承担应当承担的责任，就会受到相应的惩罚。同时，对于遭受权利侵害的主体而言，法律规范应当赋予其寻求合法的救济途径的权利。法律规范所赋予的政府或大学的权力被侵害时，可以通过行政救济、司法救济、其他救济等方式使权益得到保障。规范政府和大学行为的法律规范体系只有具有了事实有效性，政府和大学才能预见对方的行为，减少未来的风险，这种确定性为双方给付信任提供了外在强制性保障。

第三，法律规范体系的规范有效性。

---

① 孙书妍．立法技术与法律的有效性——以就业促进法为例[J]．人大研究，2008(6)：26.

法律规范体系的规范有效性，即是哈贝马斯所说的法律的合法性或合理的可接受性。法律规范的事实有效性是根据它们得到施行的程度，也就是事实上可以期待法律同伴的接受程度，其基础是从法的形式方面加以定义、可以向法院提请强制执行的事实性，这是一种强制性接受。哈贝马斯认为规范有效性的程度取决于它们是否通过一个合理的立法程序而形成，或至少是否曾经是有可能在实用的、伦理的和道德的角度加以辩护。可见，规范有效性是强调法律规范体系是建立在合法辩护理由的基础上，不是一种强制性的接受，而是人们自愿的接受和服从，规范有效性可以形成对人的“自由意志”的约束。哈贝马斯更强调规范有效性，因为规范有效性是独立于它的事实有效性的，相反，事实有效性的遵守是随着法律共同体成员对合法性的信念而发生变化的，而这种信念又是以对法律的合法性的预设为基础。①但是，对于法律规范体系的有效性而言，这两种保障缺一不可。因为没有强制性，法律无异于道德；没有合法性，法律不能立足。

借鉴哈贝马斯对规范有效性的理解，本研究认为正当性是判断规范有效性的根本标准，正当性体现的是正义性这一人类永恒的诉求。正当性包括程序性正当程序和实质性正当程序。程序性正当程序最初源于“自己不做自己的法官”和“对他人做出不利行为要事先告知、说明理由和听取申辩”的“自然正义”原则，现代正当法律程序的内容和形式更加丰富，它不仅包括上述两个原则，而且还包括公开、透明、公众参与等现代民主程序原则。实质性正当程序强调立法程序符合宪法精神和公平、正义理念特质，是通过民主协商以取得最大限度的共识为基础。一种法律规范之所以正当，是因为它严格按照确保其公正的程序制定出来的。正如，哈贝马斯所言：合法律性的合法性之所以可能，是因为产生法律规范的程序也是在道德实践之程序合理

① 尤尔根·哈贝马斯. 在事实与规范之间：关于法律和民主法治国的商谈理论[M]. 童世骏，译. 北京：三联书店，2003：36.

性的意义上是合理的，是在这种意义上合理地实施的。①

按照上述观点，规范政府和大学行为的法律规范体系要具有有效性，其制订和实施的程序都必须是正当。首先，法律规范的制定必须符合宪法精神，追求正义、自由和秩序。具体来说，法律规范的制定要贯彻宪法所确定的保障学术自由的原则，赋予大学自治权，政府不能超越学术自由的边界，对大学的学术事务横加干预，彰显正义原则。其次，政府是公权力主体，为防止公权力的滥用，侵犯大学的合法权益，法律规范必须贯彻公开、透明、平等参与等现代民主程序原则，实现程序性正当程序，确保大学和政府是平等的公权力主体，通过协商解决双方的争议和冲突。规范政府和大学行为的法律规范具有正当性，才会使政府和大学对法律规范有信心，自觉接受和服从法律规范，保证法律规范的事实有效性，为双方信任的建立奠定基础。

## （二）权责清晰、统一是核心

### 1. 政府和大学权责清晰、统一的界定

权责是权力和责任的复合词。权力是一个古老的话题，权力最早始于原始社会，是氏族赋予强有力的成员处理部落内外事务的权力。权力作为一个政治范畴，是随着国家的建立而产生，并随着社会的发展而分化。达尔、马克斯·韦伯等学者都对权力进行了论述。如马克斯·韦伯认为"权力意指行动者在一个社会关系中，可以排除抗拒以贯彻其意志的机会，而不论这种机会的基础是什么。"②达尔把权力视为一种机会，创造这种可能性：实现不大可能的选择组合。③美国学者莱斯利·里普森把权

① 尤尔根·哈贝马斯. 在事实与规范之间：关于法律和民主法治国的商谈理论[M]. 童世骏，译. 北京：三联书店，2003：569.

② 马克斯·韦伯. 社会学的基本概念[M]. 顾忠华，译. 桂林：广西师范大学出版社，2005：71-72.

③ 尼可拉斯·卢曼. 权力[M]. 瞿铁鹏，译. 上海：上海人民出版社，2005：14.

力界定为:“什么是权力?简单地说,就是暴力加上同意。”[①]卢曼在其《权力》一书中,认为权力“是”代码指导的交往。把权力归于权力持有者受制于这种代码,具有范围广泛的结果,包括遵从动机、责任、制度化的强化、为愿望的改变提供具体的方向,等等,尽管双方都在行动,但是任何事情发生,都单独归之于掌权者。[②]实际上,在卢曼看来,在社会系统中,权力制定了一定的规则和秩序,决定自己或他人的选择,降低了不确定性或者复杂性,权力就是一种交往的媒介。从中可见,权力的含义是多维度,第一,权力是一种关系,是权力掌握者与被控制者之间的关系。第二,权力是一种能力,是个人或机构作为特定权力主体对社会、他人或其他机构的控制力、支配力或制约力。第三,权力是一种工具,是行使权力和执行政策的载体。权力除了具有强制性和支配性外,还具有等级性和制度性,因此,权力的实质既是赋予特定权力主体的权力,又是对权力主体行为的限制,即权力主体只能在权力允许的范围内行动,而不能超越权限干预其他的权力主体,因此,权力主体会控制自己,接受权力的等级性和制度性的制约,限制权力的使用,能够形成有序的社会秩序。

在古汉语中,“责”同“责任”,是一个含义丰富的概念,包括索取、要求、谴责、处罚、责任、债等多种含义。在现代汉语中,“责任”一词有三个基本语义:①分内应做的事。如“岗位责任”等。这种责任实际上是一种角色义务。社会生活中的每一个人都扮演了一定的角色,即有一定的地位或职务,相应的,也就必须而且应当承担与其扮演的角色相适应的义务。②特定的人对特定的事项的发生、发展、变化及其成果负有积极的助长义务,如担保责任等。③由于没有做好分内之事或者没有履行助长义务而应当承担的不利后果。如违约责任等。[③]按照西方学者的分类方法,前面两种责任是积极责任,后面一种是消极责任。就政府和大学而言,积极责任是对政府和大学应该做什么的描述,

---

① 莱斯利·里普森.政治学的重大问题:政治学导论[M].刘晓,等,译.北京:华夏出版社,2001:56.

② 尼可拉斯·卢曼.权力[M].瞿铁鹏,译.上海:上海人民出版社,2005:17-18.

③ 张文显.法哲学范畴研究[M].北京:中国政法大学出版社,2001:117-118.

是政府或大学作为权力主体把责任看成是行使权力而必须承担的义务，将责任置于自觉的行动中，从而实现了责任对规范使用公共权力的动力功能。消极责任是对权力行使行为的约束，是防止权力偏离公共利益指向的重要保障。[①]消极责任包括违反政治义务的政治责任，违反道德义务的道德责任，违反法律要求的法律责任等。

按照上述定义，权力赋予政府或大学可以做什么，责任要求政府或大学必须做什么，如果应该做的没有做好或者滥用权力就会受到惩罚，即要求政府和大学有所为和有所不为。因此，权责的规定旨在为政府和大学的行为提出基本要求和规定行动的度，划定政府和大学行为的范围、边界和底线。从信任的视角看，政府和大学权责的规定为政府和大学的行为设置了责任性背景，规范了政府和大学的行为，减少了他们未来行为的复杂性和不确定性，防止了双方机会主义行为的发生，使他们愿意彼此相信对方而先付之于行动，因此，权责问题是政府和大学信任建立的关键，但权责的划分或制定必须做到以下两点：

首先，政府和大学权责的规定必须清晰明了。

政府和大学权责规定的目的是为双方的行为圈定范围，划定边界，防止双方越界行为而发生的矛盾和冲突，以实现政府和大学关系的有序性。而这种目的的实现需以政府和大学权责规定的明确为前提，即权责规定是理性行为，明确的授权才能使政府或大学清楚地知道自己的职责，知道自己将来行动的范围和努力的方向，掌握好权责关系。反之，若政府和大学权责规定不清晰、不合理，就会让政府和大学在行动时无所适从，不知何者可以为，何者不可以为，越权行为或不作为行为都有可能发生，甚至造成政府和大学之间关系的混乱。新中国成立以来，我国政府和大学关系的历史演变中是有此教训的。

不过，由于政府和大学关系的特殊性，或者大学本身法律地位的特殊性，政府和大学权责的明确需要注意以下几点：第一，

---

① 麻宝斌，郭蕊．权责一致与权责背离：在理论与现实之间[J]．政治学研究，2010(1)：73.

大学法律地位的变化导致政府和大学权责关系的变化。他山之石可以攻玉,西方各国高等教育改革所采取的措施可为借鉴之经验。从总体来看,目前各国高等教育管理模式改革的趋势之一是公立大学法人化趋势明显。随着各国立法对大学公法人地位的确立,政府和大学的权责关系也进行了重构。比如,法国。法国是大陆法系国家,在1968年以前,法国大学属于行政公务法人,承担着一些不同于普通行政事务的职能,其任用的工作人员属于公务员,在组织和业务活动上受设立它的行政主体的监督程度较大。①由于政府对大学的管理过于集中,终于酿成1968年席卷全国的"五月风暴",政府为了缓和与大学的矛盾,不得不重新定位与大学的关系。1968年11月,法国政府颁布了《高等教育方向指导法》,确立了"自治、参与和多科性"三原则,其中"自治"是指大学是具有道德身份与财政自主的科学文化性公共机构,大学在行政、财政、教学等方面拥有自主权,大学开始向科学文化和职业公务法人转化,大学自治有了更充分的法律依据。②根据1984年的《高等教育法》,政府明确规定公立大学是科学文化和职业公务法人,大学在基本培训、继续培训、科学和工艺的研究及其成果的应用、传播文化和科学技术的信息等公务范围内享有行政法上的自治权力,可以自主就这些公务做出决定并执行。政府的权力是进行行政和财务监督,但监督必须在法律规定的范围内进行。③在此之后,1989年的《教育方针法》进一步下放权力,扩大大学的自主权。再比如,属于海洋法系的美国,美国公立大学数量多,公立大学作为行使公共权力的机构,既要遵守联邦宪法,又要遵守所在州的宪法和各种行政法规,由于各州的情况各不相同,所以大学的地位和类型比较复杂,从法律性质来看,美国的公立大学有三种类型:一类是作为宪法上独立法人的州立大学。这类大学的法律地位是公法人,

---

① 申素平.公立高等学校与政府的分权理论[J].比较教育研究,2003(8):1.

② 杨克瑞,等.政治权力与大学的发展——国际比较的视角[M].北京:中国言实出版社,2007:157-158.

③ 申素平.公立高等学校与政府的分权理论[J].比较教育研究,2003(8):1-2.

受州宪法的保障，在一定的权限内享有不受州政府、议会、法院干涉的特权，但并不意味着这种自治权没有限度，州政府和州立大学理事会还是会对大学进行干预，只是以间接手段为主；一类是作为公法人的州立大学。这类大学享有作为法人的诸多权力，如取得、处分财产的权利，雇用、解雇职员的权利，制定内部管理规则的权利等，但这类大学从属于赋予其法人资格的州议会，受州议会的控制；一类是作为州政府机关的州立大学。这类公立大学没有法人资格，是州政府的延伸机构，因而与行政权是最直接的从属关系，容易受到行政当局的干涉，不过，作为州的机构，这类大学也享有一些特权。①从中可见，公立大学法律地位不同，与政府的权责关系不同，政府管理大学的权限不同、管理方式不同，大学拥有的自主权也有差异。因此，在明确我国政府和大学权责时，需要考虑我国大学法律地位的改变或者新定位。事实上，随着我国《民法通则》《教育法》《高等教育法》等法律的颁布，我国大学的法人地位已经开始确立，虽然对大学的法律定位还存在问题，但公务法人化是大势所趋，这是在明确我国政府和大学权责时必须顾及的重要前提。第二，政府和大学关系的复杂性。各国政府和大学的关系是错综复杂的，一方面，大学是独立于政府的公务法人，被视为是与政府平等的行使高等教育公共权力的国家机关，是独立的行政主体，与政府没有隶属关系。大学具有在法律上独立的人格，享有在人事、财政、预算、管理、教学等方面更多的自治权，可以独立享有权利、负担义务，政府不能越权干预大学自治，只能依法对大学进行法律监督，不能进行专业监督。另一方面，政府的公共性又决定了政府对大学的财政责任，政府是大学办学经费的主要资助者。同时，大学在社会发展中独特作用及其公共性，决定了大学又必须接受政府的管理和监督。大学和政府的双重关系决定政府和大学权责明确的复杂性和层次性，这是在明确我国政府和大学权责必须考虑的重要因素。第三，大学与其利用者之间复杂的法律关系。

---

① 施雨丹. 论美、德、日三国公立大学的法律地位[J]. 外国教育研究，2007(1)：25-26.

比如，大学与学生之间既有民事法律关系，又有行政法律关系，不同的法律关系救济的途径不同，权责不同。这也是明确我国政府和大学权责时不能忽略的因素。

其次，政府和大学权责必须一致或对等。

权力与责任是一对须臾不可或缺的范畴。马克思认为，人总是现实的、具体的、社会的人，而不是抽象的人，人的本质属性在于人的社会性。常态的人都是置身于社会之中有着利益需求的人，而任何利益都存在实现目的的自我性与实现途径的社会性之间的矛盾，每一个利益的实现都不可避免地或多或少、直接或间接地影响他人的利益，因此，社会总是需要一套规则以约束人的行为，避免社会的混乱和无序。而责任就是对人或组织行为的限定，责任即是社会有序运行的规则，责任是权力合法性的基础。①这是因为公共性是权力的根本属性，即公共性与权力相伴而生，只是在人类社会发展的不同历史阶段，权力的公共性拥有不同的内涵。比如，古希腊柏拉图把维护城邦正义理解为公共性。而在现当代公共性的核心是对公共利益和公共精神的维护，即权力一方面立足公益性，为公众提供公共服务和公共产品，追求社会公平和正义价值目标的实现；另一方面，明确展示行政人员的价值观念、职业态度、道德规范和责任性，体现公众对权力运行的监督，它要求所有的行政人员都应当为公民服务。因此，公共性是权力运行的内在根据和合法性基础。权力何以具有公共性？第一，应然状态的权力主体是公众，而非某一个体、某集团、某阶层。第二，权力的对象是公共生活和公共事务。第三，权力的终极意义是以公共利益为出发点，提供公共产品，服务于公众。②因此，对于公共行政和权力而言，维护公共利益是其永恒不变的目标，任何背离这一目标的行为就是对其责任的背离，应当承担后果和责任，并受到法律的惩罚。可见，从应然状态看，权力本身就是一种责任。其一，根据契约论和人民主权论，权力实际上是公众权利的让渡而形成的委托代理关系，委

① 肖克.公共权力“责任”的政治伦理根源析论[J].天府新论，2011(4)：1.

② 唐土红.论权力的价值性及其维度[J].探索，2011(1)：150-151.

托代理关系其实也就是一种责任关系，这种责任就是要为公众的利益服务。其二，权力具有强制性、自利性和扩张性，这就需要以责任加以约束、束缚和导向，以避免迷失方向。权力运行的事实证明，没有责任羁绊的权力会超越权力行使的范围，导致权力的滥用。[①]对于这一点，马克斯·韦伯清醒地意识到，并指出缺乏责任约束的权力运行的两个恶果：客观性和责任心的丧失，据此他最早提出责任伦理概念。因此，权力与责任不可分离，责任是权力的孪生物，是权力的必要补充和结果，即有权力就有责任，有责任就有权力，没有无权之责，也没有无责之权。不仅如此，权力与责任必须是对等和一致的，享有多大权力就必须承担多大责任，承担多大责任就享有多大权力。

具体而言，责任有积极责任和消极责任之分，相应地政府和大学权责一致、对等就应当包括权力与积极责任的统一和权力与消极责任的统一两层内涵。权力与积极责任的统一包含两个方面的内容：其一，与承担责任相伴的是权力的授予，即有责必有权。政府或大学职责的范围决定了政府或大学积极责任的大小，积极责任是对政府或大学应该做什么的规定，并确定了政府或大学行动的边界，是政府或大学合法性的正当性理由。政府或大学为承担责任必须授予一定的权力，权力在此是政府或大学履行责任的手段，责任的大小决定了权力的大小，权力与责任是相当的、对等的。其二，权力的授予必须伴随责任的规定，即有权必有责。责任是对政府或大学权力运行过程和运行方式的规定，没有按责任的规定行使权力就是权力的滥用。就权力与消极责任的统一而言，也包括两个方面的内容：其一，消极责任是对政府或大学滥用权力的惩罚，是对政府或大学没有履行职位规定的责任内容或者法律规定的义务的惩罚，是政府或大学违法行使职权所应承担的否定性后果，是对政府或大学超出责任范围行使权力或在责任范围内不作为的惩戒。其二，责任惩戒要与权力滥用程度相匹配才是最好、最恰当的惩罚，若惩罚程

---

① 唐土红.论权力的价值性及其维度[J].探索,2011(1):152-153.

度低于权力滥用程度，则因惩罚成本太低而无威慑力，惩罚失去了意义；反之，惩罚程度高于权力滥用程度，则对政府或大学产生消极无为的选择暗示。[①]总之，政府和大学权责一致的最终目的是要实现执法有保障、有权就有责、用权受监督、违法受追究、侵权需赔偿。

要保证我国政府和大学权责一致，需要特别注意以下几点：第一，由于我国大学自主权规定的不完善，在立法时要特别保证对大学授权的充分性，把应该给予大学的权力授予大学。第二，大学的责任是大学获得授权的合法性基础，我国大学自主权之所以缺乏，从根源上看是与我国大学应当承担的责任不明确相关，因此，需要从根本上解决当前我国法律规范对大学责任的规定不明确，甚至缺失的问题，使大学真正获得与其责任对等的权力。第三，要明确规定政府应当承担的责任，正是由于现有立法对我国政府责任规定的缺失，使政府的权力缺乏合法性根基，并最终导致政府权力的滥用或者不作为。第四，完善监督机制，加强对政府或大学行使权力的监督，确保政府或大学违法、不作为受追究。

### 2. 政府和大学权责清晰、统一在“三位一体”信任机制中的作用

政府和大学权责清晰、统一是“三位一体”信任机制的核心和关键。这种作用表现在：首先，政府和大学权责清晰、统一是我国高等教育法律法规体系的重要内容，也是衡量我国高等教育法律法规体系合理与否的标准。第一，高等教育立法的一个重要目的就是要规范政府和大学的行为，为政府和大学提供一种行为模式和框架，引导政府和大学在法律法规规定的范围内正确地行动，合法地存在。为达此目的，要求我国高等教育立法必须按照权责统一的原则，明晰我国政府和大学的权责，为政府和大学的行为划定边界，使政府和大学清楚地知道何可为，怎样

---

① 麻宝斌，郭蕊. 权责一致与权责背离：在理论与现实之间[J]. 政治学研究，2010(1)：73.

为。事实上,政府和大学权责清晰、统一也一直是高等教育法律法规的重要内容。第二,在现代社会,法律规范对人类具有重大的价值,其中秩序、正义、自由和效率是法律规范的基本价值,因此,衡量法律规范体系是否合理的重要标准就是看它是否能实现上述基本价值。就政府和大学而言,法律规范是秩序的象征,也是维护政府和大学秩序的手段,而秩序往往与限制、禁止、控制有关,法律规范对政府和大学权责规定的清晰和权责统一,使政府和大学的行为边界清楚,能尽可能地减少政府和大学的矛盾冲突,增加政府和大学的安全感和信任感,有利于政府和大学关系的有效性;法律规范的另一个价值是对自由的保障,自由是有条件、有限的,而法律规范对政府和大学权责规定的明晰、对等,就是对政府和大学各自拥有自由的保障;正义是法律规范的追求和归宿,而只有法律规范能明确政府和大学的权责,并强调权力与责任统一,才能实现公平、合理这一正义之目的。可见,政府和大学权责是否清晰、统一是高等教育法律法规合理与否的重要标准。其次,政府和大学权责清晰、统一是问责制实施的基本前提。这里的问责制是对政府的问责、对大学的问责,是对政府或大学滥用权力、不作为、不履行责任等行为追究责任,以实现问责制的惩罚和预防、评价和引导、安抚和补救、监控和纠偏的功能。按照问责制的程序,对政府或大学问责的前提是政府和大学的权责必须清晰,明确政府和大学应该做什么,可以做什么,以此为标准和参照才能衡量政府或大学是否滥用权力,是否不履行责任,是否不作为,才能确定应该是惩罚还是奖励。所以,政府和大学权责清晰是问责制的起点和实施的前提。此外,权力与责任的统一和平衡不仅是法治社会对所有权力主体的要求,也是问责制应遵循的原则。正是基于上述分析,政府和大学权责清晰、统一是政府和大学信任机制的核心。

### (三)完善的问责制是制度的保障

“有权必有责、用权受监督”,政府和大学享有法律法规所授予的权力,也必须承担与权力对等的责任。为防止政府和大学滥用权力,不履行责任,必须建立完善的问责制,以规范政府和大学的行为，确保政府和大学正确行使权力，积极履行应该承担的责任，真正实现政府和大学权责的一致，为政府和大学信任的建立提供保障。因此，完善的问责制是“三位一体”信任机制的保障机制。

### 1. 问责制的内涵及要素

问责(accountability)词义的复杂性在很大程度上和这个词的起源有关。从词源学的角度看，“accountability”有两个词根：“account”和“accountable”。“account”最初主要是与数字有关，主要是指人们对财务方面的状况有说明和汇报的责任。后来又增加了“解释”“负责”“报告”“叙述”等意思。在现代“account”的含义大有扩张之势，其现在含义包括对某人的行为作出解释；表达或说明理由、原因、根据或动机；提供说明性的分析等意思。“accountable”也可表示“有责任对情况进行报告”或“被迫这样做”。这两个词根构成了“accountability”意义的主要来源。[①]问责(accountability)不同于责任(responsibility)一词，Caiden 认为，“责任(responsibility)是指具有行动的权威、控制的权力、自由决策的空间、裁量是非对错的能力以及理性的行为与持续可信赖的内在判断力。问责(accountability)是指对某人的责任负责、报告、解释、给予说明、响应、承担义务、提出推测以及顺从外界或外部的判断。”[②]若从监督与控制的角度出发，责任(responsibility)是一个静态的概念，强调角色、职位、能力、具体情形下的判断、主观状态等与主体相联系的具体内容，即行动者自愿性的认知和自我规范，偏重个人和组织内部的状态；而问责(accountability)是一个动态的概念，通常透过组织外部的一套独立监督与强迫机制来确保行动者为其错误的策略与行动负责。[③]可见，问责是一个内涵丰富的概念，学术界主要从以下几个角度来诠释它。第一，问责是履行责任和义务的方法。持此

---

① 王淑娟. 美国公立院校的州问责制[M]. 北京：知识产权出版社，2010：33-34.

② 王淑娟. 美国公立院校的州问责制[M]. 北京：知识产权出版社，2010：34-35.

③ 王淑娟. 美国公立院校的州问责制[M]. 北京：知识产权出版社，2010：35.

种观点的有加布拉、戴维蒂、杰·M.谢菲尔茨、周亚越等。如周亚越在其《行政问责制研究》一书中指出,问责制"是特定的问责主体针对公共责任承担者的职责和义务的履行情况而实施的并要求承担否定性后果的一种规范。"①第二,问责是一种关系,是问责主体与问责客体之间的关系。如受委托—代理理论影响,美国学者杰·M.谢菲尔茨在其主编的《公共行政与政策国际百科全书》中指出,问责是指委托方和代理方之间的一种关系,是指获得授权的代理方有责任向委托方汇报自己的工作业绩。第三,问责是一种责任追究制度。如渝纪法认为,问责是指有任免权的主体,对其所属公务员,不履行或不正确履行法定职责,造成不良影响或后果,依法追究责任的制度。②

其实,上述观点并不冲突,只是学者们从不同的角度诠释问责。综合来看,问责是一个互动过程,是问责客体有责任向问责主体汇报、解释自己履行相关法规规定的权责情况,问责主体有权根据问责客体担责情况,按照严格的程序,实施奖励或对滥用权力、不作为、过失或无为等情况实施惩罚,并追究责任的过程,以促使问责客体回应外部需求改进自身。问责制就是这一过程的制度化。对于问责制的内涵,应当从以下几个方面进行把握:

首先,问责制是对问责客体权责履行情况的问责。这是基于权责的不可分离以及权责一致的原则,不能将问责仅仅局限于责任的追究或者职责的追究,还应包括对不正确或不正当使用权力、越权等行为追究责任。

其次,问责制是一种关系,强调问责主客体的互动性。即一方面问责主体有权对问责客体行使权力、履行责任的情况提出质疑和询问;另一方面,问责客体有义务回应问责主体,对相关事务和行为作出说明、解释和应答,以证明自己是负责的,或者为不合理的指责辩护,维护自己的合法权益。

最后,问责制既是强制性惩罚,也是激励机制。问责制不单是追究问责客体责任,引导问责客体回应问责主体和社会的需

① 周亚越.行政问责制研究[M].北京:中国检察出版社,2006:33.

② 渝纪法.关于问责制有关问题的思考[J].探索,2005(4):82.

求，改进和完善自己的制度，也是一种奖励性制度，以提高问责客体履行权责的积极性。

作为一种制度，问责制主要由问责主体、问责客体、问责内容、问责程序和方式、问责结果等基本要素构成。

问责主体即“由谁来问责”，或“谁来追究责任”。问责主体是问责的施动者，只有明确了问责主体，问责活动才能开展。问责主体应该包括系统内主体和系统外主体，即同体和异体问责主体。问责客体即“向谁问责”，或“追究谁的责任”。问责客体是问责活动的担责对象，它和问责主体构成了问责关系的基础，是建立问责关系的前提条件。问责内容即“问责的事由和范围，回答问什么的问题”。问责内容是问责的依据，问责内容规定是否清晰、明确、可操作，是防止问责混乱，是问责有效的关键所在，而以立法手段对问责内容的规定最具强制力，也最为有效。问责程序、方式即“如何认定和追究责任”。问责需要一定的程序和实施机制，否则问责制形同虚设。由于问责主体和问责内容的不同，各种具体的问责程序会有所不同，但总的来看，一般都包括问责启动、调查处理、申诉复查、监督执行等基本程序。问责制不仅要规定严格的问责程序，还需明确问责的方式，一般应包括同体问责和异体问责两种方式，以便形成多元主体问责的局面，使问责真正有效。问责结果即“问什么责”。问责结果是问责客体承担责任的具体形式，是问责主体经过一系列程序之后对问责客体的处理，一般包括承担法律责任、政治责任、行政责任和道德责任几种结果。

### 2. 完善的问责制：有效的高校问责制和教育行政部门问责制

真正的信任是双向、互动的。为实现我国政府和大学的相互信任，必须建立能对双方进行有效监督和约束的问责制，以确保政府和大学均能正确行使权力，承担应尽的责任。因此，完善的问责制必然包括有效的高校问责制和教育行政部门问责制。

**(1) 有效的高校问责制**

高校问责制是问责制在高校的具体运用。高校问责制在我国虽方兴未艾，但在英美等国已是普遍现象，是西方各国政府和社会公众对大学进行监督的重要手段，只是问责在各国的具体表现不同。不过，对大学进行权力的监督、责任的追究和以绩效问责为核心是西方各国高校问责制的共性。比如，马丁·特罗认为，“问责即向他人汇报、解释、证明及回答资源是如何使用的，并达到了什么效果。”①高校问责制的目的是通过汇报、解释、证明等方式，确保高校利益相关者对大学的资源使用情况和权力行使情况的监督，以保证高校利益相关者权益不受损。在我国，众多学者在借鉴西方高校问责制经验的基础上，赋予了高校问责制不同的含义，具体而言，大致有这样几种观点：第一，吴景松、程宜康等把高校问责制理解为是一种权力监督和责任追究制度。②第二，周湘林等认为高校问责制是一个过程，是高校向其他利益相关者汇报自己如何使用高等教育资源，并证明自己履责情况的过程。③第三，冯遵勇认为高校问责制是高校应该履行的职责。④

上述界定，各有千秋，侧重点不同，本研究着眼于政府和大学的信任，因此，将高校问责制界定为：高校问责制是以绩效为核心，由高校的利益相关者对高校行使相关法律法规所授予的权力的监督，以及对滥用权力、不作为或不履行职责等造成的后果追究责任的制度，其目的是规范和约束高校的行为，保障高校利益相关者的权益，并推动高校改进自身适应外部需求，使高校成为高校利益相关者信任的对象。对这一概念的把握需注意以下几点：第一，绩效问责是高校问责制的核心。这里的绩效是指大学在依法行使权力，履行职责，提供公共服务和公共产品过程中所产生的结果和效率。主要包括教育质量和成效、教育公平、

---

① Jan Currie, Richard De Angelis. Globalizing Practices and University Responses: European and Anglo American Differences [M]. London: Praeger Publishers, 2003: 114.

② 吴景松，程宜康. 我国高校问责制之现实困境及其治理路径[J]. 江苏高教，2007(1):44-45.

③ 周湘林. 从政府问责到社会问责：中国高校问责制的内涵、类型与变革[J]. 高等教育研究，2010(1):36.

④ 冯遵永. 美国高等学校问责制研究[D]. 华东师范大学，2006:18.

效益、效率等。绩效是大学满足高校利益相关者利益需求的能力以及大学声誉等的体现，是大学获得政府信任的重要内在根据和基础。第二，高校问责制本质上是一种责任追究制度，其目的是规范、约束和限制高校行为，遏制高校权力的异化，减少高校行为的随意性和机会主义行为的发生概率，保证高校的正常运行，维护高校利益相关者的合法权益，这是大学获得政府信任的重要制度保障。第三，惩罚不是高校问责制的最终目的，高校问责制的最终目的是帮助高校及时发现自身的不足，主动回应政府和社会公众的需要，促进高校的进一步完善和更好地发展，更好地执行社会公共职能。第四，高校问责制是一种法律制度。问责制要能正常进行，必须要建立保障其运行的制度、标准及程序。对于在具体问责实践中，诸如在何种情况下应当追究责任、追究何种责任、追究谁的责任、由谁追究、如何追究等问题和环节，法律法规应当明确地规定，以保障高校问责制的顺利进行。高校问责制制度化、法律化是政府愿意放权，给予大学信任的重要制度基础。

从我国的实际看，首先，按照委托代理理论，大学所拥有的权力是国家高等教育公权力的下放，是政府将高等教育事务委托给大学，大学接受政府的委托，代理管理大学事务，政府是委托人，大学是代理人。大学作为代理人是否会做有损委托人利益的事情是委托人最关心和关注的问题，而委托人和代理人之间信息不对称是客观事实，为确保委托人利益不受损，建立高校问责制是必然之选。随着我国高等教育管理体制改革的进行以及大学自主权的确立，大学在招生、收费、基建、招标、学术等活动中的腐败问题日益增多，这些腐败现象严重影响了大学的办学环境，干扰了大学的办学方向，阻碍了我国高等教育事业的健康发展，可见，权力缺乏约束和监督，权力异化、权力失范会如影随形。因此，我国必须建立高校问责制对大学的权力予以监督和规范，防止大学腐败行为的产生。其次，有权就有责，大学绩效即大学的办学质量和资源的使用效益等，是大学履行责任情况的集中体现，也是高校利益相关者关注的核心和焦点。我国高等教育已经进入大众化阶段，高等教育的迅速发展，满足了社会公众接受高等教育的需求，但我国仅用了几年时间就实现由精英教育阶段向大众化教育阶段的跨越，高等教育大众化的进程过快，准备不充分，急剧扩招带来的教育质量下滑等问题凸现，政府等高校利益相关者必然会对大学的办学质量提出质疑，甚至追究大学的责任。另外，高校掌握着公共教育资源，在资源有限、供给不足的情况下，高校能否合理使用公共资源，实现资源的优化配置，必然是政府和公众等关切的重点，而高校与政府、公众之间信息的不对称为这种关切设置了严重障碍，因此，必须建立高校问责制使高校接受监督，满足高校利益相关者的诉求。最后，从英美等国的实践看，高校问责制能有效解决大学自治与政府控制、社会责任的矛盾，能对大学的权责进行有效的监督，因此，建立高校问责制已成为国际社会大势所趋。综上所述，我国建立高校问责制是必然之选，而高校问责制也是大学博得政府信任的制度保障和基础。

高校问责制是大学获得政府信任的制度基础，其前提是制度本身必须有效。有效的高校问责制要求法律法规对问责主体、客体、内容、程序和结果等要素的规定必须清楚、明确和合理。

①高校问责制的主体，即“由谁问”。高校问责的主体是高校利益相关者，高校利益相关者是多元的、分层次的包括高校教职工、学生及其家长、校友、政府、用人单位、投资者、举办者、社会公众等，不同的利益相关者有不同的权利和需求，问责的内容也不同，而且有的问责主体的身份是双重的，比如，高校教师在一定的问责关系中是问责主体，在其他的问责关系中又是问责客体。从本书的研究出发，政府是我国公立大学的举办者，教职工和学生是大学民主管理的主体，社会中介组织是由社会公众组成的组织，因此，高校问责主体主要指教育行政管理部门、教职工、学生、社会中介组织等。我国法律所规定的教育行政管理部门，是大学的上级主管部门，与大学有隶属关系，属于同一系统，是同体问责主体，由单一的同体问责主体实施的问责实效性较差，因此，我国法律法规必须明确规定异体问责主体的法律地位和权利，实现高校问责主体的多元化。

②高校问责制的客体,又称问责的对象,是高校问责的受动者,即"向谁问"。对于高校问责制的对象,学界观点不一,总体而言,大致有这样几种观点:第一,高校问责制的客体是高校自身。[①]第二,高校问责制的客体主要是指高等学校自身及其教育工作者。[②]第三,高校问责制的客体是高校本身以及高校行政决策者和行政执行者,包括高校党委书记、校长、校务委员会成员等。[③]第四,高校问责制的客体是教育公共权力的使用者,包括学校、学院和个人(校长、书记、教师、管理人员等)。[④]第五,高校问责制的客体包含高校主管行政部门及其官员和高校自身。[⑤]本研究认为高校是依法成立的法人,是教育公共权力主体,是当然的问责客体。但是高校作为法人组织,其享有的公权力是由组织成员具体执行,按照谁用权谁负责,权责统一的原则,高校公权力的行使者包括校长、书记、教职工等都是高校问责客体,因此,本书所言及的问责客体包括高校自身及其内部公权力行使者,只是根据具体情况追究不同问责客体的责任。

③高校问责制的内容,即"问什么",是指高校利益相关者的诉求。各个国家由于国情的不同,高校利益相关者的利益不同,问责的内容也不同。比如,美国市民社会问责主要关注学校使命目标、物质和智力资源、有效性、持续性等;市场问责主要关注学费上涨为何比通货膨胀率、消费物价指数及其他相关指数的上涨速度快,为何各大院校的利润投资比率很低等问题;政府问责的主要内容通常是教育机会、经费使用、学生成绩、经济贡献等公共政策目标。[⑥]英国高校问责制的基本内容包括:"财政廉洁、财政安全、风险管理、管理体制、成本/竞争力、物有所值、学

① 周湘林. 中国高校问责制度重构——基于本科教学评估的新制度主义分析[D]. 华中科技大学,2010:53.

② 吴先芳. 构建我国高等教育问责制的探讨[D]. 湖南大学,2007:14.

③ 余莉. 试论我国高校问责制度的完善[D]. 湖南师范大学,2010:9.

④ 徐木兴. 高校教育问责制实施途径研究[J]. 高等农业教育,2006(10):21.

⑤ 吴景松,程宜康. 我国高校问责制之现实困境及其治理路径[J]. 江苏高教,2007(1):44.

⑥ 王淑娟. 美国公立院校的州问责制[M]. 北京:知识产权出版社,2010:76-80.

校规划、投资数额、与学生相关的统计数据(studentstatistics)、教学、研究和服务质量、道德规范/责任、环境等。"[①]我国高校问责制的内容既要借鉴各国已有经验,更要从我国实际出发。从我国的实际看,政府是我国公立大学办学经费的主要资助者,我国公立大学是教育公共权力的主体,承担着提供公共教育活动的职能,肩负着服务公共利益的责任。因此,我国高校问责制的内容主要包括两个方面:权力问责和绩效问责。权力问责是对高校行使权力过程的问责。有权受监督,由于高校享有我国教育法律法规授予的招生、自主设置专业、教育教学和科研、管理学生、学位授予、自主管理经费、内部管理等自主权,对于这些教育公共权力大学是否正确行使,是否越过权力的边界导致权力异化,这是高校利益相关者尤其是政府最为关切的问题,对大学权力的问责,就是对大学用权的监督和约束,这是政府放心放权的根据和制度保障。绩效问责是对高校行使权力结果的问责。有权就有责,绩效责任是大学在受权与资源支持下所应承担的责任,主要包括对教育教学质量、经费的使用情况、服务社会情况、科研情况、就业情况、教育公平、学生毕业率、学位授予率等方面的问责。权力问责和绩效问责是高校问责制的核心,不过,权力问责和绩效问责的内容必须规定清楚明了,易操作,才不会出现高校问责过程的混乱。

④高校问责的程序,即"如何问"。高校问责程序包括问责启动、调查处理、申诉复查、监督执行等基本程序。必须严格问责程序,使之常态化、制度化、法制化,而不是突击式检查。高校问责制作为一个过程,是诸多环节的统一体,每一个环节都有自己独特的地位和功能,缺一不可。在这一系列环节中,需要注意以下几点关键:第一,严格依法问责。政府要制定专门的法律法规和政策,如高等学校问责法、高校信息公开法、高校评估法等,明确各高校利益相关者的法律地位,尤其是社会中介组织的问责主体地位,明确规定问责的客体、问责的标准和内容、问责的

---

① 高耀丽.英国高等教育问责制及其启示[J].高等教育研究,2005(11):104.

程序,使问责有法可依,有规可循。第二,成立常设性问责机构。常设性问责机构是问责的启动者,也是问责活动的实际承担者,没有常设性问责机构,高校问责制的制度化、常态化就成为空话。在西方高等教育运行机制中,各国一般都设有这类性质的问责机构,如在美国最值得关注的问责机构有两类:一是由各州的立法机构指定一批学校外部人士组成的董事会,二是由各州政府组织的高等教育委员会。① 此外,在美国能够对院校进行问责的市民社会组织主要包括认证组织、各种基金会、专业协会和工会以及同类型院校的集体组织。② 除了这些固定的监督、问责机构之外,美国各州的立法机关也是对高校进行问责的机构。我国目前的高校教育问责机构主要包括中央及地方教育行政部门、国家及地方的教育督导机构、中央及地方高等教育评估机构。③ 这些问责机构主要是政府性质的,属于系统内的问责机构。从信任的视角看,独立于政府和大学的社会中介组织,是政府和大学均信赖的第三方,其问责的效果和质量更高。但目前社会中介组织在我国还处于起步阶段,还不够成熟,其对政府的依赖性也较高,因此,必须大力扶持社会中介组织的发展,通过立法赋予中介组织在高校问责制中的主体地位,使之真正成为我国高校问责制的中坚力量。第三,高校要设立回应性的机构。对问责主体的问责,高校需要设立回应性的机构,如发展规划处、改革与发展研究室、发展规划与政策法规办公室等,以便向问责主体汇报、解释和说明情况,并对问责主体的质疑进行辩护和说明。第四,在问责方式上,重在异体问责。高校问责方式包括同体问责和异体问责两种。同体问责是系统内主体的问责,主要是指上级教育行政管理部门对高校领导的问责,高校领导对于下级管理人员的问责,以及我国独特的党委对于学校管理

---

① 樊钉,吕小明.高校问责制:美国公立大学权责关系的分析与借鉴[J].中国高教研究,2005(3):62.

② 王淑娟.美国公立院校的州问责制[M].北京:知识产权出版社,2010:76.

③ 吴景松,程宜康.我国高校问责制之现实困境及其治理路径[J].江苏高教,2007(1):44.

层的问责等。异体问责是系统外主体的问责,包括学生及家长、教师、社会中介组织、新闻媒体、投资者等对高校的监督和问责。这两种问责各有优势,较之同体问责,异体问责更具客观性、公正性和开放性,异体问责的效果和质量高于同体问责。因此,应实行同体问责和异体问责并存,以异体问责为主的问责方式。第五,借鉴国外经验,实行多样化的问责方法。可以采用大学排行榜、校友满意度调查、高校信息公开、评估、绩效报告、绩效拨款等方法对高校进行问责。第六,要明确救济途径和改进程序。高校问责是高校利益相关者和高校及相关人员之间互动的过程,因此,应通过立法明确救济途径,使大学有机会针对惩罚和质疑,进行回应和辩护,以促进高校的改进。

⑤高校问责制的结果,即"问什么责"。高校问责的结果应该是奖励和惩罚两种机制相结合。奖励是一种激励机制,若只有惩罚,没有奖励,就会打击高校的积极性,使高校的发展缺乏动力;惩罚是追究责任的机制,若只有奖励,没有惩罚,问责没有威慑力。从惩罚机制看,高校应该承担法律责任、行政责任、政治责任和道德责任,其承担责任的方式包括公开道歉、责令作出书面检查;通报批评、公开谴责;引咎辞职、责令辞职、免职、撤职;给予警告、记过、记大过、降级、撤职和开除行政处分等。

综上所述,高校问责制为政府等高校利益相关者监督和约束大学的行为提供了具体的方式、路径和程序,能有效地防止大学滥用权力、违法用权、不作为等不利于政府信任行为的发生,有效地保障了政府等高校利益相关者的权益,因此,高校问责制为政府信任大学提供了制度保障。

(2)教育行政部门问责制

教育行政部门是指一个国家的各级政府对教育事业进行组织领导和管理的机构或部门,一般包括中央教育行政部门和地方教育行政部门两类。我国中央教育行政部门即是教育部,地方教育行政部门如教育厅、教育局、教育委员会等。本书所理解的教育行政部门问责制是指党政机关首长及相关部门、上级教育主管及督导部门、人大及其常委会、司法机关,民主党派、学生、家长、教职工、公众、媒体、社会组织等问责主体对教育行政部门及其责任人履职情况进行质疑、评估或调查，并根据各自的权限和程序，对教育行政部门及其责任人滥用权力、不作为、过失或无为情况进行责任追究的制度。[①]基于本研究的需要，教育行政部门问责制的问责客体仅局限在教育行政部门本身。

从我国教育行政部门和大学的关系看，由于我国教育行政部门权力过大责任过小[②]，权责不一致，使权力本身缺乏制衡，再加之党委、人大、政府和司法的权力框架不清晰，人大的监督流于形式，司法监督的不力，学生、家长和教职工主权虚置，这一切导致我国教育行政部门的权力缺乏制衡和约束，以致出现教育行政部门一方面滥用权力、越权管理大学的行为频繁发生。另一方面，教育行政部门应尽的职责又不履行，使大学对教育行政部门管理大学的能力和水平质疑。因此，建立教育行政部门问责制，让众多的问责主体对教育行政部门行使权力、履行责任进行监督和约束，增强大学信任教育行政管理部门的信心。

问责制作为一种责任追究制度最早应用于公共行政领域。问责制在我国起步较晚，非典前国家出台了有关追究官员责任的相关法律和政策文件，如《国家赔偿法》《行政复议法》等，但是对党政机关和政府官员的监督问责机制没有真正建立起来。2003 年，在抗击非典的过程中，中央颁布《突发公共卫生事件应急条例》，正式启动官员问责制。以后，中央相继颁布了《中国共产党纪律处分条例》《党内监督条例（试行）》《公务员法》《行政诉讼法》《行政监察法》《各级人民代表大会常务委员会监督法》《政府信息公开条例》等，各地更是出台一系列行政问责暂行办法。[③]2006 年，新义务教育法引入了问责制，标志着我国教育行政问责制建设全面开始。因此，较之高校问责制，我国教育行政部门问责制起步更早，制定的相关法律法规和政策更多。在中央层面出台了《教育督导暂行规定》《教育法》《义务教育法》《学生伤害事故处理办法》《学校食物中毒事故行政责任追究暂行规

① 赵银生. 我国教育行政部门问责制度研究[D]. 华东师范大学,2008:7.

② 顾海兵. 教育行政部门的权利之实与责任之虚[N]. 南方日报,2005-11-11.

③ 赵银生. 我国教育行政部门问责制度研究[D]. 华东师范大学,2008:35.

定》《关于加强教育督导与评估工作的意见》等,地方也出台了一系列教育行政问责规定,采取了一系列问责措施。从总体看,我国教育行政问责制正开始走向常态化、制度化,问责的内容越来越广泛、越来越具体,问责的主体开始呈现多元化,问责方式开始多样化,问责程序也逐渐建立,①但是,我国教育行政部门问责制毕竟还不健全,还存在诸如教育行政法律规范不健全、教育行政部门与其他部门权责不清、问责程序不规范等弊端,导致问责缺乏力度、问责内容和导向出现偏差、问责随意、缺乏公正等问题的产生,影响了我国教育行政部门问责制的实效。为达到建立我国教育行政部门问责制的目的,使教育行政部门获得大学、公众等问责主体的信任,应从以下几方面进一步完善我国教育行政部门问责制。

第一,完善教育行政部门问责制法律法规体系。

任何制度的建立都离不开法律的保障。完善的教育行政部门问责制法律法规体系是实现教育行政部门问责制制度化、常态化和法制化的依据和保障。首先,必须制定新的法律法规。应出台《行政监督法》《行政问责法》《信息公开法》等专项法律,制定《教育投入法》《教育绩效评估法》《教育行政组织法》等有关教育的法律,在此基础上制定《教育行政部门问责法》,明确问责的主体及各自问责的内容、问责的客体、教育行政部门的权责、问责的程序和方式等,使教育行政部门问责有法可依。其次,修改现有的《教育法》《高等教育法》等,纠正法律法规对教育行政部门权责的规定过于笼统,过于原则,缺乏可操作性等弊端,实现教育行政部门权责的统一,明确设定责任的范围、责任判断标准以及责任的实现形式。

第二,实现问责主体的多元化。

教育行政部门问责的主体是多元的,包括党政机关首长及相关部门、上级教育主管及督导部门、人大及其常委会、司法机关,民主党派、学生、家长、教职工、公众、媒体、社会组织等,这些

① 赵银生.我国教育行政部门问责制度研究[D].华东师范大学,2008:52.

不同的主体利益不同，关注的核心不同，其问责的内容也就不同。只有实现问责主体的多元化，对教育行政部门的监督和问责才是全面的、全方位的。当前，尤其要确立人大、学生、家长、教职工、社会组织等异体主体的问责主体地位，发挥异体问责的作用，克服党政机关、上级教育主管部门等同体主体基于体制内利益而出现的官官相护、沆瀣一气现象。

第三，进一步明确问责的内容。

由于教育问责法律法规的不完善，要进一步明确教育行政部门问责的内容，可以借鉴一般行政部门问责的有关规定，主要根据教育行政部门的权责，完善问责内容。具体来说，可以根据既注重合法性，又体现全面性；既注重现实针对性，又符合长远发展趋势；注重内容的合理性、可操作性原则，实现由事故问责向绩效问责的转变，由关注结果向既关注过程又关注结果转变，实现效率与公平的统一，做到权责统一。从具体内容看，赵银生认为教育行政部门问责的内容应该包括如下几方面：违反法律、法规和党风廉政规定；渎职失职，导致重大安全事故、稳定事件；决策失误、违反政策或政策执行不力；履行管理职责出现“缺位、越位”；机关工作效能、服务质量低下；理念落后，能力不强，工作平庸；教育发展落后和教育质量严重下滑等。①

第四，进一步完善问责程序和方法。

问责的实施必须按照权责统一、程序合法的原则。从问责程序看，首先，要进一步完善人大、党委、政府、司法以及学生、家长、教师及其他被管理者等行政相对人的问责程序，完善教育督导程序，建立教育事故等专门事项的问责程序，增强问责过程的广泛性，建立健全同体问责和异体问责相结合的问责方式。其次，建立完整的问责程序。程序的完整是问责制度化的关键。行政问责过程包括失范行为的发现、责任解释与评估、责任的追究和问责救济四个运行点，②其中调查、评估、救济环节最为关键。最后，由于问责主体的多元化，问责要统筹兼顾，实现归口

---

① 赵银生. 我国教育行政部门问责制度研究[D]. 华东师范大学，2008：95-104.

② 张创新，赵蕾. 中国行政问责制度研究[M]. 长春：吉林人民出版社，2006：113.

管理,分级负责,防止多头问责。从问责方法看,绩效评估是重要的问责方法,但评估必须客观、公正、科学。因此,首先,在完善同体主体评估的基础上,吸纳学生、家长、用人单位、社会公众、学校管理者、教师等利益相关者参与评估,实现评估主体的多元化,特别要培植社会中介评估专业组织,防止评估中的暗箱操作。其次,根据我国国情进一步完善评估内容、评估指标,设计多样化、科学、客观的教育行政绩效评估指标体系。最后,采用教育质量监测法、教育调查法、政策评估法等多种评估方法,以满足不同目的的绩效评估的需要。

第五,完善责任追究手段。追究责任是教育行政部门问责的重要环节,是问责的具体结果。教育行政部门牵涉面广,所承担的责任是多方面的,包括法律责任、行政责任、政治责任、道德责任等,因此,追究责任的方式应该是全面的、多样的,包括通报批评、赔礼道歉、行政追偿、行政处分、刑事处罚、警告、引咎辞职等。

从政府和大学关系看,教育行政部门是大学的主管部门,是大学的管理者、服务者和举办者,教育行政部门能否在法律规定的权责范围内行事,不越权、不缺位是大学关注的重点,而教育行政部门问责制建立的目的和意义恰在此,因此,教育行政部门问责制为大学信任政府提供了制度保障。

从应然的角度看,政府和大学信任是双向互动的,是一种彼此的托付和信赖,因此,对权责的监督是二维的,既要建立高校问责制以约束大学的行为,又要建立教育行政部门问责制以制约政府的行为。不过,从我国的实际看,我国政府和大学之间更迫切需要解决的是政府对大学信任度不高,政府不愿放权的问题,而信任建立的重要基础——责任性机构和责任性机制的缺场是影响政府信任大学的重要原因,因此,在当前建立健全高校问责制这一保障机制,是我国政府和大学信任建立的重要基础,也是实现政府和大学和谐的迫切要求。

### 3. 两种问责制在信任机制中的制度保障作用

影响我国政府和大学信任建立的关键因素是政府和大学权

责是否清晰、统一，因此，“三位一体”的政府和大学信任机制是以政府和大学权责的清晰、统一为核心而发生作用。

一方面，法律法规体系作为信任机制的基石为政府和大学信任的建立设置责任性背景，并预设政府和大学未来的行动，减少双方未来行动的不确定的，有效降低风险。法律法规体系要实现基石作用，成为政府和大学信任的起点，必须以明确规定政府和大学的权责，实现政府和大学权责统一为前提。因为只有政府和大学权责清晰才能为政府和大学的行为划定行动的范围以及行动的边界，这种固有的脚本让政府和大学能清楚地知道彼此应该和将会做什么，为未来提供了可靠的框架，在此基础上，法律法规体系的强制性提高了政府和大学信任行为发生的可能性，并使彼此相信对方将履行他们的职责，使得未来更加没有疑问、更加安全、更加有秩序、可预测，这样的安全感和确定感鼓励对预期信任的赌博；只有政府和大学权责统一，法律法规设定的政府和大学的行动范围和边界才具合法性，能为政府和大学共同接受和认可，共识的规范易于达成理解，促成信任。

另一方面，法律法规体系按照权责一致的原则明确政府和大学权责仅是为政府和大学信任的建立提供了可能前提，或者仅是政府和大学信任的起点，更为关键的是政府和大学如何行使权力，履行责任。因为政府和大学信任发展不是一蹴而就，政府和大学信任按照由低级到高级以及双方信任的程度，其演变过程应经历谋算型信任、了解型信任和认同型信任三个阶段或者三个层次，由脆弱发展到稳定逐步演变到成熟状态。这三个层次是在一个连续性的过程中相连的，其中信任在一个层次上的达成能促使信任在下一个层次上的产生。不过，正是由于政府和大学信任的发展是一个过程，因此，在其演变过程中需要政府和大学持之以恒地呵护，否则政府和大学信任不仅不能达到成熟状态，而且会逐步衰退，甚至瓦解。这种衰退可能是一个孤立事件导致，大多数时候政府和大学信任的衰退是一个被侵蚀的过程。即政府和大学本来是相互信任，双方关系处于平衡状态，若其中一方，假设大学违背了信任，政府作为被侵害方就会感到不安和心烦意乱，政府会在认知层面上，考虑这种情势的严重程度，责任在谁；在情感层面上，会愤怒、心痛，这些反应使政府对它与大学的关系进行重新评估。若大学对政府的指责有负罪感，请求原谅，并致力于恢复性行为，双方的关系可能恢复。若大学无负罪感或者有不同意见，则政府和大学的信任关系就会遭到破坏。因此，政府和大学信任从开始建立到成熟的发展过程中，需要政府和大学双方共同努力、共同维护，否则就会回到原点。由此可见，若政府和大学正确行使权力，承担责任，那么政府和大学信任就可以维系，若政府或大学中任何一方违法行使权力，不履行责任，另一方的利益就会受损，导致双方信任的倒退或瓦解。因此，为确保政府和大学依法行事，不做有损对方的事情，需要助长性的社会结构提供一种保险或备用选择并因此而感到更安全，这就必须建立高校问责制和教育行政部门问责制。因为如前所述，这两种问责制的重要功能和意义就是对政府和大学行为的约束和限制，以强制力保证双方正确行使权力，自觉履行责任，避免双方机会主义行为的发生，确保政府和大学利益的实现，维系并促进政府和大学信任的发展。因此，高校问责制和教育行政部门问责制是我国政府和大学"三位一体"信任机制的保障机制。

总之，健全的法律法规体系、明晰和统一的权责、完善的问责制缺一不可，三者相互依赖、相互作用，构建了"三位一体"的我国政府和大学信任机制。其中，政府和大学权责清晰、统一是核心，其他两方面是围绕它而建立；健全的法律法规是基石，其他两方面的实现和确立要以之为基础；完善的问责制是保障，其他两方面作用的实现要以之为保障。只有发挥"三位一体"信任机制的联动作用，才为我国政府和大学信任的建立提供制度基础。

# 第五章 我国政府和大学和谐之路的对策

构建和谐的关系是我国政府和大学的共同诉求。政府和大学信任关系的建立则是实现这一诉求之路径，而制度又是政府和大学信任建立的重要基础。因此，依据“三位一体”的信任机制，必须确立大学的公务法人地位，厘清政府和大学的权责，建立和完善高校问责制，才能构建和谐的我国政府与大学关系，实现大学的繁荣。

## 一、确立大学的公务法人地位——信任的前提

在现代法治社会中，法律规范体系提供了一个稳定的社会结构和框架，一个组织在社会结构中的法律地位，决定了它在社会分工纷繁复杂的社会结构中的角色定位，而每一角色都拥有与其地位相匹配的权责，这种角色和地位乃是一个组织的社会资本，社会其他组织将会以之为依据定位和它的关系，确定各自的权责。不可否认的事实是，我国大学作为事业单位法人，其法律地位是模糊的，这就给如何定位我国政府与大学的关系，厘清政府和大学的权责制造了障碍，政府和大学信任失去了重要的前提和起点。因此，要建立我国政府和大学信任首先必须明确我国大学的法律地位。这里主要借鉴大陆法系国家的公务法人制度，明确我国大学的法律地位。

## (一)公务法人的特点

法人是依法成立的,能以自己的名义独立行使权利,履行义务,自己承担行为法律后果的组织。按照大陆法系国家法人理论的传统,将法人分为两种:公法人和私法人。公法人是按公法规定成立的法人,以处理公共事务为成立目的。私法人是按私法规定成立的法人,以私人事业为成立目的。①大陆法系国家通常将公法人分为公法团体、公法财团、公务法人三大类,西方各国大多将大学称为“公务法人”。在法国和德国等大陆法系国家,通常将公立大学定位为公营造物或者公共公益机构。所谓公营造物,按照德国行政法之父奥托·迈耶的解释,就是掌握于行政主体手中,由人与物作为手段之存在体,持续性地为特定公共目的而服务。②公营造物是德国法和日本法使用的概念,易被人误解为是指物理建筑,故有人称之为“公务法人”。比如,根据联邦德国第一部《高等教育总纲法》规定,大学是享有自治权力的合法团体,私立大学是法人,独立于政府,享有高度自治权,公立大学也是独立的法人,是公营造物,也被视为公务法人。③在日本,大学属于营造物法人的一种。盐野宏认为,大学属于特别行政主体中政府特殊关系的特殊法人。我国台湾认为大学属于公营造物之一种。④法国学者将其称为“公立公益机构”,在法国此类机构除公立教育机构外,还包括国家医疗单位、与公共工程相关的机构、农业与商业机构、荣誉勋位团、省市镇属公立公益机构等。比如,法国1968年《高等教育方向法》规定“大学是有法人资格和财政自主权的公立科学文化性机构”。⑤英美国家虽然没有公私法人之分,但都承认公立大学是公务法人。我国学

---

① 王名扬.比较行政法[M].北京:北京大学出版社,2006:84.

② 吴庚.行政法之理论与实用[M].增订4版.台北:台湾三民书局,1998:164.

③ 胡鹏程.中国大学自治法律制度研究[D].天津师范大学,2009:10.

④ 姚金菊.转型期的大学法治——兼论我国大学法的制定[M].北京:中国法制出版社,2007:96-99.

⑤ 石正义.在自治与控制之间寻求平衡——英法两国大学与政府关系的比较与启示[J].湖北大学学报:哲学社会科学版,2006(3):72.

者一般把此类性质的机构称之为“公务法人”。公务法人是近代行政管理出现的一种新技术，是行政组织顺应新的历史条件而产生的一种扩张形态。公务法人通过人与物结合的方式为社会提供特定的服务，其活动具有专业性质，只执行一项或者几项互相关联的职务，公务法人服务的范围有科研、教育、文化等领域。所以，公务法人既有别于私法人，也有别于其他公法人，具有自身的特点。首先，公务法人是公法人的一种，是按照公法而设立的法人。公务法人是具有独立的法人人格，以实施公务为基础的行政主体。其次，与作为机关法人的行政机关不同，公务法人是国家行政主体为了特定的行政目的而设立的，担负特定的行政职能的服务性机构，因而有别于“正式作出决策并发号施令之科层式行政机关。”①再次，公务法人具有独立的法律人格，能够独立承担法律责任。它独立于一般行政的层级组织之外，受专门性原则的限制，基础是公务管理的技术考虑，在管理和财务方面具有独立性。②也就是说，公立大学作为公务法人，不再是政府管辖的下级机关，而是与政府平等的行使高等教育公共权力的国家机关，大学具有在法律上独立的人格，赋予其在人事、财政、预算、管理、教学等方面更多的自治权，可以独立享有权利、承担义务，政府不能越权干预大学自治，只能依法对大学进行法律监督，不能进行专业监督，这就使大学自治具有了法律地位，拥有了合法性基础。最后，公务法人与其利用者之间存在着复杂的法律关系，它们之间既包括私法关系，又包括公法关系，既包括普通的民事法律关系，也包括行政法律关系，而公法关系即行政法律关系集中体现了公务法人与其他法人的区别。不同的法律关系拥有不同的法律救济途径。如果是公法问题以行政诉讼为主，是私法问题以民事诉讼解决之。③根据公务法人的特点可知，如果我国大学确立公务法人地位，可以准确地反映我国大学的法律地位，实现大学自主化的目标，也能解决困扰我们多年

---

① 马怀德. 公务法人问题研究[J]. 中国法学,2000(4):42.

② 王名扬. 法国行政法[M]. 北京:中国政法大学出版社,1988:132.

③ 马怀德. 公务法人问题研究[J]. 中国法学,2000(4):43.

的政府和大学关系问题。

## (二)大学作为公务法人的意义

引入"公务法人"概念,意味着我国将借鉴大陆法系国家把行政主体分为国家、地方团体、公务法人的做法,把我国行政主体分为中央、地方各级人民政府、公务法人三大类,而不再使用原来的行政机关和法律法规授权组织的划分法。按照这种分类,大学不再是法律法规授权组织,而是公务法人。大学的公务法人定位可以解决我国大学法律地位模糊给现实带来的困扰问题。首先,大学作为公务法人,意味着大学不仅是民事活动的主体,而且在行政活动领域中也具有独立的主体资格。例如,大学和学生之间既有公法上的关系,即行政法律关系,又有私法上的关系,即民事法律关系,不同的法律关系法律救济的途径不同,这就解决了大学作为法律法规授权组织仅为民事法人带来的问题。对此马怀德认为,将大学等事业单位定位为公务法人,尤其是区分了大学与其利用者之间的不同法律关系,以及不同的救济途径,这是在我国现有行政体制和救济制度下,更新行政主体学说,改革行政管理,完善司法救助的一次有益探索,也对重新定位我国事业单位的性质和法律地位具有十分重大的意义。① 其次,大学作为公务法人,是公法中的特别法人,不同于行政机关等普通的公法人。其最大的特点在于:大学不再是政府的附属机构,脱离了行政机关一般的行政职能,在行政法律关系中具有独立的人格,从事特定的向公众提供高等教育的公务,独立承担实施公务所产生的权责,与政府保持一定的独立性,并且较少行政机关的官僚风气和烦琐程序,体现出相当的自主、自治特色。② 由于大学不同于一般的科层式行政机关,它与政府之间是外部行政法律关系,没有隶属关系,具有独立的法律人格,享有独立的诉讼能力和行为能力,独立承担法律责任,校长是公立

① 马怀德. 公务法人问题研究[J]. 中国法学,2000(4):43-44.

② 申素平. 谈政府与高校的法律监督和行政指导关系[J]. 中国高等教育,2003(8):12.

大学的法人代表,代表学校应诉。因此,大学所享有的权力不再是随意的,不是政府内部上级和下级分权,而是有法可依的,这样政府就不能随意、随时剥夺大学的权力,"当政府不当干预大学的自治行政时,大学可以依法对抗,使其受司法的审查。"①这就保证了大学依法自主办学,为大学自治提供了法律保障。最后,大学作为公务法人,其行为性质是替国家执行公务,是为了公共利益而存在的主体,因此,大学的招生、教育教学、科研、学生管理等活动必须受到社会公益目的及行政法治原则的约束,接受政府和社会的监督,即大学必须合法行使公共权力,若滥用权力其行为具有可诉性,这就确保了政府在法律规定范围内对大学的监督权和管理权,以防止大学的放任自流。

总之,大学公务法人的定位,一方面为明确政府和大学各自的权责,厘清政府和大学的法律关系提供了前提。另一方面,大学公务法人的定位在确保政府权益的同时,也符合大学作为传承、传播、发现、应用知识的学术组织的特性,有利于我国扩大大学自主权改革目标的实现。同时,这种定位也满足了公众对由公共财政支持的大学公益性的要求。正是由于大学的公务法人定位兼顾政府和大学双方的利益,为双方的互信提供了强制性外部保障,从而为政府和大学信任的建立提供了前提。

## 二、完善立法,厘清政府和大学权责边界——信任的关键

通过立法明确大学的公务法人法律地位,仅仅是为政府和大学信任的建立开启了便利之门。在"三位一体"的政府和大学信任机制中,政府和大学权责明确、一致是信任建立的核心。因此,在明确大学的法律地位基础上,立法的中心任务和核心是完善法律法规体系,明确政府和大学权责,实现政府和大学权责统一。完善立法有两条路径:一是通过补充和完善《教育法》《高

① 申素平.公立高等学校与政府的分权理论[J].比较教育研究,2003(8):4.

等教育法》等法律，明确政府和大学的权责；二是通过推进上承国家教育法律法规、下启学校规章制度的大学章程建设。这两条路径是相辅相成，缺一不可的。

## （一）完善教育法律，明确政府和大学的权责

法律法规体系是明确我国政府和大学权责最具权威性、最为有效的手段。因此，必须完善高等教育立法，制定新法律，或修订已有法律，尤其要完善作为高等教育专门法的《中华人民共和国高等教育法》，提升立法质量，从根本上改变政府和大学权责模糊的状态，明确政府和大学的权责。

### 1. 明确规定大学自主权的内容及救济途径

毋庸置疑，我国高等教育法律尤其是《高等教育法》以法律的条文确认了大学的自主权，极大地调动了高等学校办学的积极性，但是，由于《高等教育法》对大学自主权的规定过于笼统、不明确，导致迄今为止，法律规定的各项自主权仍远未落实到位。为使大学自主权真正得到彰显，必须修订、补充和完善现行《高等教育法》及相关法律，并在此基础上出台实施细则。

第一，必须把学术自由作为高等教育立法的原则，凸显高等教育立法的特殊性。

学术自由是大学悠久的传统，也是大学的核心理念和基本原则，是大学生存和发展的根基和力量源泉。学术自由是大学自主权的合法性基础，把学术自由作为高等教育立法的原则，既是对高等教育内在规律的遵循，也是高等教育立法确立大学自主权以及大学自主权具体内容的逻辑起点，事实上，大学自主权就是学术自由理念的具体化。

第二，必须改变立法模式，分类规定不同类型高等学校自主权。

根据我国《高等教育法》第 18 条的规定，高等学校包括大学、学院和高等专科学校等类型，这些不同类型的高等学校在国家高等教育体系中处于不同的地位，它们各自拥有自主权的范围和受政府管理的程度应该不同。若不加区分地统一规定自主

权,只能是笼统规定,缺乏明确性和针对性,甚至是以偏概全,而这恰好是当前我国高等教育的立法模式。因此,为明确大学自主权,必须改变统一规定的立法模式,进行分类规定,使大学自主权区别于其他类型高等学校的自主权而独具特色,且明确清晰。比如,德国的《高等教育总法》及各州的高等教育法就是采取此种模式。《联邦德国高等教育总法》(2004 年 12 月 27 日修订)第 1 条规定了使用范围:"本法所指的高等学校是指大学、师范学院、艺术学院、高等专业学院(Fachhochschulen)和其他各州州法律确认的公立高等教育机构。本法亦适用于符合本法第七十条规定并得到国家认可的高等学校。"该法第 2 条第 9 款规定:"属于本法第一条第一句的各类高等学校及具体职能须由各州规定。本法未提及的职能,只有在与本条第一款所述任务相关时,才能指派给高等学校。"第 2 条第 1 款的职能主要包括扶持和发展艺术和科学以及培养学生的职能。①

第三,必须修订和完善法律条文对大学自主权的规定,做到清晰明了,通俗易懂,具有可操作性。

我国现行高等教育立法对大学自主权的规定是比较笼统,含糊不清,这就导致政府、社会和大学在理解和执行大学自主权过程中产生歧义,使大学自主权难以真正落实。因此,当前首先必须修订和完善《高等教育法》以及相关法律,改变法律条款语言表达过于概括、模糊的弊端,规范和清晰地表述大学自主权的内容,使权限边界清楚,易操作。具体而言,其一,《高等教育法》第 32 条规定的大学招生权。从条文规定看,招生是政府和大学共同管理的事务,关键是应该明确政府和大学各自的权限。教育行政部门有管理和监督招生的权力,教育行政部门应该和大学相互合作,制订出确定高校招生能力的统一标准,原则上应该以每门课程的学习期限为基础。在规定招生名额前,教育行政部门应要求学校报告本校预计录取的学生人数,学校在报告中需要说明招生能力的计算方式,以核查学校是否按照统一的标

---

① 马陆亭,范文曜. 大学章程要素的国际比较[M]. 北京:教育科学出版社,2010:210-211.

准计算。至于各大学招生的人数、招生的规模、系科的比例、选拔学生的标准等微观权力应属于大学,政府不能干预。其二,第33条关于自主设置、调整专业的权力。该条关于高校自主设置和调整学科、专业权的表述是模糊的,可以在条款中把高校自主设置和调整学科、专业的权限、自主的程度,设置和调整学科、专业的程序,以及政府的监督权限和方式补充说明清楚。比如,教育行政部门和大学共同讨论,制订设置新专业的条件、标准,包括师资要求、师生比、教学基础设施、教学资源等。其三,第34条关于教学自主权。条款应明确规定大学能自主制订教学计划,确定专业重点,自主开展教学活动,确定教学内容和方法等。其四,第35条关于科研自主权。应该明确大学在科研活动的组织、科研经费的管理、科研项目的促进与协调、科研活动的重点、研究方法的确定与科研成果的评价和传播等方面的自主权。其五,对于大学自治极其重要而高等教育立法又没有赋予的自主权应该增加、补充到《高等教育法》中,以完善高校自主权。比如,应该把大学的学术自由权,大学选举校长的自主权等补充到《高等教育法》中,以法律的形式予以明确。

第四,必须出台与《高等教育法》及相关法律配套的《实施细则》。《高等教育法》及其相关法律规定的高校自主权之所以执行不力,除了法律条款规定得太抽象概括外,还有一个重要原因就是没有出台对这些法律进行具体的、详细的、可操作性解释的《实施细则》。《实施细则》可以使高等教育法律更易理解和操作。

第五,根据高等教育法律的内容和实施要求,加强对行政法规和规章的解释,审查有关规章及规范性文件,对与《教育法》和《高等教育法》相抵触的内容,应按照法定程序进行修改或由发布机关废止。

第六,完善大学自主权的救济途径,保障大学自主权。

高等教育法律应该明确规定大学自主权的救济途径,无救济就无权利。具体来说,救济途径包括两种:一种是高教行政复议。即大学作为高教行政相对人认为,教育行政机关的具体行政行为侵犯其合法权益而提出申请,请求复议机关对具体行政行为进行复查并作出决定的一种制度。简而言之，就是高教行政复议机关适用准司法程序处理特定行政争议的活动。① 高教行政复议是一种行政救济机制，可以保障大学自主权不受不当行为的侵犯。高教行政复议范围包括教育行政机构干预大学正常招生；干预大学自主设置、调整学科、专业；干预大学正常教学活动；干预大学正常的科研活动；影响大学自主权实现的不作为；滥用职权管理大学等行为。另一种是高教行政诉讼。高教行政诉讼是指大学作为教育行政相对人认为教育行政机关或其他教育行政执法主体所实施的具体行政行为侵犯其合法权益，依法向人民法院起诉，人民法院对被诉行为的合法性进行审查并依法作为裁决，以保证教育行政的公正性和合理性，保护大学的合法权益。高等教育法律应该明确，除了行政诉讼法所规定的受案范围，上述侵犯大学自主权申请行政复议的行为都可以提起行政诉讼。

### 2. 明确规定大学的责任

权力与责任对等，享有多大的权力，就应当承担多大的责任。大学作为公务法人是教育公权力的主体，大学应该承担的责任是多方面的，包括法律责任、政治责任、行政责任和道德责任。法律法规应该明确规定大学应该承担的多种责任。其中，法律责任是大学行为的底线，明确大学应承担的法律责任是政府愿意给予大学信任的重要条件。因此，针对我国现行高等教育立法对大学的法律责任规定不明确、含糊的现状，应该在现有《教育法》对学校承担的义务、法律责任规定的基础上，进一步修订和完善高等教育法律，尤其是《高等教育法》，将大学的义务和法律责任单列成章，立法上以确定性规范为主，不能大而化之，准确、系统、详细地规定大学应该承担的与其享有的权力对等的义务和法律责任，要凸显大学法律责任的特殊性，尽量对权力的依据、运行程序、监督、行使主体、责任等作出详细具体的规定，

---

① 周叶中，周佑勇. 高等教育行政执法问题研究[M]. 武汉：武汉大学出版社，2007：304.

以保证大学利益相关者(这里主要指政府)合法权益的实现。只有这样大学才可能赢得政府的信任。

### 3. 明确政府的权力和责任

政府和大学信任是双向的,要构建政府和大学信任,不仅要明确大学的自主权与责任,还必须明确政府的权力和责任,以约束政府的行为,让大学放心。而我国现行高等教育立法模式却没有明确规定政府的权力和责任,使政府的行为缺乏有效的约束,而侵犯大学自主权。为此,必须改变现行立法模式,明确政府的权力和责任。本研究认为可以借鉴德国的立法模式,在《高等教育法》中要明确规定三种权力:一是大学享有的自主权;二是政府拥有的管理和监督大学的权力;三是政府和大学共同享有的权力。① 从《高等教育法》对政府和大学权力的规定来看,大学享有的自主权一般是集中在和学术自由有关的领域,政府的权力往往集中在财政、人事、卫生等领域。政府为实现国家高等教育的均衡发展、教育公平以及培养高素质人才等目标,必须对大学行使管理权和监督权。当前,首先,需要通过立法明确政府可以对大学行使管理权和监督权的领域,让政府在法律规定的范围通过非强制性的指导、建议、劝告、指引、评估等方式对大学进行监管,这是明确政府权力所必需的。比如,《联邦德国高等教育总法》(2004 年 12 月 27 日修订)第 59 条规定:"州政府行使法律监督权。法律监督的方式须以法律的形式予以规定。须通过法律对高等学校履行其公共职责方面提供更广泛的监督。"② 其次,在高等教育的某些领域,需要政府和大学的共同协作,政府和大学在这些领域共同享有权力,比如,在确定大学的招生人数和规模时,需要大学与政府从国家的高等教育总体目标和发展规划,以及大学自身的能力共同确定。从明晰政府和大学权限的角度看,《高等教育法》应对此作出明确的规定。只有这样才能真正厘清政府和大学各自的权限,这是政府和大学

---

① 申素平. 高等学校法人与高等学校自主权[J]. 中国高教研究,2005(5):9.

② 马陆亭,范文曜. 大学章程要素的国际比较[M]. 北京:教育科学出版社,2010:227.

信任建立的关键。

此外,高等教育立法还应该明确规定政府的法律责任,当政府违反法律规定越权行事,或者不作为时,可以追究政府的法律责任,为政府和大学信任提供责任性背景。

## (二)推进大学章程建设,进一步明确政府和大学权责

大学作为公务法人需明晰两种关系:一是办学的外部关系,即大学与政府、社会的关系;二是办学的内部关系,即大学的自我管理和约束机制。第一种关系首先由法律明确,章程根据大学自身的情况做进一步的界定;第二种关系主要由大学章程明确,辅之以具体的规章。[①]因此,按照法律设定的体系,大学章程上承国家法律,是政府意志的体现,下启大学规章制度,是大学的"宪法",是大学意志的体现。大学章程既是大学在法律框架下行使自治权、规范办学行为、履行公共责任的基本准则,也是明确大学的法律地位,处理大学与政府关系,进一步厘清政府和大学的权责边界,将二者的权责边界刚性化的重要法律文本。大学章程的这种特性决定了它在协调政府和大学关系中起着极其重要的作用,是政府和大学信任建立的重要基础。因此,必须积极推进我国大学章程建设,尽快解决我国大学章程建设中存在的问题。当前,除了从文本上进行规范外,更重要的是,要加强我国高等教育法律法规建设,明确大学章程的法律地位、明确规定大学章程的制定主体、制定和修改程序,并完善大学章程的内容,使大学章程真正发挥在明确政府和大学权责中的作用。

### 1. 明确大学章程的法律地位

大学章程是明确政府和大学权责的重要文本,但首先其法律地位要明确。在当前我国大学章程法律地位不明确的情况

① 马陆亭,范文曜. 大学章程要素的国际比较[M]. 北京:教育科学出版社,2010:21.

下，我国必须完善高等教育法律法规，在《教育法》和《高等教育法》中，应当对大学章程在我国高等教育法律法规体系中的地位及其法律效力予以明确的规定。大学章程的法律地位和法律效力是同一问题的两个不同方面，二者不可分割。大学章程的法律地位决定了其效力的大小，决定了高校师生员工、政府和社会各界对大学章程的认可度；而大学章程的时间、对象效力，是大学章程法律地位的直接体现。因此，要明确大学章程的法律地位必须从以下几方面着手：

首先，完善《教育法》和《高等教育法》，明确大学章程在高等教育法律法规体系中的承上启下地位。大学章程属于规范性文件，我国高等教育法律法规是其“上位法”和“权源”所在，大学章程的制定必须服从上位法，不得与之相抵触，章程应该是我国高等教育法律法规的进一步具体化。另一方面，大学章程又是大学的“宪法”，在大学内部制度体系中处于至高无上的地位，具有纲领性、权威性和最高性，学校所有的内部规章都不得与大学章程相抵触。

其次，完善《教育法》和《高等教育法》，明确规定大学章程生效的对象、生效的领域、生效的方式和程序、生效的时间等。综合国内外相关资料，大学章程大致可以通过四种方式获得法律效力：一是由国会或州议会等立法机构通过，如《牛津大学章程》由国会立法通过；美国州立大学的章程一般由州议会立法通过。二是以政府令形式发布，如《澳门大学章程》由澳门特别行政区行政长官何厚铧签发。三是由教育行政主管部门审核并公布，如新中国成立初期教育部曾公布了北京师范大学等高校的章程。四是大学内部讨论通过并在教育主管部门备案，如《吉林大学章程》在学校召开的第 12 次党员代表大会上获得通过，并报教育部备案。[①]这四种方式的效力等级是逐渐递减，效力等级取决于大学章程最终通过的机构，由立法机构通过的章程，权威性和效力等级最高；由政府或者教育行政主管部门颁布的章程，

---

① 陈学敏. 关于大学章程的法律分析[J]. 武汉大学学报. 哲学社会科学版，2008(3)：172.

权威性和效力等级次之;教育主管部门备案的章程,权威性和效力等级更低。2012 年 1 月 1 日开始施行的中华人民共和国教育部 31 号令《高等学校章程制定暂行办法》第 23 条规定:“地方政府举办的高等学校的章程由省级教育行政部门核准,其中,本科以上高等学校的章程核准后,应当报教育部备案;教育部直属高等学校的章程由教育部核准;其他中央部门所属高校的章程,经主管部门同意,报教育部核准。”但这种方式权威性和效力等级低,主要是解决大学的设立是否具备《教育法》和《高等教育法》规定的必备条件问题。《教育法》第 26 条明确规定设立学校及其他教育机构,必须具备的基本条件之一是有组织机构和章程。《高等教育法》第 27 条明确规定申请设立高等学校的,应当向审批机关提交下列材料:申办报告、可行性论证材料、章程、审批机关依照本法规定要求提供的其他材料。这类大学章程的效力对象主要是大学内部,而无法有效地约束政府和社会对大学的干预,不能有效地解决政府与大学的权责边界问题。借鉴国外的方式,笔者认为更好的做法是,由立法机构通过大学章程,此种方式取得的法律效力,其权威性和效力等级无疑最高,使章程真正发挥治理内部并明确政府和大学权责边界的功能。如今南方科技大学正做这样的尝试,据报载,《南方科技大学章程》制订后,“将交深圳市人大审议,避免政府直接与学校打交道会造成的行政干预,实现大学自治。”①不过,根据我国国情,对部属大学的章程可由国务院审议通过,地方大学则由地方人大讨论通过,并报教育行政主管部门备案。②章程一旦生效,政府和大学都必须遵守,不得随意更改,这样既可以尽量减少主要领导人的更迭所带来的影响,比如,可以防止政策和规章制度的朝令夕改,杜绝领导换届引发的学校规章制度随意变更,消除不利于学校稳定有序的“人治”现象,也可以尽量减少政府任意干预大学自主权。

---

① 叶铁桥.深圳将立法保障南方科技大学自主权[N].中国青年报,2009-11-13.

② 李牧,等.我国大学法律制度之检讨——以现代大学制度为视角[J].华中农业大学学报:社会科学版,2010(2):160.

最后,尽快实现“一校一章程”目标。要尽快改变我国不是所有大学都制定了章程的局面,把《关于实施〈中华人民共和国教育法〉的若干意见》《高等学校章程制定暂行办法》以及2013年9月教育部制定的《中央部委所属高等学校章程建设行动计划(2013—2015年)》落实到实处,已经设立的大学和还没有设立的大学都必须结合本校的实际和特色,制定具有法律效力的大学章程,以体现高等教育法律法规的权威性。

只有大学章程的法律地位明确,章程才能真正在明确政府和大学权责,协调政府和大学的关系中起到关键性作用,政府对大学的信任才有法律依据。

## 2.明确大学章程的制定主体

大学章程的实质是大学利益相关者们对教[illegible]益进行分配的规范性文件,将各利益相关者的行为限定在既[illegible]架之内。若只有大学这一单一的制定主体,缺乏其他利益相关[illegible]的制衡,大学的意志就会放大,甚至超越法律赋予的权限,大学[illegible]相关者,当然也包括政府的权益就会受损。因此,大学章程制[illegible]主体设定是否合理,将关系到制定的大学章程是否科学、合理[illegible]否与上位法相冲突,是否违背上位法对政府和大学权责的规定等问题。

我国现有的高等教育法律没有明确规定章程的制定主体。只是根据我国现有高等教育法律的规定,从理论上认为公立大学章程的制定主体应该是学校的举办者即政府。但是,在实践中政府作为单一的制定主体是不合理的。一方面,由于我国政府集举办者和管理者为一身,担负的职责是沉重的,政府不可能为每一所大学制定章程,若仅制定一个章程,全国大学通用,不仅不利于大学的特色和多样化发展,背离了我国高等教育改革和发展的方向,而且也有违教育法律、法规要求的“一校一章程”。另一方面,政府毕竟有可能仅从自身利益出发,不可能完全按照大学的意图去考虑问题。而大学作为探索高深学问的机构所具有的自治性特点,也注定了政府不一定能认识和了解大学内在的发展规律和逻辑,不一定能理解大学的真实需求。因此，不能完全由政府来制定章程。在实践中，政府一般会将制定权授予学校，由学校成立章程起草组织负责本校章程的制定，章程起草组要广泛听取政府有关部门、学校内部组织、师生员工的意见，制定出适合自身特点与发展需要的个性化章程，政府通过"核准"章程来规范学校的办学宗旨、主要任务、内部管理体制等重大问题，保证大学在制定章程时体现政府的意志。因此，大学无权单独制定章程，也不能完全由政府来制定。大学章程要合理、合法，其制定的主体必须是多元的，包括政府、大学和社会各界人士等。

事实上，从国外大学章程制定的经验来看，国外大学一般都设有董事会或理事会，由董事会或理事会负责章程的制定，董事会或理事会的成员是多元的，包括政府官员、教师代表、学生代表、社会贤达（如工商企业界人士、慈善家等）等，他们都分别代表了不同群体的利益，章程的制定过程就是这些主体行使权力的过程，章程也综合、代表了各方面的利益。我国大学章程的制定也可以借鉴这种方式，在大学建立包括政府官员、大学师生员工、社会人士等组成的董事会，使大学章程既代表政府的意志，也代表大学和社会的需要。可喜的是，2011 年教育部通过的《高等学校章程制定暂行办法》第 16 条规定："章程起草组织应当由学校党政领导、学术组织负责人、教师代表、学生代表、相关专家，以及学校举办者或者主管部门的代表组成，可以邀请社会相关方面的代表、社会知名人士、退休教职工代表、校友代表等参加。"但是《高等学校章程制定暂行办法》只是部门规章，法律层级偏低，效力有限，最好是以法律形式确认以提升法律效力。

综上所述，我国大学章程要合理、合法，必须完善我国高等教育法律法规，明确大学章程制定主体的多元化，使大学章程真正成为明确政府和大学权责，实现政府和大学权责统一的法律文本。

### 3. 完善大学章程的内容

大学章程是大学依法自主办学、实施管理和履行公共职能的基本准则，是大学实现自主权，处理好大学与政府关系，以及学校内部制订规章制度的依据，因此，应遵循《高等教育法》，一方面，结合大学自身情况界定与政府的关系，厘清大学与政府的界限，进一步明确政府和大学的权责；另一方面，明确规定大学内部管理体制和治理结构，划分大学内部各方的权力、职责，规范大学履行公共责任行为。从上述两方面入手，完善大学章程的内容，是进一步明晰政府和大学权责的关键和核[illegible]，也是实现大学良性运行，让政府信赖大学的自治能力的重要[illegible]据和制度保障基础。

（1）章程必须明确政府和大学的权责

厘清政府和大学的权责，确立政府和大学各自行事[illegible]是大学章程存在的重要价值。

我国大学章程的制定工作起步晚，1995 年颁布的《教育[illegible]第 26 条规定，有“组织机构和章程”是设立学校必须具备的基[illegible]条件之一。1998 年颁布的《高等教育法》第 27 条规定，章程[illegible]设立高等学校须向审批机构提交的材料之一。2011 年 7 月 1[illegible]日我国教育部才通过了《高等学校章程制定暂行办法》。而国外大学章程的制定历史悠久，“他山之石可以攻玉。”借鉴国外经验是提升我国大学章程质量的重要路径。

从国外大学章程的内容看，章程对政府和大学关系都做了制度上的规定，章程一般明确规定了外部人员（包括政府官员）参与大学决策机构的名额、产生方式以及管理学校的方式和权限，规定了大学自主管理大学的权责，以明确政府和大学的权责。比如，以德国大学章程为例，2006 年 6 月 1 日生效的《柏林洪堡大学章程》第一章即是“州与大学之间的关系”，提出“人事管理，经济管理，财政与金融管理，收取费用以及医疗保障都属于国家行政事务。这些与学术事务一同由学校统一管理。联邦州具备专业监督权力。个别需请求事宜交由校董会表态。只要在专业监督权没有发生变更的情况下，校董会都可以在一些国家行政事务中相对其他机构发布有约束效力的指示。”“联邦州拥有法律监督权力。负责高校事务的行政管理部门可以根据《柏林大学法》第 56 条相对于大学校长的监管权自治独立地实施此权力。”①明确了政府和大学的权责。2007 年 2 月 7 日生效的《波鸿——鲁尔大学章程》在总则部分对鲁尔大学的法律地位、使命、任务、责任、权力等作了规定。鲁尔大学的法律地位是作为科学性大学是公共权力的团体，肩负着创新与批判并存的科学教育使命，鲁尔大学须在法律规定的框架内，在促进跨学科研究教学的要求下，保持学科方向的多样性。对于鲁尔大学的责任，总则也做了详尽的规定，包括在职责范围内促进学生的社会参与；切实落实男女平等，消除对女性的不利因素；大学致力于帮助残障人士，采取措施弥补残障人士的不利因素，把残障人士融入整体中来；考虑有子女的在校学生和学校职工的特殊需要；帮助在鲁尔大学就读及工作的外国人融入学校的整体中来。对于上述责任，总则还规定，“鲁尔大学将向公众报告其履行责任的情况。”总则第 4 款规定了鲁尔大学的自治、研究、教学与学习研究自由。“鲁尔大学以法律作为学术自由的保证条件，履行其义务。鲁尔大学实行大学自治，大学享有自治管理以及研究、教学与学习研究自由的权利。”“有责任支持其成员和附属成员的研究、教学与学习研究自由活动。对其自由的损害或限制是与鲁尔大学的自治以及研究、教学与学习研究自由相违背的。不涉及大学法第四章第三节。”“保证科学见解和科研方法的多样性，承认科学所负有的社会责任。”“每个符合国家相关规定并证实其能力的人都有权利进入鲁尔大学。这一权利只有通过法律或以法律为基础才能受到限制。”“根据大学法第三章和第六章，对大学责任履行的评估，尤其是在研究、教学与进修、促进科学新生力量的发展、保证男女权利地位平等以及成绩评估的基本原则等方面，须通过鲁尔大学的制度来加以规范。”“鲁尔大学保证其提供的学科按照每门大学课程的规定结业。”总则第 5 款还对鲁尔大学的自治管理进行了规定。包括“非国家指派的任务，鲁尔大学可根据自治管理基本原则在本章程以及法律法规的框架内安排并管理自身事务。”“自治管理须考虑到鲁尔大学

---

① 马陆亭，范文曜. 大学章程要素的国际比较[M]. 北京：教育科学出版社，2010：162-163.

作为科学性设施的结构,尤其要照顾到研究、教学与学习研究的需要和鲁尔大学所承担的公共任务。""鲁尔大学遵循它的自治管理权利,通过章程条例及其责任履行所必需的制度来管理自身事务。""鲁尔大学有权举行大学考试,授予大学学位。并拥有授予博士学位权和授予大学任教资格的权力。""它有权举行表彰仪式,授予名誉称号。"此外,总则第6款还对自治管理的原则予以规定。① 由此可见,该章程遵循法律法规对大学权责的规定,并结合本校实际对鲁尔大学权责予以明确、详尽的规定,既保障了大学自治权,又不损害政府的利益。

在英国高等教育治理制度中,大学章程起[illegible]大学章程规定了政府如何介入、在什么范围和多大程度上介入大学治理。② 在英国大学中,顾问委员会是对外代表大学的权威机构,主要由校外成员组成,其中,政府官员、民意代表占重要地位。以英国东安格利亚大学章程为例,该章程规定顾问委员会的成员共有15类,其中,有八类是政府官员,包括女王代理人和诺福克郡与萨福克郡的代理人;诺威治的市长和诺福克郡与萨福克郡的各区议会主席;诺福克郡与萨福克郡郡长和诺威治市市长;诺福克郡与萨福克郡的众议会议员;诺福克郡与萨福克郡议会主席;诺福克郡与萨福克郡议会教育委员会主席;诺福克郡与萨福克郡议会首席执行官与诺福克郡与萨福克郡的各区议会首席执行官;诺福克郡与萨福克郡教育官员。章程对顾问委员会的任职资格和任职期限、权力也做了规定,章程规定顾问委员会的权力包括:"任命荣誉校长。接受校长提交的大学年度工作报告和经审计的大学年度财务报告。"③

从我国现有有关大学章程的法律法规看,《高等教育法》第28条提出,大学章程应该对办学规模;经费来源、财产和财务制

① 马陆亭,范文曜. 大学章程要素的国际比较[M]. 北京:教育科学出版社,2010:184-186.

② 马陆亭,范文曜. 大学章程要素的国际比较[M]. 北京:教育科学出版社,2010:93.

③ 马陆亭,范文曜. 大学章程要素的国际比较[M]. 北京:教育科学出版社,2010:111-112.

度;举办者与学校之间的权利、义务等事项予以规定。教育部通过的《高等学校章程制定暂行办法》第7条提出:章程应当按照高等教育法的规定,载明“学校的举办者,举办者对学校进行管理或考核的方式、标准等,学校负责人的产生与任命机制,举办者的投入与保障义务。”等内容。遗憾的是,我国现有大学章程几乎都没有对政府和大学的权责范围作出规定,这是导致我国政府“越位”和“缺位”管理大学,而法律赋予的大学自主权没有得到实现的重要原因之一。如此政府和大学关系,也使政府和大学难以相互信任。因此,必须结合我国国情及各大学的实际,并借鉴国外大学章程的经验,完善大学章程对政府和大学权责的规定,为政府和大学信任的建立奠定制度基础。

受中央集权政治体制的影响,我国政府一直集举办者、管理者和办学者多重角色于一身,这不仅加重了政府负担,影响了政府的效率,使政府难以承受之重,而且更为严重的是造成政校不分,政府和大学关系的混乱。因此,伴随着我国高等教育管理体制改革的进行,在确立新型的政府和大学关系的过程中,教育领域政府角色的分化成为一种趋势。1995年我国《教育法》已经突破了政府垄断办学的格局,政府的角色分化,政府的职能也随之转换。2010年国家颁布的《国家中长期教育改革和发展规划纲要》(2010—2010年)(以下简称《教育规划纲要》)提出,要适应中国国情和时代要求,“推进政校分开、管办分离。”“建设依法办学、自主管理、民主监督、社会参与的现代学校制度,构建政府、学校、社会之间新型关系”“要明确政府管理权限和职责,明确各级各类学校办学权利和责任”。2011年通过的《高等学校章程制定暂行办法》第5条规定:“高等学校的举办者、主管教育行政部门应当按照政校分开、管办分离的原则,以章程明确界定与学校的关系,明确学校的办学方向与发展原则,落实举办者权利义务,保障学校的办学自主权。”因此,大学章程必须紧随时代的潮流,遵循教育法律法规的规定,从政府角色分化的角度,对作为管理者和举办者的政府,以及作为办学者的大学的权责做明确的规定。

首先,章程必须明确规定作为举办者的政府的权利和义务。

政府既是公立大学的举办者,也是大学的行政管理者,具有双重身份,但政府绝不能将两种角色的职能混在一起行使,而应将这两种角色的职能分离。对此,大学章程必须分别予以规定。第一,章程应明确规定政府作为大学举办者的权利。具体包括:一是制定大学章程。世界各国高等教育法一般都规定大学章程由大学的举办者制定。政府是公立大学的举办者,也就是章程的制定者,政府可以直接参与章程的制定,或者通过对大学提交的章程的核准来实现其制定权,以实现政府的意志。二是任命学校决策机构成员,核准大学校长。这是世界各国的通例。第二,章程应明确规定政府作为举办者应承担的义务。我国《高等教育法》第61 条规定:"高等学校的举办者应当保证稳定的办学经费来源,不得抽回投入的办学资金。"章程应重申政府的这项义务。①

其次,章程必须明确规定作为管理者的政府的权责。自由总是有限的,任何大学都必须接受政府的管理,只是政府的管理可以是高度集权的,也可以是有限的管理;既可以是直接管理,也可以是间接管理。对于政府管理大学的权责,俞岳青认为,政府对高等教育宏观管理的职责就是调控和服务,其作用具体包括:制订教育标准;保证教育质量;促进教育发展;规范教育活动的行为;做好教育服务工作。②周川认为,我国政府对大学的管理职能,不应在学校内部运作过程和环节上,更不应在学校内部日常事务上,而应在学校系统内外部的宏观关系上,在高等教育的方向和质量标准上。具体来说包括:规划与立法;拨款与筹款;评估与监督;制定大学设置基准,审批新建大学;制定干部任免标准。③申素平认为,我国政府对大学的管理权力包括规划、审批新建大学、制定标准、评估监督四个方面;政府作为大学管

---

① 申素平.论我国高等教育体制改革过程中政府角色的转变[J].高教探索,2000(4):51.

② 俞岳青.政府对高等教育宏观管理的职能:调控与服务[J].辽宁高等教育研究,1995(6):17-19.

③ 周川.高校与政府关系的几点思考[J].高等教育研究,1995(1):73-77.

理者的责任包括依法治教、教育服务等。①虽然他们对政府管理大学权责的具体表现有分歧,但都强调政府对大学的宏观管理,管理方式主要通过立法、拨款、评估等手段。参考上述观点,本书认为政府作为管理者的权责应包括:第一,章程必须明确规定政府作为管理者的权力。包括:一是规划与立法。政府作为管理者要根据经济建设和社会发展的需要对高等教育的发展规模、发展速度、区域分布等进行规划,以保证高等教育有序进行,实现教育公平。这是《高等教育法》中有明确规定的;政府还要通过立法以强制性保证国家的教育方针和教育目的的实现。二是审批新建大学。政府作为管理者拥有设立大学的审批权,并规定大学设立的条件。三是评估与监督。政府为保证高等教育质量,有权对大学办学活动进行评估和监督。《高等学校章程制定暂行办法》第 31 条也明确规定,高等学校的主管教育行政部门对高等学校履行章程情况应当进行指导、监督;对高等学校不执行章程的情况或者违反章程规定自行实施的管理行为,应当责令限期改正。第二,章程必须明确规定政府作为管理者的责任。一是依法治教。即政府不能随心所欲地管理大学,而应该在法律允许的框架内,用合法的手段行使对大学的管理权。二是教育服务。政府应该为大学的发展,提供良好的社会环境,尤其是提供大学发展必须而大学自身又无法解决的保障条件。

最后,章程必须明确规定作为办学者的大学的权责。章程须明确大学公务法人的法律地位,是独立的办学主体。章程要明确大学依法行使法律规定的办学自主权的权力,按照《高等学校章程制定暂行办法》第 8 条规定,办学自主权包括开展教学活动、科学研究、技术开发和社会服务;设置和调整学科、专业;制订招生方案,调节系科招生比例,确定选拔学生的条件、标准、办法和程序;制订学校规划并组织实施;设置教学、科研及行政职能部门;确定内部收入分配原则;招聘、管理和使用人才;学校财产和经费的使用与管理;其他学校可以自主决定的重大事项。

---

① 申素平.论我国高等教育体制改革过程中政府角色的转变[J].高教探索,2000(4):52-53.

章程还应按照高等教育法的规定,健全学校办学自主权的行使和监督机制,明确上述各项办学自主权的基本规则和决策程序,使大学可以依法行使。大学在享有权力的同时必须承担相应的责任,章程必须对大学的责任作出明确的规定,包括大学的办学活动必须遵守国家的法律法规、保证教学质量、依法接受政府监督、公开经费的使用等责任,尤其要明确健全办学自主权监督机制的责任。正如,《高等学校章程制定暂行办法》第 3 条规定:“高等学校应当公开章程,接受举办者、教育主管部门、其他有关机关以及教师、学生、社会公众依据章程实施的监督、评估。”

若大学章程对政府和大学的权责以条文形式作了明确的规定,章程一经制定,大学就要在章程确定的框架内行使各项自主权;同时,政府作为举办者和管理者对大学的干预也要以章程为限,不得随意超越。这对于协调政府和大学的关系,构建政府和大学的信任起着极其重要的作用。

(2)章程必须完善对大学内部管理体制和治理结构的规定

大学章程不仅要遵循《高等教育法》的规定,厘清大学与政府权责的界限,明确大学自治的空间和大学自主权的范围,而且还要承袭法律对大学地位和管理体制的规定,对大学自主权的内部关系和管理模式进行明确的规定,主要包括决策机构、行政机构、学术机构、机构间的运行程序、各机构的权责等,以明确大学履行责任的方式和运行机制。大学内部管理体制和治理结构是大学内部各权力主体、大学内部各要素联系的方式和结构。按照系统论的观点,如果结构合理就会提高系统的整体功能,大学就会处于良性运行状态,就为大学圆满履行责任提供了制度基础,唯有如此,大学才会让政府放心并赢得政府的信任。

我国《高等教育法》第 28 条规定,章程必须明确规定大学内部管理体制。《高等学校章程制定暂行办法》第 7 条规定,章程应载明学校的领导体制、法定代表人,组织结构、决策机制、民主管理和监督机制,内设机构的组成、职责、管理体制等内容。结合我国国情,章程必须确立和完善以“党委领导、校长负责、教授治学、民主管理”为特征的内部管理体制和治理结构。大致来说,章程必须对以下几个问题作出明确的规定。

第一，必须明确规定大学内部的领导体制。

《高等教育法》第39条规定，我国大学的领导体制是中国共产党高等学校基层委员会领导下的校长负责制。党委领导下的校长负责制有三层含义：其一，党委是学校的领导核心；其二，校长是学校的法人代表，在党委的领导下全面负责本学校的教学、科学研究和其他行政管理工作；其三，党委领导下的校长负责制既要保证党委的集体领导，又要支持校长独立行使职权。[①]这种领导体制在保证了大学正常运行的同时，也保证了大学办学的社会主义方向。但是由于这种体制对书记、党委、校长、校务委员会的权限和职责的划分不明确，在实际操作中，出现了权力纷争等诸多问题，严重影响了工作效率。比如，大学书记、校长任命权集中于中央、省和省级市或直辖市教育主管部门，校长、书记主要对上负责，其行政级别相同。按照《高等教育法》的规定，党委是学校的决策机构，决定学校的重大事务，校长执行。但党委是集体领导制，《高等教育法》并未规定校长应服从书记，也没有说书记要服从校长，实际上双方处于同一地位，这就造成同一大学内部有两个"一把手"，权力之争由此产生，斗争的结果必然造成三种权力模式：以党委书记为中心的权力模式、以校长为中心的权力模式、校长与书记的分离模式。[②]这三种模式均是大学运行的障碍。因此，现行的党委领导下的校长负责制在坚持的同时，还必须加以完善。大学章程应当进一步明晰校长、书记、党委、校务委员会的权责关系，完善大学的领导体制。

首先，根据《高等学校章程制定暂行办法》第9条规定，"章程应当依照法律及其他有关规定，健全中国共产党高等学校基层委员会领导下的校长负责制的具体实施规则、实施意见，规范学校党委集体领导的议事规则、决策程序，明确支持校长独立负责地行使职权的制度规范。"具体来说，章程应按照法律法规的规定，明确党委的领导地位、成员的选拔、任期和权责等。①章

---

① 赵永贤.坚持和完善党委领导下的校长负责制[J].求是杂志，2011(3)：51.

② 彭虹斌.大学自治与我国高校内部体制改革[J].清华大学教育研究，2005(4)：16-17.

程要明确规定党委是学校的领导核心，是学校的决策机构，行使对学校工作的统一领导权。②章程要明确党的委员会人选的构成，任职期限，尤其要确保学术人员在机构治理中占有一定的位置。明确党的委员会可设立常务委员会，常务委员会由党的委员会全体会议选举产生，对党的委员会负责并定期报告工作，在党的委员会全体会议闭会期间，由常务委员会行使职权，履行职责。③章程要明确党委的工作机制，实行民主集中制，健全集体领导和个人分工负责相结合的制度。④章程须明确党委要支持校长独立负责地开展工作，并监督校长权力的行使，处理好和执行机构的关系。⑤章程要明确规定党委的主要权责，包括宣传和执行党的路线方针政策，宣传和执行党中央、上级组织和本级组织的决议，坚持社会主义办学方向；领导制定学校发展战略，讨论学校改革发展稳定以及教学、科研、行政管理中的重大事项中的重大问题，讨论决定学校内部组织机构设置和基本管理制度等；领导学校的教职工代表大学和工会、共青团、妇委会、学生会等群众组织；领导学校的思想政治工作和德育工作；领导统一战线工作等。

其次，《高等学校章程制定暂行办法》第 9 条还规定，“章程应当明确校长作为学校法定代表人和主要行政负责人，全面负责教学、科学研究和其他管理工作的职权范围；规范校长办公会议或者校务会议的组成、职责、议事规则等内容。”具体而言，大学章程要明确校长和校务委员会各自的权责，校长的选拔和任职、校务委员会的人员构成等。①章程要明确校长是学校的法定代表人，接受党委的统一领导，服从并执行党委的决议。校长是学校行政主要负责人，全面负责学校的教学、科研和其他行政工作。②章程要明确校长的遴选办法。对大学而言，大学校长扮演的角色和承担的职能是特殊的，对外校长代表学校及学校的价值，对内校长负责管理各种复杂的机构，确立学校的大政方针和各项措施。正如伯克所言，他认为，“由于现代大学规模庞大，各个系科和部门的主持人很难了解和把握大局，所以大学校长就负有十分重大的领导责任。……大学要在面临现代社会的各种挑战之中取得成功和进步，最关键的一环就在于大学校长能发挥有效的领导作用。”①美国学者麦克拉弗林和瑞斯曼也认为，“有相当多的大学校长确实改变了他们所领导的学校的方向。”②从某种角度来讲，大学校长是一个大学的灵魂。大学校长的遴选制度是现代大学制度的重要组成部分。传统上，我国大学校长一般采用政府委任制，大学校长由上级行政部门考察、选拔和任命，委任制导致大学校长只对上级负责而不对下级负责的不良后果，加剧了行政化趋势。因此，应改革大学校长的选拔和任用机制。章程应明确大学校长遴选办法，组建具有广泛代表性的校长遴选委员会或者大学董事会，面向社会公开遴选校长，并由行政部门批准任命。校长遴选委员会的成员可由人大代表、政府部门官员、社会贤达、知名校友、学校教授等社会各方面共同组成。担任遴选委员会的成员，必须具备四个条件：一是要对学校各种计划和问题有深切的了解；二是对学校各种事务有广泛的经验；三是持有一种谨慎的态度和平衡的判断能力；四是有尊重、认知和容纳他人不同意见的能力。③遴选委员会成立后，第一要务就是要确定校长遴选的标准，这些标准中包括候选人对教育本质的理解、行政能力的高低、承受压力的程度、个人道德修养和领导能力等，当然更重要的是与学校目前和未来的需求相关。在21世纪，现代大学还要承担商品经济的压力，承受大众文化的冲击，在这种情形下，“如何在一方面坚持教育和学术的独立；另一方面又能有道德的承担，可以为解决重大社会问题贡献知识和技术人才，这实在是领导高等教育者必须接受的挑战。”④可见，校长必须是懂管理的教育家。在确定标准之后，建立一个候选人圈，从中筛选、推荐人选。最后，由党委聘任，行政主管部门批准任命。这样的遴选过程，从根本上改变了大学校长的责任属性，这样就可以解决我国现行大学制度中存在的领导体制的政治框架与法律框架的冲突、行政体制的权力

---

① 黄俊杰. 大学校长遴选[G]. 北京:北京大学出版社,2006:105.

② 黄俊杰. 大学校长遴选[G]. 北京:北京大学出版社,2006:105-106.

③ 黄俊杰. 大学校长遴选[G]. 北京:北京大学出版社,2006:121.

④ 黄俊杰. 大学校长遴选[G]. 北京:北京大学出版社,2006:112.

与责任的失衡等主要问题。[①]③章程要明确实行校长统一领导、副校长分工负责、职能部门组织实施的工作机制。校长主持校长办公会和校务委员会。明确学校实行校务公开,校长要向党委会、教职工代表大会报告工作。④章程要明确规定校长的权责。主要包括拟订发展规划,制定具体规章制度和年度工作计划并组织实施;组织教学活动、科学研究、学科建设、师资队伍建设;拟订校内组织机构的设置方案,推荐副校长人选,任命内部组织机构的负责人;聘任与解聘教职员工,对学生实施学籍管理,依照法律和学校规定对教职员工和学生实施奖励或处分;拟订和制订年度经费预算方案,保护和管理校产,维护学校合法权益;法律法规规定的其他权责等。⑤章程要明确校务委员会的人员构成及权责。校务委员会是学校行政工作咨询机构,校务委员会一般由校长、行政处室负责人、学院院长、研究所所长、教授等人组成,对学校的发展规划、重大改革措施、学科建设、师资队伍建设等重大问题,提出建议和意见,协助校长制定规章,帮助校长进行行政事务的决策。

第二,章程要明确学术委员会的权责,增强学术委员会的权威性。

针对我国大学内部行政权力和学术权力失衡,学术权力式微的现状,为彰显学术权力。大学章程必须明确规定学术委员会的权力,提升学术委员会的地位并扩大其权力范围。首先,章程要明确学术委员会是大学的学术决策机构,是党委领导下的学术权威机构,是校长教育教学管理的咨询和制衡机构。其次,章程应该对学术委员会的成员、人数、选拔方式、机构设置、职能等予以明确规定,学术委员会的人员构成教师占主体,由于学术性事务和行政性事务经常交织在一起,因此,学术委员会也应该包括部分行政人员和学生。比如,《柏林洪堡大学章程》对学术评议会成员的规定非常具体,它包括 25 名有投票权的成员,即 13 名高校教师、4 名学术人员、4 名在校学生和 4 名其他工作人

---

① 周光礼.大众化条件下政府与大学关系的重构——法律的视角.源自中国教育法制评论第 6 辑[G].北京:教育科学出版社,2008:58.

员；此外，学术评议会还包括可出席会议并拥有发言权及提案权的成员，即主席团成员、学术评议会中各事务委员会主席、校董会主席、各系主任、各中心研究所（院）长、自然科学博物馆馆长、妇女发言委员会代表、妇女代表和人事代表大会代表。① 按照我国《高等教育法》的规定，学术委员会具有审议学科、专业的设置，教学、科学研究计划方案，评定教学、科学研究成果等有关学术事项的权力。不过，学术委员会不仅是学术问题的审议机构，更是学术问题的决策机构，将学术委员会仅仅定位为学术问题的审议机构，有淡化其职能之嫌。为增强学术委员会的权威性，《高等学校章程制定暂行办法》第 11 条规定，“章程应当明确规定学校学术委员会、学位评定委员会以及其他学术组织的组成原则、负责人产生机制、运行规则与监督机制，保障学术组织在学校的学科建设、专业设置、学术评价、学术发展、教学科研计划方案制订、教师队伍建设等方面充分发挥咨询、审议、决策作用，维护学术活动的独立性。”明确了学术委员会是学术问题的决策机构。更可喜的是，2014 年 3 月 1 日开始施行的中华人民共和国教育部令第 35 号《高等学校学术委员会规程》第 2、第 3 条规定，“高等学校应当依法设立学术委员会，健全以学术委员会为核心的学术管理体系与组织架构；并以学术委员会作为校内最高学术机构，统筹行使学术事务的决策、审议、评定和咨询等职权。”“高等学校应当充分发挥学术委员会在学科建设、学术评价、学术发展和学风建设等事项上的重要作用，完善学术管理的体制、制度和规范，积极探索教授治学的有效途径，尊重并支持学术委员会独立行使职权，并为学术委员会正常开展工作提供必要的条件保障。”不仅如此，《高等学校学术委员会规程》还对学术委员会的组成规则、职责权限和运行制度予以明确规定，比如，第 6 条规定，学术委员会的成员为不低于 15 人的单数。其中，担任学校及职能部门党政领导职务的委员，不超过委员总人数的 1/4；不担任党政领导职务及院系主要负责人的专任教授，

① 马陆亭，范文曜．大学章程要素的国际比较［M］．北京：教育科学出版社，2010：165.

不少于委员总人数的1/2。可见,《规程》进一步明确了学术委员会的权责,有利于教授治学和对学校行政权力的有效制衡。

第三,章程必须明确教职工代表大会、学生代表大会的权责,强化大学内部民主管理和监督。

大学内部权力的运行,除了决策机制和运行机制外,还必须有监督机制和约束机制。教代会是高校教职工参与学校民主管理和监督的重要机构。学生代表大会是学生参与大学管理和监督的机构。章程应该对教职工代表大会、学生代表大会的地位、作用、职能、组成与负责人产生规则、运行方式以及议事程序等予以明确规定,维护教职工和学生参与学校相关事项的民主决策、实施监督的权利,以解决民主监督不到位或缺位的情形。比如,《柏林洪堡大学章程》对教职工代表大会的组成规定如下:教职工代表大会拥有61名成员,除学术评议会成员外,还有18名教师、6名学术人员、6名在校学生和6名其他工作人员。[①] 西班牙马德里大学自治章程(2003年10月16日教育部通过)第六部分第87条规定学生理事会的主要职责是方便学校管理和代表机构与学生间的交流,并为学生代表的工作设定空间。[②]

第四,章程应该明确接受社会监督的原则,健全社会支持和监督学校发展的长效机制。

章程必须明确学校根据发展需要和办学特色,成立有政府、行业、企事业单位、其他社会组织代表、教职工代表和学生代表参加的学校理事会或者董事会,并明确规定董事会或理事会的地位作用、组成和议事规则,发挥董事会或理事会对大学办学行为的监督作用。

只有完善章程对大学内部管理体制和治理机构的规定,才能改变大学内部相关利益主体权限和职能模糊不清的状态,使各利益主体明确各自的权责,各司其职,各行其是,大学才能稳定、有效运行,才能很好地履行法律法规规定的责任,兑现大学的事前承诺,拥有获得政府信任的社会资本。

---

① 马陆亭,范文曜.大学章程要素的国际比较[M].北京:教育科学出版社,2010:167.

② 马陆亭,范文曜.大学章程要素的国际比较[M].北京:教育科学出版社,2010:370.

## 三、建立和完善高校问责制，确保政府权益——信任的保障

大学公务法人法律地位的确立，为厘清政府和大学权责提供了前提和可能。完善立法，以法律法规明确政府和大学权责，为规范政府和大学行为提供一个可靠的框架，减少政府和大学未来行为的不确定性，从而为政府和大学信任的建立提供了现实可能性。现实可能性不等于现实性，即政府和大学信任成为现实还必须建立强制性的制度保障，以确保政府和大学在法律法规规定的框架内行动，不做有损对方利益的事，这一制度保障就是问责制，包括高校问责制和教育行政部门问责制。但由于我国政府和大学关系面临的主要问题是政府对大学能否遵从政府的意志行事或者不做不利于政府的事信心不足，因而不愿下放权力而越权管理大学。再加之教育行政部门问责制属于行政问责，牵涉面广，其起步较之高校问责制早，制度建设框架已逐步建立，因此，这里只对建立和完善高校问责制以确保政府权益，提出一些建议，不论及教育行政部门问责制，但并非教育行政部门问责制不重要。

### （一）健全问责法律体系，实现问责的制度化和法制化

高校问责制是高校利益相关者监督高校行使权力，并追究责任的一种制度，作为一种制度，其建立和实施都要以法律为基础，有法可依。因此，高校问责要有效运行，实现制度化、常态化，就必须建立健全问责法律体系，为其提供法律依据和保障。在我国现有法律法规体系中，虽然已经出台了一系列追究责任的相关法律和政策文件，如《中华人民共和国民法通则》《中华人民共和国刑法》《行政许可法》《教育法》《高等教育法》《中国共产党纪律处分条例》《党政领导干部辞职暂行规定》《普通高等学校教育评估暂行规定》《普通高等学校本科教学工作水平评估方案（试行）》《高等学校信息公开办法》等。如《教育法》第

76、第77、第78、第80条规定，学校违法招收学员、招生工作中徇私舞弊、乱收费、乱颁发学位等，由教育行政机关追究责任。但是，这些法律法规和政策文件不是高校问责的专门法律，对高校问责的规定不具体、不系统、针对性不强，没有对问责的主体、客体、问责的范围和程序等予以系统的规定，难以指导高校问责实践活动。因此，健全我国高校问责法律体系，为高校问责制立法是当务之急。

### 1. 尽快制定高校问责的专门法规

针对我国高校问责专门法律法规缺乏的情形，立法机关和教育行政部门应尽快制定、出台高校问责的法律法规，最好是制定《高等学校问责法》和《高等学校问责法实施细则》，提高高校问责制的法律效力。通过法律明确规定高校问责的主体、问责的客体、问责的范围、问责的程序等，法律条文的规定要具体、明确、可操作。更为重要的是，高校问责法律法规必须对问责制的几个主要构成要素给予明确的规定，保证问责制的有效运行。

高校问责法律法规的内容必须包括下述内容。

第一，明确高校利益相关者的问责主体法律地位。

高校是一个典型的利益相关者组织，政府、公众、投资者、学生、家长等都是利益相关者，且与高校之间存在不同利益，各自问责的重心和内容不同，因此，他们都应是高校问责的主体，参与高校问责，以便更有效地规范高校的行为。据此，高校问责法律法规要针对以往法律法规主要是确定政府等系统内主体的法律地位的不足，确认系统外其他利益相关者的问责主体法律地位，扩大问责主体的范围，实现高校的社会问责。

第二，明确高校问责的客体。

问责客体是问责的对象，是问责活动的承担者。问责法律法规应明确规定高校自身及校长、书记、教职工的问责客体身份和地位，使问责活动有明确的受动者。

第三，明确规定问责主体和客体的权责，以明确问责的范围和内容，尤其要特别明确高校问责客体的行使权力和绩效的责任。

第四，明确规定高校问责的程序。

高校问责的程序包括问责的环节，问责的方式、方法、救济和改进途径等，尤其要特别明确高校问责的救济途径，给问责客体申诉、辩护的机会。

第五，明确规定问责结果。

问责结果奖励和惩罚机制。从惩罚机制看，要根据不同性质的责任，制定不同的承担责任方式，以便操作。

### 2. 制定与高校问责配套的法律法规

高校问责制包含的问责主体多，涉及的问责内容繁多，所采用的问责方法多样，因此，《高等学校问责法》不可能穷尽所有方方面面，即便涵盖也不可能都规定详尽、可操作，有的仅是原则性的规定，必须进一步明确、细化。这就需要立法机关和教育行政部门相继出台配套的法律法规，以补充《高等学校问责法》不能详尽之意。比如，《教育评估法》《高校信息公开法》《国家高等教育监督法》《高等教育中介组织管理条例》等，都可为高校问责制提供有力的法律保障。

以评估为例，评估是我国高校问责制采用的主要方法和手段，而评估是一个复杂的过程，涉及评估的主体、评估目标、评估指标、评估程序等问题，这就需要政府制定、出台高校评估的专门法律法规。从我国高等教育评估法制化进程看，1990 年原国家教委颁布的《普通高等学校教育评估暂行规定》（以下简称《暂行规定》），对高等教育评估的目的、任务、评估形式、评估标准、评估主体、评估机构、评估程序等作了原则性的规定，这是我国第一部也是关于高等教育评估最全面的行政法规性文件。以后，我国又出台了一系列有关高等教育评估的政策法规，如 2004 年 8 月，教育部颁发了《普通高等学校本科教学工作水平评估方案（试行）》，该方案对普通高等学校本科教学工作水平评估指标体系、评估指标和等级标准、评估结论标准等作了明确的规定。在这一系列有关高等教育评估的政策文件中，虽然《教育法》和《高等教育法》作为法律文本也规定了评估制度，但没有对高等教育评估做具体的规定，无法指导高等教育评估工作。

而《普通高等学校教育评估暂行规定》对高等教育评估的规定最全面，因此，把《暂行规定》作为指导我国高等教育评估的“基本法”。但是，遗憾的是，该规定却存在法律效力层级偏低，滞后于实践发展的缺陷。

首先，《暂行规定》在我国法律体系中位阶偏低，法律效力层级偏低。《暂行规定》是指导我国高教评估的根本法则，可《暂行规定》既不是高等教育评估的法律，也不是国务院颁发的最高级别的行政法规，仅仅是教育部颁布的部门法规，所以，《暂行规定》在整个法律规范体系中所处的位阶不高，其效力的范围也仅限教育领域内部事务。然而，高等教育评估的运行非一个部门所能为，需要各个部门之间的配合，会生成一些非教育性的法律关系。[①]因此，《暂行规定》法律效力层级偏低所致的调控范围和适用面相对狭小，最终造成高等教育评估行为的法律权威性不足，不利于高等教育评估的开展，为评估设置了障碍。

其次，《暂行规定》内容不完善、不科学，落后于实践。主要表现在：第一，《暂行规定》对评估主体规定过于单一。《暂行规定》将评估主体粗略地规定为单一的各级人民政府及教育行政部门，而实际上，政府并不是评估的唯一主体，评估主体是多元的，高校和教育评价中介机构都是评估主体。第二，没有明确规定政府、高等教育评估中介机构和大学各自的权利和义务。这三者各自权利和义务的明晰是高教评估可信的前提，但是，由于《暂行规定》所规定的评估主体中并未涉及大学和中介机构，因此，不可能对三者的权利和义务关系进行明确的规定，这就在实践中出现诸如谁来监管、怎样监管高等教育评估中介机构；政府和大学之间权利和义务反差[②]等问题。第三，对评估程序的规定过于粗略、范围过于狭窄。《暂行规定》第七章第 23 条规定了学校教育评估的一般程序：学校提出申请；评估（鉴定）委员会审核申请；学校自评，写出自评报告；评估（鉴定）委员会派出视察小组到现场视察，写出视察报告，提出评估结论建议；评估（鉴定）

① 尹晓敏，等. 我国高等教育评估法制化研究[J]. 现代教育管理，2009(1)：59.

② 谢维和. 高校教学水平评估的合理性及其反差[J]. 中国高等教育，2008(11)：28.

委员会复核视察报告，提出正式评估结论；必要时报请有关教育行政部门和各级政府批准、公布评估结论。这些规定较为粗略，只是纲领性的规定，没有具体的条件、要求和操作规定，这就给不规范操作以可乘之机。从范围上看，只是对评估应遵循的流程做了纲领性的规定，没有对政府高等教育评估项目的设立程序、评估程序中的权利、义务以及违反评估程序的法律后果等作出明确的规定。①第四，内容规定的缺失。《暂行规定》缺失对高等教育评估的地位和作用、评估机构的设置、评估专业人员的资质、评估的责任机制、评估的公开程序等重要内容的明确规定。

正是由于高等教育评估法制化程度低，高等教育评估法律法规不完善且不科学，使我国高等教育评估缺乏规范性，导致评估结果的可信度降低，严重影响了高校问责制的实效性。因此，需要制定《教育评估法》或者《高等教育评估工作条例》对评估予以系统规定。

## （二）建立异体问责制，提高问责的科学性

由于高校问责制的问责主体多元，有的是系统内的利益相关者，有的是系统外的利益相关者，因此，高校问责制包括同体问责和异体问责两种方式。这两种问责方式各有利弊，在高校问责中是相辅相成的。我国当前主要采用的是同体问责方式，此方式具有中间环节少，对问责客体比较了解，问责成本较低的优点，但是，由于这种方式是系统内的问责主体实施问责，其问责具有封闭性，再加上系统内的自利性，难免出现庇护问责客体或者徇私舞弊等弊端，使问责缺乏客观性和科学性。而异体问责方式由于问责主体与客体没有隶属关系，问责的过程具有公开性，与同体问责相比更具客观性、公正性和彻底性。因此，当前首先要通过理顺问责体制、健全问责机构等方式，完善现有的同体问责方式。其次，更为关键的是，必须建立异体问责制，以异体问责方式为主导，发挥异体问责的优势，提高高校

① 程雁雷，等. 我国政府高等教育评估法律治理之路径[J]. 江淮论坛，2009(6)：107.

问责的科学性。

### 1. 成立常设性的社会问责机构

常设性问责机构是高校问责的实施机构，是高校问责制度化、常态化必备要素和基础。我国目前成立的常设性问责机构主要包括中央及地方教育行政部门、国家及地方的教育督导机构、中央及地方高等教育评估机构以及高校内部的纪委、监察处等，但这些均是同体问责机构。为提高高校问责的科学性，必须成立常设性的社会问责机构，真正发挥异体问责的作用。

**(1)成立高校董事会或理事会**

近几年，我国开始重视社会对大学的监督和问责，也开始重视高校董事会或理事会对大学的监督作用。如《国家中长期教育改革和发展规划纲要》(2010—2020 年)提出："探索建立高等学校理事会或董事会，健全社会支持和监督学校发展的长效机制。"《高等学校章程制定暂行办法》第 13 条也规定，学校根据发展需要和办学特色，自主设置有政府、行业、企事业单位以及其他社会组织代表参加的学校理事会或者董事会。

弗里德曼指出："主要由外行组成的董事会是一项具有美国特色的制度，它明显不同于欧洲通常由教育部和教师行会控制高等教育的做法。"①可以说，美国大学是外行董事会制度的先行者，因此，可以借鉴美国大学董事会对董事的遴选、人员构成、职责的规定，并结合我国国情来设立并定位高校董事会。一般来说，美国公立大学的董事会成员通常由宪法、州长或州议会任命，很少通过全州选举产生。②在美国，董事会被界定为外行控制的治理机构。所谓"外行董事会"，是指由非专业校外人士组

① Ronald G. Ehrenberg. Governing Academia [M]. Ithaca: Cornell University Press, 2004:4.

② 弗兰克·H. T. 罗德斯. 创造未来:美国大学的作用[M]. 王晓阳，等，译. 北京:清华大学出版社，2007:253.

成的董事会。[1]它代表公众以受信托者和监管者的身份行使管理大学的权力。董事会一定要有各种利益代表,才能有效地承担起许多重要的职能。美国多数大学董事会,无论是公立的还是私立的,都有50~60名董事,[2]从成员的职业构成看,工商业者比例最高,律师也占相当的比例,还包括一些政府官员、法官、牧师以及校友等。至于本校的教师或学生是否在董事会中占有一席之地,在美国大学尚存争议。[3]对于董事会的职责,康奈尔大学前校长认为,董事会的任务是治理,包括:批准院校任务和目标;批准院校政策和程序;任命、审查和支持校长,以及对学科点、活动和资源的监督。[4]卡耐基高等教育委员会在1973年发表的报告《高等教育治理:六个首要问题》中指出,董事会应履行的6项职责:拥有和阐释"信托";在社会和高校之间起到"缓冲器"的作用;它是行政人员、教师和学生之间内部争端的最后仲裁人;它是"变革的代理人",决定何时变革和何种变革;对高校财政状况负有基本责任;最重要的是,它负责高校治理等。[5]由此可见,美国大学董事会具有如下特点:

第一,董事会是大学的法定代表机构和最高决策机构。

美国公立大学董事会通常根据州宪法或州普通法律的规定成立并取得法人地位。美国私立大学董事会则主要依据州非营利组织法、公司法、教育法、联邦法律等取得法人资格。大学董事会作为合法的法人组织,是大学的最高权力机构和决策机构,享有审批大学的任务和目标,任命、考察和扶持校长,监督大学项目运行、资源的使用和各类活动等权力。

---

① 王绽蕊.美国高校董事会制度:结构、功能与效率研究[M].北京:高等教育出版社,2010:30-31.

② 罗纳德·G.爱伦伯格.美国的大学治理[M].张婷姝,等,译.北京:北京大学出版社,2010:6.

③ 欧阳光华.董事、校长与教授:美国大学治理结构研究[M].北京:高等教育出版社,2011:135.

④ 罗纳德·G.爱伦伯格.美国的大学治理[M].张婷姝,等,译.北京:北京大学出版社,2010:9.

⑤ 王绽蕊.美国高校董事会制度:结构、功能与效率研究[M].北京:高等教育出版社,2010:32.

第二，董事会是由外部利益相关者组成的社会问责机构，是大学与政府、社会之间信息沟通的桥梁。

美国大学董事会成员主要是校外人士，据 1996 年对哈佛大学等美国十所著名大学董事会成员构成的调查表明，校外人士占总数的 92.6%，居绝大多数。①不仅如此，为使董事会充满活力，美国学院与大学董事会协会强烈建议董事会成员的任期最长不应连续超过 12 年。可见，美国大学董事会是大学与政府、社会之间信息沟通的平台，而信息渠道的畅通是问责得以实施的重要前提，因此，美国大学董事会也是对大学进行有效问责的社会问责机构。

第三，董事会是学校与社会之间的缓冲器，既维护大学的利益，又代表外部利益相关者的利益，是代表社会对大学进行监督和问责的机构。

正如弗兰克·H. T. 罗德斯所言："董事会成员必须承认，作为一名公民代表，他们不仅对大学拥有监督的权力和责任，同时他们也像大学校长和教师一样有责任维护大学的自治，促进大学的健康发展。"②

第四，董事会主要问责对象是校长。大学校长是美国大学治理结构的核心，对大学运行最关键的监督就是对大学校长权力的监督和问责。董事会有权对校长在学校管理和计划、预算和财政管理、筹款、外部关系、与教师和学生的关系等方面进行评估问责，当校长的工作绩效不太令人满意，甚至不作为时，董事会就会更换校长。总之，美国大学董事会既是学校的决策机关，又是对大学进行直接监督的社会问责机构。

借鉴美国大学的做法，并从我国实际出发，本研究认为我国大学董事会主要是对大学进行监督和问责的社会机构。首先，大学董事会董事的遴选，可由大学的上级主管教育行政部门与

---

① 张斌贤，张弛. 美国大学与学院董事会成员的职业构成——10 所著名大学的"案例"[J]. 比较教育研究，2002(12)：24-25.

② 弗兰克·H. T. 罗德斯. 创造未来：美国大学的作用[M]. 王晓阳，等，译. 北京：清华大学出版社，2007：257.

大学根据本校的特色，设置有政府、银行业、工商业、家长、社会组织、教职工和学生代表等参加的大学董事会，人数为 50 ~ 60 人，董事会主席由董事会选举产生，任期为三年。董事会每年召开四次常会。其次，由于我国大学的领导体制是党委领导下的校长负责制，党委既是政治机构，也是决策机构，校长、校务委员会和职能部门是行政机构，学术委员会是学术机构，这种领导体制不可动摇。因此，在现有体制下，大学董事会的主要职责是为决策提供咨询和建议，监督党委行使决策权力、校长的遴选、校长及其行政机关行使权力、经费的使用以及决定学校发展方向等重大问题，防止大学滥用权力或不作为，并追究大学及其相关人员的责任。大学董事会作为问责机构，与其他问责机构比较其优势在于：

第一，大学董事会是异体问责机构。

大学董事会成员既有政府代表，又有社会代表，是多方利益代表的组织，因此，它一方面能代表政府意志实施问责，另一方面又能代表社会诉求实施问责，这表明大学董事会属于异体问责机构，较之同体问责机构，其问责更客观、高效，更能保障政府及其他利益相关者的权益。

第二，大学董事会的监督和问责具有效率优势。

高等教育中介组织等其他异体问责机构独立于大学之外，需要通过调研、座谈等途径获取大学的信息。而大学董事会是置身于大学内部的社会问责机构，既减少了获取大学信息的环节，降低了管理成本，又能够更熟悉和了解大学履行权责的情况，及时获得更多真实可靠的信息。而信息的透明度和掌握量是影响问责效果的重要因素。

第三，大学董事会在大学治理结构中的地位使其问责更具实效性。

大学董事会是大学内部的监督和制衡机构，能直接监督和问责大学行使权力的过程，能对大学进行事前问责、事中问责和事后问责，既能及时发现问题，防患未然，又能总结经验，提高监督和问责的针对性，克服了其他异体问责机构主要依靠事后监督和事后问责的缺陷。

(2)建立健全高等教育中介组织

高等教育中介组织是独立于政府和大学之外的社会问责机构,其独特之处在于:它既是高校问责的主体,也是教育行政部门问责的主体;它是政府和大学之间信息和双方诉求的传递者和沟通者;它所具有的自立性、公正性、专业性的特点,使其能够对大学和教育行政部门进行专业问责、社会问责,并成为政府和大学信任的对象,也为政府和大学信任的建立提供了第三方制度保障。因此,对于我国高校问责制而言,建立健全高等教育中介组织,对高校履行权责行为进行专业问责和社会问责,比如对大学进行质量评估、大学排名等,确保高校行为不损害政府权益,是政府给予大学信任的重要制度基础。但是,目前我国高等教育中介组织却发育不良,发展不成熟,不能承担作为中介组织应有的责任和职能,政府和大学都不认可高等教育中介组织及其活动。因此,必须加大我国高等教育中介组织建设的力度,健全我国高等教育中介组织,发挥其促进我国政府和大学相互信任的保障作用。

第一,加快政府职能的转变。

我国高等教育中介组织行政依附性过强,这是导致我国高等教育中介组织缺乏独立性的关键因素。因此,政府必须更新观念,加快转变政府职能,给予高等教育中介组织自由发展的空间。可以说,政府职能的转变,是高等教育中介组织发展的社会基础和动力。没有政府职能的转变,高等教育中介组织就失去了发展的土壤。因为政府职能的转变意味着政府对高等教育的管理由直接管理变为间接管理,把应该由高等教育中介组织发挥作用的功能从政府职能中剥离出去,还权于中介组织。具体来说,首先,政府应从具体的高等教育事务中主动退出。高等教育中介组织拥有管理高等教育事务权限的大小,既取决于高等教育中介组织本身所具有的组织性权力,也取决于政府在多大的范围内退出。这就要求政府从一些具体的、专业性比较强的高等教育事务中退出,减少教育行政审批权,给予高等教育中介组织更大的活动范围和发展空间。① 其次，还原高等教育中介组织的独立地位。独立性、自治性、民间性应该是高等教育中介组织的生存之基，是其成为政府和大学间缓冲组织的前提。我国大多数高等教育中介组织的官方色彩浓厚，有的甚至就是教育行政机关的延伸机构，接受政府的领导，经费来自政府，业务主要由政府提供，这就严重干扰了高等教育中介组织的独立自主性。因此，政府必须理顺和中介组织的关系，减少对高等教育中介组织自主权和独立性的干预，确保其在人事、经费和日常管理中的自主权，还原高等教育中介组织的本来面目。最后，通过授权或委托明确高等教育中介组织享有的权力。授权和委托是行政分权（或公务分权）的重要形式，这种水平方向的公务分权不同于垂直性的地方分权，是把公共管理的一部分权力转交给独立的、自治的社会机构行使。对于高等教育管理权来说，同样需要分权。因此，我国教育行政机构需要通过授权或委托把一部分高等教育管理权分离出去，转交给高等教育中介组织，以明确高等教育中介组织的权力。② 总之，只有转变我国政府职能，还权于高等教育中介组织，还原高等教育中介组织独立性、自治性的本质，才能使我国高等教育中介组织成为独立于政府之外的社会问责机构，这是高等教育中介组织能够做到客观、公正地对大学进行问责的前提。

第二，建立健全法律规范体系。

我国高等教育中介组织之所以权威性不高，以及与政府的权责不清晰，责任不明确，其根本原因是我国关于高等教育中介组织的法律法规建设的滞后性。高等教育中介组织立法的一个核心问题就是怎样配置政府、高等教育中介组织和大学之间的权责关系。因此，我国应逐步制定关于教育中介组织的系统的法律法规体系，如《社团法》《中介组织法》等，教育行政部门应

---

① 周光礼. 论中国政府与教育中介组织的互动关系：一个法学的视角[J]. 北京大学教育评论，2006(3)：146.

② 周光礼. 论中国政府与教育中介组织的互动关系：一个法学的视角[J]. 北京大学教育评论，2006(3)：146-147.

积极配合立法机关,加强高等教育中介组织法规的建设,制定高等教育中介组织管理条例,将我国高等教育中介组织纳入法制化的轨道。高等教育中介组织管理条例应包含高等教育中介组织的性质、地位、宗旨、权利和义务、设立条件、审批程序、法律责任等。具体而言,主要应包括以下几个方面的内容:一是明确高等教育中介组织的法律地位,以及高等教育中介组织的权利和义务,明确高等教育中介组织与政府、大学的权责关系;二是要明确资格认证,规定高等教育中介组织的设立条件和标准,实行机构登记,严格审批;三是建立从业人员资格认证制度,对专家资格作出明确规定,并对专家的产生程序作出规定;四是规定高等教育中介组织产生结论的程序、性质,只有符合程序的结论才能产生效力①;五是规定高等教育中介组织的责任机制,保证高等教育中介组织使命的完成,并制约高等教育中介组织的行为;六是提供救济途径等。

第三,提升高等教育中介组织的专业化水平。

我国高等教育中介组织专业化水平不高,专业权威弱,使其问责水平有限,难以得到政府和大学的信任。因此,当务之急是采取措施提升高等教育中介组织的专业化水平,这是高等教育中介组织生存和发展的根本,也是政府和大学信任建立的必然之选。具体而言,首先,引入从业人员资格认证制度。高等教育中介组织专业化水平的高低主要取决于从业人员素质的高低。因此,必须在建立行业准入制度的基础上,引入从业人员资格认证制度,提高从业人员进入高等教育中介组织的门槛,以确保高等教育中介组织专业化程度高。政府可以成立专门机构,对申请进入本行业的人员进行资格考试,考试包含专业知识和职业道德两方面的内容,通过考试获得从业资格。为确保从业人员的职业道德,不断提高从业人员的专业水平,在获得从业资格之后的一定时期内,还要继续对从业人员进行专业水准、职业道德的考核,不合格者取消从业资格。其次,建立专家准入制度。高

① 颜丙峰,宋晓慧.教育中介组织的理论与实践[M].上海:上海人民出版社,2006:290-291.

等教育中介组织具有知识性和专业性特点，这就决定了其运行需要专家智力系统的支撑，高等教育中介组织必须要有专家学者参与。为确保专家的货真价实，要制订专家选拔程序和标准，严格审查和认定专家的资格，建立专家准入制度，形成一支专业技术水平高、职业道德高、自律精神强的专家队伍，以保证其科学性和专业性。最后，提高从业人员素质。从加强从业人员专业教育和职业道德教育两方面入手，提高从业人员的素质。一是要加强从业人员的专业素质教育。加强对从业人员的培训，使其掌握更新专业知识，提升业务能力。二是加强从业人员的职业道德教育。任何职业都有自己的职业伦理，高等教育中介组织同样不能例外。对于高等教育中介组织而言，其从业人员是否坚守职业操守，是其能否生存和发展壮大的重要影响因素，因此，必须加强从业人员职业道德和诚信教育，以确保其行为的公正性。

第四，加强对高等教育中介组织的监管。

由于外部监督机制和内部自律机制的不完善，致使我国高等教育中介组织缺乏有效的约束而陷入混乱。为树立对高等教育中介组织的信心，必须将自律与他律相结合，双管齐下，加强对高等教育中介组织的监管。首先，从外部监管看，除了加大立法力度，建立健全高等教育中介组织法律法规体系，对高等教育中介组织进行强制性约束外，更应该加强政府对高等教育中介组织的监管。政府对高等教育中介组织监管主要表现为：一是完善行业准入制度。政府要制定高等教育中介组织设立标准和申请程序，不符合设立标准不准进入中介行业。要设立高等教育中介组织需要经过两个步骤：中介组织向审批机关提出成立申请，经审批机关审查符合条件后，才批准设立；在审批机关批准成立后，还必须向登记管理机关申请登记。以此规范高等教育中介组织，防止鱼目混珠现象。二是加强对高等教育中介组织的业务管理。主要是通报我国高等教育改革与发展的形势和有关的政策；定期或不定期听取高等教育中介组织的汇报；对高等教育中介组织的工作提出意见；审查中介组织常设机构的设立和人员编制；审查其经费预算、决算制度；监督检查经费使用情况;执行国家法律情况等。① 三是建立高等教育中介组织信息档案和信息披露制度。通过信息的公开,接受社会和公众的监督。其次,从内部监督看,加强自律性管理,建立高等教育中介组织自身的自律性管理和高等教育中介组织行业自律性管理。即是建立健全高等教育中介组织内部的规章制度,如财务管理制度、职业考核制度等,高等教育中介组织在这些规章制度的基础上,建立自我约束、自我管理、自我监督的内在自律机制;建立高等教育中介组织行业协会,行业协会对高等教育中介组织的行业准入制度、运作程序和从业人员的认证标准等进行明确的规定,对不符合标准的高等教育中介组织实行退出机制,以约束高等教育中介组织的行为。②

通过上述措施,使我国高等教育中介组织成为名副其实的"中介",成为我国政府和大学信任建立的外部制度保障。

### 2. 发挥其他异体问责主体的作用

异体问责方式要达到初衷,高校问责制要提高问责的公正性、客观性和科学性,除了设立常设性机构外,还必须让学生、教职工、家长、新闻媒体、公众等众多的系统外的高校利益相关者参与。因此,需要提供各种途径、渠道和方式,让学生、家长等异体问责主体实施对高校及相关人员的问责。

第一,教职工代表大会。

教职工代表大会是教职工参与高校民主管理的重要形式,是教职工听取校长报告、讨论学校发展规划等重大问题,并提出建议和意见的重要途径。同时,教职工代表大会也是教职工监督学校领导,对学校工作进行表扬、批评、评价的平台。当前需要增强教职工代表大会监督的职权,提高其权威性。可以通过法律明确其监督权,明确其监督机构的法律地位,能够对高校的决策机构和行政机构实施监督。其监督的方式包括对决策机构

---

① 周光礼.论中国政府与教育中介组织的互动关系:一个法学的视角[J].北京大学教育评论,2006(3):149.

② 朱向阳.我国高等教育中介组织的发展对策研究[D].扬州大学,2008:38-39.

和行政机构的决策进行审议；对学校重大事项提出质疑和建议；对学校财务情况进行检查；监督学校章程、规章制度和决策的落实等，把监督落实到实处。

第二，家长委员会。

家长是高校社会问责的重要组成部分。家长作为高校的利益相关者无疑对学校教育工作有知情权、参与权、监督权、评议权和建议权。因此，学校应成立家长委员会，明确家长参与高校问责的基本权利，明确家长参与高校管理和监督的方式和内容，提供家长了解、监督、评议学校的教学计划、培养模式、教学硬件、师资、课程设置、教学改革等问题的平台，并将家长委员会的运行形式制度化、规范化。

第三，学生代表大会。

从法学意义讲，学生是被依法成立的学校及其教育机构依法录取，取得学籍的受教育者。作为大学的利益相关者，学生依法享有监督学校的权利。比如，在美国的一些高校董事会中学生代表也逐渐取得一席之地，如康奈尔大学的 56 名董事会董事中有 2 位董事是由学校伊萨卡校区学生团体成员自身选举产生。[①] 再如，《吉林大学章程》第 51 条第 7 款规定，学生享有“知悉涉及切身利益的事项，对教学活动及管理、校园文化、后勤服务、校园安全等工作提出意见和建议”的权利。从我国大学的实际看，目前学生参与学校管理主要途径是学生代表大会。因此，各校大学章程应明确学生代表大会的地位，确认学生代表大会是学生参与和监督学校工作的主要形式，明确学生代表大会的运行机制以及监督学校工作的方式和内容。比如，2014 年教育部审议通过的《清华大学章程》《北京大学章程》就明确规定学生代表大会、研究生代表大会是学校学生进行自我教育、自我管理、自我服务，参与学校民主管理和监督的重要组织形式。《北京大学章程》还对学生代表大会的职权和运行方式给予了明确的规定。

---

① 马陆亭，范文曜. 大学章程要素的国际比较[M]. 北京：教育科学出版社，2010：253-254.

第四，提供公众参与问责的多种形式。

高等教育的公共属性，决定了公众是高校问责的重要力量。应该提供公开听证、民意调查、咨询会等形式，让公众参与高校问责。

第五，加强新闻媒体问责。

新闻媒体的基本职责是维护大多数人的利益，客观真实地反映事实，反映社情民意。新闻媒体作为高校问责的重要主体，是基于新闻媒体拥有的两项支配社会的权力：一是采集、编发和传播新闻信息的权力；二是评价事实、表达舆论和监督社会的权力。[①]即是说，新闻媒体一是拥有直接调查高校行为并传播信息的权力，一旦发现高校及其公权力使用者有不轨行为，新闻媒体可以追踪报道，直至发现真相和事实，实现对高校的问责。二是凭借拥有对事实进行评价，引导舆论的权力，迫使高校自觉纠正不轨行为，对高校实施问责。而且新闻媒体的监督还具有影响面广、影响力大的优势，因此，高校问责制需要加强新闻媒体的问责力度。

### （三）以权力和绩效问责为核心，提高问责的针对性

高校问责的内容复杂、繁多，但最关键的是两个方面：对高校权力运行的问责和绩效问责。以这两个方面为高校问责的核心，可以做到问责有的放矢，从而提高高校问责的针对性和实效性。

#### 1. 权力问责

权力问责指对高校政治权力、决策权力、行政权力和学术权力行使主体的问责，即对高校党政领导干部的问责和对高校学者的问责。

**（1）高校党政领导干部问责**

高校是为社会提供公共服务的教育机构，其领导干部掌握

---

① 项德生.新闻媒介的职能权力[J].中国青年政治学院学报，2000(4)：75.

着办学自主权等公权力，按照权责对等原则，谁享有了权力，谁就应该承担相应的责任。从我国高校领导干部权力配置看，高校权力的配置分两个层面：一是我国大学实行党委领导下的校长负责制，党委既是高校的政治权力机构，又是学校最高决策机构，行使决策权。党委书记是党委的主要负责人，全面主持党委工作，因此，党委书记是高校政治权力和决策权力的第一责任人。这一领导体制下的校长负责制，是指校长在党委的领导下全面主持学校的行政工作，是学校的最高行政首长，也是学校的法人代表，因此，校长是行政权力的第一负责人。二是除了书记、校长等校级领导外，高校党政领导干部还包括中层职能部门的领导干部，他们主要行使执行权，当然，随着高校权力的下放，部分二级学院的党政领导干部享有了部分决策权。据此，高校党政领导干部既包括书记、校长为代表的校级领导干部，也包括中层领导干部。高校党政领导干部问责制是指高校领导干部没有做好分内之事或未履行自己的责任、不作为，以及滥用职权所产生的消极后果，并追究其责任的行为。责任的性质和大小取决于各自掌握权力的性质和大小。相对于中层党政领导干部来说，校级领导干部权力分工复杂、交错，责任的追究更复杂，更具特殊性，因此，这里主要分析书记、校长为代表的校级党政领导干部的问责。

第一，明确党政权责。

党政领导干部权责明确、清晰是有效问责的前提。我国高校党政不分、以党代政的现象极其普遍，从个人任职的角度看，有的高校书记兼任副校长，校长兼任党委副书记，一人身兼两职，客观上易导致党政不分、以党代政现象；从两套权力系统的分工看，常务委员会负责决策，校长办公会负责执行，但由于两套班子成员任职交叉，职能不清，也会导致党政不分。党政同构导致的权责不清，使问责困难。[①] 因此，需通过大学章程明确党政权责，厘清书记、党委、校长等的权责，解决问责“问谁难”的

① 袁祖望，蒋轶菁. 论高校领导干部问责的特殊性[J]. 复旦教育论坛，2010(2)：61.

问题。

第二，厘清集体领导和分工负责的权责。

集体领导和个人分工负责相结合的制度，是党委领导下的校长负责制的基本运行规则和方式，这种方式也给问责带来困惑。民主决策是世界潮流，党委集体决策，实行少数服从多数原则，决策失误时，应追究谁的责任呢？若追究书记或校长的责任，书记或校长仅有一票表决权，而且校长主要是执行集体决策，逻辑上不通。若追究集体的责任，难以操作，也不现实，而追究集体责任与分工负责，责任到人又矛盾。① 如何厘清集体决策和责任到人的权责，本书认为高校党委书记、校长等校级领导的分工不同，掌握的权力不同，只要是各自分管的权力范围内发生决策失误，就应根据责任大小承担问责。如果是集体决策失误并造成严重后果的，那么领导集体应承担相应的责任后果。

第三，区分两种类型责任。

高校党政领导干部问责内容模糊有两种类型：一是按照责任的表达方式，分为显性责任和隐性责任。显性责任是直接显露出来，易于观察的责任，如学生中毒、校舍倒塌，其责任人明确。隐性责任是没有产生直接后果，不易察觉的责任。比如学校发展的责任、学术发展的责任、教育质量的责任等。隐性责任难衡量，因此，应对高校实行目标管理，以追究党政领导班子的隐性责任。二是过失责任和无为责任。过失责任是指党政领导决策失误或执行不力给学校带来损失而应承担的责任，这种责任是行为导致的直接后果，较易引起注意，也易追究责任。无为是不作为引起的责任，是一种明哲保身，不求发展的责任，这种责任易忽视，因此，高校问责要特别注重追究无为责任，以推动高校的发展。②

**(2)高校学者问责**

大学是学术的殿堂，学术的特殊性决定了不是任何人都能

① 袁祖望，蒋轶菁. 论高校领导干部问责的特殊性[J]. 复旦教育论坛，2010(2)：61.

② 袁祖望，蒋轶菁. 论高校领导干部问责的特殊性[J]. 复旦教育论坛，2010(2)：60.

从事学术事务，行使学术权力。在高校，学者（包括高校教师和科研工作者）是高校学术权力的行使主体，也应当承担相应的学术责任。任何权力的行使都应该受到监督和制约，学术权力的行使亦不例外，否则会导致学术权力的异化。当前，我国大学这块圣洁之地被频繁出现的学术失范、学术不端、学术腐败行为所玷污，曾经的世外桃源和精神家园变得乌烟瘴气。学术是大学的立足之本，因此，对学者学术权力的问责是高校问责的核心内容，也是化解政府和社会公众对大学学术的信任危机，促进大学学术健康发展的必然之选。

高校学者问责是指政府、社会公众、高校、学术同行等问责主体，对高校学者在学术活动中滥用学术权力，所导致的学术不端、学术不轨和学术腐败等不良后果进行责任追究。高校学者问责有以下特点：第一，是全过程问责，而不仅仅是事后问责。即不能仅仅对已经发生了的学术不轨、学术腐败等不良学术行为才追究责任，还更应该强调事前问责和事中问责，加强学术规范引导，防患未然，减少学术不轨行为的发生概率。第二，要将学者的道德自律和外在制度强制性相结合。一方面，由于高深学问处于社会公众的视野之外，公众对学者是否公正地对待公众利益难以评判，从理论上讲，学者才是高深学问的看护人，学者们是他们自己道德的唯一评判者，因此，坚持治学的道德，坚守学术道德，加强学者自身的道德自律性，不为功名利禄和眼前利益所惑，也是大学学者探求学术的重要责任。另一方面，自律的作用毕竟有限，单靠高校学者自身的道德自律并不能杜绝学术失范行为的发生，还必须借助外部制度，以强制力防止学术权力的滥用。第三，问责主体是多元的，是同体问责和异体问责的统一。[①]

为提高问责的有效性，按照高校学者问责的特点，需要着手做好下述几方面的工作。

第一，完善相关的学术法律规范。

---

① 杨强. 论高校学术问责制的理论建构[J]. 江苏高教，2009(4)：21-22.

学术法律规范是对高校学者学术失范、学术不端和学术腐败等行为进行约束的最严厉的手段和最正式的惩罚。学术法律规范以其威慑力强制引导大学学者遵循法律既定的轨道行事，杜绝侥幸心理的作祟，是使大学学者的学术行为不危害国家和社会利益的制度保障，是高校利益相关者对高校学者问责最有效的手段。其前提是学术法律规范本身必须是完善的。当前可以通过两条途径完善我国的学术法律规范，加大学术法律规范的建设，解决学术法律规范滞后于实践的问题。首先，对现有法律法规进行修订和补充，使法律条款的规定清楚明确，易操作，并增添缺失的部分。如修订《中华人民共和国著作权法》和《中华人民共和国著作权法实施条例》，对抄袭、剽窃行为予以明确的界定，并给出量刑标准；《刑法》中增设"学术诈骗罪"和"科研成果诈骗罪"，将学术侵权行为上升到刑罚的高度；对新闻出版方面的政策法规进行完善；增添学术法律监督机制和惩罚机制等。[①]其次，由国务院或者国务院授权教育部组织专家制定关于学术规范的专门行政法规或者部门规章，以弥补法律规定比较原则和笼统的缺陷，使规则更全面和细化，也可以对一些尚未触犯法律规定，社会影响较严重的学术不端行为进行有效的惩处。

第二，完善内在的学术规范。

内在学术规范是作为学者必须要熟知的最基本的学术职业"底线伦理"，它对学者学术行为的引导和约束最为基础、详细和全面，涵盖技术层面、内容层面、伦理层面等，其惩罚适用于所有没有触犯学术法律的学术违规行为。它和外在的学术法律规范一起构筑防止学术不轨行为的屏障，完善的内在学术规范是高校利益相关者对高校学者问责的内在制度基础。

经过20年的学术规范建设，我国已经出台了一系列有关学术规范的政策文件。其中，影响力和约束力最大的应当是教育部转发，教育部社会科学委员会通过的《高等学校哲学社会科学研究学术规范（试行）》（2004），以及教育部印发的《关于加强学

① 谭九生.学术规范的法律视角分析[J].图书与情报,2006(3):84.

术道德建设的若干意见》(2002)、《关于树立社会主义荣辱观进一步加强学术道德建设的意见》(2006)、《关于严肃处理高等学校学术不端行为的通知》(2009)等一系列文件。约束力次之的是教育部社会科学委员会学风建设委员会推出的《高校人文社会科学学术规范指南》(2009)、教育部科学技术委员会学风建设委员会推出的《高等学校科学技术学术规范指南》(2010)等。其中,《高等学校哲学社会科学研究学术规范(试行)》(以下简称《学术规范》)被学术界称为"中国学术界第一部宪章",但是,这部"学术宪章"存在之问题也有目共睹。首先,《学术规范》虽被称为"学术宪章",但却是教育部转发,由教育部社会科学委员会讨论通过的一个文件,是征求了大量的专家和学者的意见,类似学术共同体内部的学术契约,而不是行政文件,不具有法律效力。其次,《学术规范指南》的身份尴尬,因为作为内部学术规范,《学术规范》的产生和有效性绝不渊源于任何外部性的权力,而是源自知识分子对它的认同,以及学术共同体对违背这些规则的行为所实施的道德谴责和相应的学术机构对它所实施的惩罚。①但是,《学术规范》的产生却由教育部自上而下地推动,其自身的合法性大打折扣。最后,这种与外部权力相结合而产生的规范本身也有缺陷,表现在:一方面其内容过于笼统和模糊,在具体的实践中操作性不强,迫切需要出台更为详尽的、指导性强、可操作的《学术规范手则》。另一方面,《学术规范》内容不完善,对于学术失范、学术不端、学术腐败等行为没有予以界定,对违反学术规范的行为也没有惩罚性的规定等,这些内容的缺失,使《学术规范》的有效性降低,也让大学学者对《学术规范》没有敬畏之心,使学术失范等行为泛滥成灾,问责也难以有效实施。

针对我国现有学术规范存在的问题,需从以下几方面着手完善:首先,补充、修订现有的《高等学校哲学社会科学研究学术规范(试行)》《高校人文社会科学学术规范指南》《高等学校科

---

① 邓正来.学术规范化与学术环境的建构——对《高等学校哲学社会科学研究学术规范(试行)》之合法性的质疑[J].开放时代,2004(6):125.

学技术学术规范指南》，并以其为基础，制定更加详尽、具体、可操作的《高等学校人文社会科学研究学术规范手则》和《高等学校自然科学与工程技术研究学术规范手则》，将学术论文和学术著作的写作规范、学位论文和论文著作评审规范、课题立项规范、科研基金与项目评审及学术资源利用规范、编辑和出版的技术性规范等统统列入其中。①其次，加大高校制定学术规范的力度。各高校制定的学术规范也是内在学术规范的一个重要组成部分，而且其对学者学术行为的指导作用更直接、具体。由于学科与学科之间的差异，学校与学校之间的差异，各高校应根据学校自身的情况制定相应的学术规范及实施办法。尤其是985工程重点建设的大学和211重点工程建设的大学更应该率先制定。目前有些高校，比如北京大学、清华大学、中国政法大学等已经制定了各校的学术规范文件，但是还需要进一步完善。这里以《北京大学教师学术道德规范》(2007)和《乔治·华盛顿大学关于学术不端行为处理的程序的规定》两个文本的比较为例，从比较中可以发现《北京大学教师学术道德规范》的缺陷。从文本的构成看《北京大学教师学术道德规范》包括总则、基本学术道德规范、处理机构和职责、学术不端行为的举报和认定、处理和申诉、附则七个部分，具有较为完善的体系，但是这当中缺乏对概念的界定，规定的语言表述比较笼统，缺乏可行性和指导性，尤其是在技术规范和处理程序方面有待进一步细化和完善。而乔治·华盛顿大学长达近一百页的教师手册，有专门的章节介绍大学的研究政策、行政支持、学科研究中心和机构、组织结构、专利和版权、研究不端行为等，每一个教师一看就明了；从负责的人员和机构看，北京大学对学术规范进行管理的机构全是校内的机构(如学校学术委员会、学术道德委员会等)，参与人员也全是校内的(如北京大学主管人事的副校长、院系的院长、院系学术委员会成员等)，没有校外的，这就容易产生本位主义。而华盛顿大学参与管理的人员中既有校内也有校外的专家。其

---

① 张意忠.学术规范与美国经验[J].宁波大学学报:教育科学版,2007(5):26-27.

处理学术不端行为的机构有校内机构，涉及联邦基金资助项目的学术不端行为，美国研究诚实办公室会参与处理；从权责的规定看，北京大学副校长作为学术道德委员会的主任，其权责不清，而华盛顿大学副校长作为学术不端行为的专门负责人的权责规定清楚明确。①《北京大学教师学术道德规范》的制定中所存在的问题，也是今后各大学在制定本校的学术规范时应该注意克服的问题。

第三，建立行之有效的学术监督机制和惩罚机制。

问责要真正落实到位，还必须建立行之有效的学术监督机制和惩罚机制，这恰好是我国高校学者问责建设中亟待解决的问题。

首先，制定《关于惩处学术不端行为的若干意见》，加大对学术不端行为的惩罚力度。建议教育部主持制定《关于惩处学术不端行为的若干意见》，以彻底结束现有《高等学校哲学社会科学研究学术规范（试行）》惩罚机制空白的历史，为高校学者问责提供追究责任的规范性文件。同时，要加大对学术不端行为的惩罚力度，提高违法成本，才会对学术不端行为具有威慑力，以防止学术不端行为的产生。比如，在我国当前的学术不端行为中，剽窃占的比重很大，我国近几年已经发生多起知名学者剽窃他人学术成果的学术不端事件。要减少剽窃行为，有效的办法就是提高惩罚成本。如果对剽窃行为的惩罚会让剽窃者倾家荡产，没收实验室，永不允许从事学术研究，被驱逐出学术共同体，甚至被刑法处罚，那么剽窃行为就会降低很多。

其次，建立监督和惩罚学术不端行为的问责机构。一是建立学术法律规范的监督和惩罚机构，由于我国国家版权局和地方著作权行政管理部门在履行监督和处罚职能方面存在着缺陷，因此，可以让各级法院、各级检察院履行监督和惩罚的职能，

---

① 邱咏梅. 中美高校学术规范文本的解读与评价——《北京大学教师学术道德规范》和《乔治·华盛顿大学关于学术不端行为处理程序的规定》的比较研究[J]. 大学教育科学，2005(6)：17-20.

以法律的威慑力杜绝学术不端行为。①二是建立学术层级监督机制。其一，国务院科教领导小组建立类似于美国“研究诚信办公室”的“学术道德监督委员会”，下设办公室，挂靠教育部。由“学术道德监督委员会”办公室负责接受学术不端行为的举报，并组织专家小组进行调查，接到专家调查小组的调查报告后，“学术道德监督委员会”办公室对调查报告的时效性、客观性、全面性及充分性进行复核，并提出行政处罚建议，提交“学术道德监督委员会”，由“学术道德监督委员会”决定最终采取何种处罚。同时，“学术道德监督委员会”办公室还负有监督各高校对学术不端行为的处理的职责，接受各大学不受理的举报或申诉。其二，各高校成立专门的学术道德监督机构，专门负责监督本校的学术研究活动，接受本校学术不端行为的举报，并将调查处罚结果上报“学术道德监督委员会”办公室。通过这些监督和惩罚问责机构的建立，使学术不端行为得到应有的惩罚，有效减少学术不端行为，使问责真正落到实处。

第四，发挥学术期刊、出版社的监督作用。“学术期刊在知识生产和再生产体制中处于轴心的位置”，②尤其是在我国现有的学术评价制度下，学术期刊的价值诉求更是“风向标”，也是防止学术不端行为的最后关口。其实，出版社和学术期刊都是学术研究成果的传播渠道和学术传承的载体，同样担当着维护学术规范的学术责任。违反学术规范的学术论文和著作都是通过学术期刊发表和出版社出版，出版社和学术期刊把关不严就是对学术不端行为的纵容。所以，对学者的问责还必须依靠出版社和学术期刊的支持。具体来说，学术期刊和出版社应该在以下几方面担当学术责任：一是加强学术引证与学术注释规范建设，矫正伪注现象，引导并监督学者做到学术技术层面的规范；二是严格把关，防止学术剽窃、抄袭、学术低水平重复等学术不端行为的发生；三是要建立健全学术期刊和出版社的同行专家评审机制，严把质量关，以制度制衡和约束编辑的学术权力，防

① 江新华. 大学学术道德失范的制度分析[D]. 华中科技大学，2004：160.

② 许纪霖. 学术期刊的单位化、行政化和非专业化[N]. 文汇报，2004-12-12.

止编辑滥用权力。只有学术期刊和出版社发挥监督作用,才能为学术不端行为筑起最后的“防火墙”。

## 2. 绩效问责

近年来,我国高等教育事业呈现出前所未有的发展趋势,由于高校大规模扩招,加之高等教育领域改革的严重滞后,导致高等教育培养的人才质量下降、大学毕业生就业难、高校负债运行等问题产生。① 这一结果导致政府、社会公众对高校的有效运行、高等教育质量等提出质疑,而质量是高校的生命,因此,对高校基于结果的绩效问责成为高校问责的核心内容之一。由于公立大学的办学经费主要来自政府财政的资助,故绩效问责主要是政府对高校运行的结果,如教育质量、就业比例、学校的核心竞争力、科研成果、教育成果与回报等的问责。高校的绩效表现达到政府的绩效目标则值得政府信赖,反之则失去政府的信任。从中可见,绩效问责有两个特点:一是政府问责的关注点不是结构的安排或资源的收入,而是关注学校的产出,即高校运行的结果。二是绩效问责的主体是政府,政府关注的焦点是政府目标在高等教育中的实现,因此,政府通常会根据政府的高等教育目标制定绩效指标体系,然后以之为标准,采用定性与定量相结合的方法对高校的绩效作出评价,并向公众公布。

20 世纪 90 年代,绩效问责已经遍布美国,可以借鉴美国公立高等教育绩效问责制的经验。美国公立高等教育绩效问责制一般采用绩效报告、绩效拨款、绩效预算三种形式。② 绩效报告是一种应答性的问责手段,是公立高校以书面形式向政府及公众报告高校的绩效信息,描述其责任履行情况,“绩效报告与政府拨款并没有正式的联系,它依赖信息公开制而不是资金和预

① 朱九思,王怀宇. 高等教育与科学发展观[J]. 高等教育研究,2007(8):2-4.

② 王景枝. 美国公立高等教育绩效问责制的成效分析[J]. 高等工程教育研究,2011(4):120.

算来提高高校的绩效。"①绩效报告针对的是高校绩效信息不透明和不对称的问题。绩效指标是绩效报告的重要组成部分，在制定指标的过程中，有的州单独由立法机关制定，有些州则由立法机关、高等教育协调机构和大学三方合作制定。显然，后一种方式更容易为高校所接受。②绩效拨款和绩效预算是强制性问责形式，绩效拨款是将州政府的拨款数量与公立高校在具体指标上的表现建立直接的联系，高校如果达到了既定的绩效标准，就会得到政府划拨的相应比例和数额的资金。绩效预算是指州政府在为公立高校拨款时，将高校在特定指标上的表现作为考虑因素，还会参照州政府和高等教育系统官员的意见，其运作相当灵活。③不过，这三种形式的运作并未达到使高校绩效提高的预期目的，其失效的原因在于：第一，绩效拨款、绩效预算与高校的绩效表现不紧密，缺乏经济上的回报，高校就缺乏改革的动力。事实上，美国大部分实行绩效问责制的州当中，与高校的绩效表现相联系的预算一般只占州整个高等教育预算的6%。第二，绩效问责没有融入高校基层组织，而高校基层组织才是高校绩效表现改进的最大推动者。第三，传统的程序性管制依然存在等。④

总结美国推行绩效问责的经验教训，绩效问责要达到提高高校履行责任能力的目的，需要注意以下问题：第一，政府在制定绩效指标体系时，应该兼顾政府、社会、高校三方的利益诉求，这三方关注的重点不同，如政府更关注政府的高等教育目标，社会认证机构更关注高校的教学和科研状况。因此，三方共同制定的绩效指标体系更科学，更容易被高校接受，也更容易执行。第二，政府的财政拨款应该与高校的绩效表现直接联系，并且与绩效相联系的拨款比例应该占到政府财政拨款的30%以上，以

---

① 张苏.责任与效益——美国高等教育新问责制的兴起、发展与趋势[J].比较教育研究,2008(7):86.

② 王淑娟.美国公立院校的州问责制[M].北京:知识产权出版社,2010:123.

③ 王淑娟.美国公立院校的州问责制[M].北京:知识产权出版社,2010:110.

④ 王景枝.美国公立高等教育绩效问责制的成效分析[J].高等工程教育研究,2011(4):122-123.

激励高校通过改革提高绩效。

## (四)完善评估为主的多样化问责方法,提高问责的实效性

高校问责的具体方法很多,各类报告、评估、大学排行榜、拨款、预算、信息公开、各种调查等都是具体的操作方法。从我国的国情看,政府和社会中介组织大多采用评估的方法对高校问责,比如,2003 到 2008 年教育部主导实施的第一轮本科评估,中国管理科学研究院武书连课题组、网大以及中国校友会网对大学的排名也是运用评估方法。因此,评估是当前我国高校问责的主要方法,只是现有的评估制度还不成熟,需要进一步完善。此外,2010 年教育部颁布了《高等学校信息公开办法》,高校信息公开也正成为社会问责的重要方法。

### 1. 完善高等教育评估制度

高等教育评估是评估主体对高等学校的办学水平、教学质量、管理水平的一种评估,它是一种价值判断活动。高等教育评估作为一种有效监督、问责手段,如今已成为政府调控大学行为和维持对大学的影响力的重要手段。从信任的维度来看,大学是否履行责任及履行责任的状况,如大学的声誉、办学质量、运行状况等是政府考虑是否给予大学信任的理性计算基础,而大学的这些表现如何政府只有通过对大学进行合理、公平评估才能获得,因此,建立合理的高等教育评估制度是政府和大学信任的重要制度基础,也是政府对高校进行问责的重要手段。针对我国高等教育评估中存在的问题,需从以下几方面予以完善。

#### (1)加快高等教育评估法制化建设

高等教育评估法制化的最终目的是使高等教育评估有章可循,有法可依,使高等教育评估规范、可信。

首先,提升高等教育评估法律法规的法律效力层级。结合我国实际,可以通过三条路径提升高等教育评估法律法规的效力层级:一是由全国人大常委会制定《教育评估法》;二是修订

《高等教育法》,增加高等教育评估的有关内容;三是由国务院制定《高等教育评估工作条例》。

其次,完善高等教育评估法律法规的内容。应从以下几方面予以完善:第一,科学界定评估主体,确立多元化的高等教育评估主体。第二,以法律形式保障政府、大学和高等教育评估中介机构多元参与的高等教育评估体制,并明确规定三者的权限和责任。借鉴国外经验,政府是高等教育法律法规的制定者,是大学的管理者,拥有对高等教育评估中介机构进行资格审查和认证、质量审计、监督和管理、制定评估基准的原则,以及对大学进行评估的权力,但政府要承担建立高等教育评估信息网络、协调评估活动的责任;高等教育评估中介机构拥有向政府相关部门申请评估资格、对大学实施评估的权力,但也有按照政府拟定的评估基准原则制定评估标准,制定评估体制,保证评估公平,并向政府和大学通报评估结果的义务;大学拥有选择评估机构、知情权和监督权,承担自我评估并配合中介机构评估的义务。第三,要完善评估程序的规定。针对我国高等教育评估程序立法中存在的问题,一是要改变对评估程序规定过于笼统的做法,要明确、具体地规定评估程序,使其可以操作,减少规定的含糊所带来的实践困惑。二是明确规定评估机构评估项目的设立程序,对评估程序中的权利和义务,以及违反评估程序应承担的法律后果予以明确规定。三是对评估程序由谁制定、评估程序的制定原则等问题也要明确规定。第四,对现有高等教育评估法律法规中缺失的内容予以补充完善。比如,要对评估机构的设置、活动组织、评估专业人员的资质、评估机构人员的构成等进行规范,建立评估专家的遴选制度和回避制度,建立评估程序公开和审查的制度、评估的责任机制等。

(2)构建科学的高等教育评估标准

高等教育评估标准是高教评估活动的参照系,其合理与否是高等教育评估是否可信、科学的关键前提,也是高校问责是否客观的前提。评估标准的不科学是我国高等教育评估有效性差、可信度低的一个重要原因,因此,必须以公平、公正为价值诉求,完善我国高等教育评估标准,从根本上解决高等教育评估指标单一、模糊和指标权重不合理等问题，构建让政府、大学和社会满意的、公平的评估标准，使问责有效。

首先，建立不同类型、不同层次的评估指标体系。新中国成立后，经过几十年的发展，我国已经建立起类型多样、层次不同的高等教育体系，即使是大学也是多层次、多类型的，再加上我国地区之间经济发展水平不平衡，更是加剧了大学之间的差异。因此，在对大学进行评估时，必须采用不同的高等教育评估体系，进行分类型、分层次的评估，评估才是公平、公正的。具体来说，2002 年中国管理科学研究院武书连按照大学的科研规模将大学分为四种：研究型大学、研究教学型大学、教学研究型大学和教学型大学四类。根据这种分类，在对大学进行本科评估时，应该对现有评估指标体系进行修正，至少应该建立四类评估指标体系。若只建立研究性大学的评估体系，并用这种单一的评估指标体系评估其他三类大学，不仅导致了大学同质化倾向，而且使评估公平被扼杀在评估起点上，也打击了其他三类大学的积极性。在构建这四类评估指标体系时，要考虑指标项目的不同、等级标准的不同、科研和教学指标权重的不同等，研究型大学评估指标体系以科研为主；研究教学型大学评估指标体系既兼顾科研又兼顾教学，但科研指标的权重高于教学；教学科研型大学评估指标体系同样兼顾教学和科研，但教学指标的权重高于科研；教学型大学评估指标体系以教学为主，主要是培养应用型人才。

其次，制订尽可能精准化的评估指标。评估指标规定精准、易操作，才能使评估过程顺利，评估结论无争议。因此，必须改变我国现有评估指标规定模糊的状态，由模糊到尽量精确化。一是加大评估技术研发力度，解决“软指标”规定模糊的问题。在我国高等教育评估指标体系中，对有些无法量化的“软指标”，在描述时一般采用模糊的词语，以抽象、概括性的方式予以规定，这就导致在评估实践中难以把握。因此，需要加大评估技术研发力度，用新技术来规定软指标。在目前，也可以采用增加单项测评的方式，使“软指标”尽量具体化，不产生分歧。二是增加等级标准的区分性，解决等级标准规定模糊的问题。如本科教学工作水平评估的几个观测点就存在等级标准规定模糊、区分度不大的问题，可以通过增加等级标准的内涵规定，表述清楚、明了，拉大两个等级标准的差距，以解决等级标准难以区分的问题。①

最后，建立合理的指标权重。由于我国现有高等教育评估指标权重不合理及错误导向，导致我国大学学术泡沫严重，学术不轨行为泛滥成灾；学术研究只重量不重质、只重视结果不重视过程；大学过于重视科研，忽视培养人才之基本职能。这不仅极大地影响了政府对大学的信任，也严重影响了高等教育评估的有效性。因此，必须改变高等教育评估指标权重不合理的现状，建立指标权重合理的高等教育评估指标体系。具体来说，一是增加定性数据在评估指标体系中的权重，降低定量数据的权重，使评估指标体系能更客观地反映大学的真实状态，凸显大学的特色；二是增加质量指标在评估指标体系中权重，降低数量指标的权重，引导大学通过提高大学的教育和科研的质量，而不是扩大规模等外在数量，以内涵式发展制胜，真正提升我国大学的国际影响力；三是增加人才培养指标权重，降低科研指标的权重，纠正对大学的误导，引导大学注重教学，重视人才培养，使我国从教育大国真正成为教育强国，从人力资源大国真正成为人力资源强国。

**(3)建立高等教育评估的保证机制**

我国高等教育评估要真正做到客观、科学、公正、公平，除了借助技术手段外，还必须通过立法建立高等教育评估保证机制，以确保评估的有效性，以利于政府和大学的相互信任。具体包括：

首先，建立评估公开机制。评估公开机制可以减少高等教育评估的隐蔽性，防止不正当评估行为的发生，也可以满足评估对象大学和社会的知情权，是使评估值得到政府和大学信任的重要保证机制。因此，我国必须通过立法建立评估公开机制，确

---

① 纪红.本科教学工作水平评估指标体系研究[J].高教发展与评估,2008(1):60.

立评估公开的程序、原则，明确评估公开的范围、内容以及最低底线；罗列评估公开的途径和渠道，确保评估的影响范围；规定评估公开的时间限度等，使评估真正变得公开、透明，以提高高校问责的实效。

其次，建立责任机制。这是规范评估主体和评估对象行为的机制。我国高等教育评估法律法规应该明确规定评估主体和大学在享有权利的同时，应该承担对等的责任。明确规定评估主体在制定评估政策中的失误、在评估实践中滥用权力、违反评估的法律程序等，应该承担的相应法律责任。明确规定大学应该承担的责任，规定大学在申报过程中有弄虚作假等不规范行为应该承担的法律责任，以规范和约束评估主体和大学的行为，使评估公正有效。

### 2. 加强高校信息公开制度

高校信息公开是指高校根据相关法律法规，依照一定的程序，把在开展办学活动和提供社会公共服务过程中产生、制作、获取的以一定形式记录、保存的信息，除法律规定不能公开之外，及时、准确地向高校利益相关者公布。高校信息公开不仅包括对社会公开，也包括对教职工和学生公开。

对于政府和大学信任的建立以及高校问责而言，信息的公开和透明都是极其重要的。信息不透明所致的信息缺乏是信任建立的障碍。问责的有效性、实效性与信息的公开程度相关，只有信息公开才能有效问责，信息公开是问责的起点。过去高校的信息公开程度有限，高校信息不对称、不透明极其严重，公众等高校利益相关者对高校的使命、目标、办学条件、学术水平、规划和绩效等知之甚少，①即便有法定的民主管理和监督程序，由于信息的匮乏，监督和问责也无从下手，难达实效，致使高校腐败案件时有发生。而高校信息公开突破了制约高校监督和问责的瓶颈，既满足了高校利益相关者民主参与高校决策、管理的需

---

① 阎凤桥. 建立高校问责制的有效途径[N]. 中国教育报，2010-07-10.

要,也保障了高校利益相关者对高校信息的知情权,高校信息公开成为高校与社会、公众联系、沟通的重要方式和途径,高校利益相关者在知晓高校信息的基础上,才能有效监督和问责高校。因此,高校信息公开是实施高校问责的前提和基础,也是进行高校问责的重要方法。

(1)我国高校信息公开制度的现状

我国高校信息公开真正始于校务公开,校务公开起步较早,2002 年 2 月,教育部和全国总工会联合下发了《关于全国推进校务公开工作的意见》,全国各高校的校务公开工作不断取得进展,但同时也存在工作进展不平衡、机制不够健全、内容不够全面规范等问题,其根源在于校务公开工作的法律法规不健全。而且校务公开的范围有限,主要是校内公开,而不是对社会公开,公开的对象是学校内部的教职员工,公开的内容只涉及教职工切身利益的一些事项,其目的是为了实现教职工参与学校监督和管理的需要,不是针对知情权问题。为了推进高校信息公开工作的开展,2010 年 4 月教育部颁布了《高等学校信息公开办法》(以下简称《办法》),从 2010 年 9 月 1 日其施行。《办法》对信息公开的目的、依据、原则、公开的内容、公开的途径和要求、监督和保障等做了具体规定。这表明我国高校信息公开正逐步走向制度化、法制化。但是,由于《办法》本身的不足,以及实施的偏差,使我国高校信息公开制度仍然存在诸多问题,主要表现在:

第一,高校信息公开意识淡漠。在我国高校信息公开还是新生事物,还没有引起高校和社会公众的充分重视,公众对高校信息公开法律法规的了解不多。第二,高校信息公开缺乏法律保障。目前,我国没有制定有关高校信息公开的法律法规,现有的《办法》仅是部门规章,法律层级低,对高校的约束力和强制力弱,高校执行情况不理想,形式化、随意化严重。不仅如此,《办法》自身还存在部分规定过于原则,难操作,不够完善等缺陷,如《办法》把公开的信息分为高校主动公开的信息和依申请公开的信息,信息属性上划分不够细,没有区分对社会公众、高校成员和个人公开的信息；涉及隐私的个人信息缺乏具体规定等。① 第三，《办法》没有落实到实处。坚持贯彻落实《中华人民共和国政府信息公开条例》（以下简称《条例》）的基本要求与高校办学自主权相结合是《办法》制定过程中坚持的原则之一，《办法》对建立健全高校内部工作制度和机制、细化信息公开的内容、确立不予公开的范围等方面，赋予了高校一定程度的自主权。这就要求高校首先应按照《保密法》《条例》《办法》等法律法规的规定，根据高校的自身情况科学界定公开和不公开的信息，进一步细化信息公开的目录和范围，编制本校信息公开指南和目录，尤其对于本校认为不予公开的信息予以详细的规定。其次，高校应建立健全信息公开的各项工作制度，完善各种工作机制。最后，高校应采取措施加强信息公开的载体建设，健全信息公开的场所和设施。由于高校信息公开意识的淡漠，高校在落实《办法》的过程中缺乏紧迫感和责任感，没有把教育部办公厅关于施行《高等学校信息公开办法》的通知要求真正落到实处。比如，刘敏榕以我国 34 所 985 高校为例，进行了信息公开指南网络调查，调查发现高校信息公开存在如下问题：多数高校没有建立专门的信息公开工作机构；大多数高校编制的信息公开指南存在内容不详细、不够具体、不规范，难以操作等缺陷，有的甚至根本没有编制；开放信息处于无序状态；获取信息难度较大；缺失信息收费标准及明细等。②

(2)完善高校信息公开制度的对策

上述问题的存在，使高校信息的公开、透明成为空话，对高校行使权力、履行责任情况的监督和问责也成难题。在信息不对称的情况下，势必出现政府不信任大学的情形。因此，必须采取措施，完善高校信息公开制度，提高高校问责的实效性。

第一，完善《办法》，制定《高校信息公开法》，为高校信息公开提供法律保障。

---

① 姚金菊. 美国高校信息公开研究[J]. 行政法学研究，2010(4)：104.

② 刘敏榕. 英国大学 Publication Scheme 对我国高校信息公开的启示[J]. 福州大学学报：哲学社会科学版，2011(1)：110-111.

首先，修订、完善《办法》，使之真正成为指导高校信息公开的法规。其一，坚持“以公开为原则，不公开为例外”的立法精神，完善高校不公开信息的内容。比如，《办法》第10条规定了高校免除公开的信息有四类，其中包括学校规定的不予公开的其他信息。对于此款，法学界的有关专家提出了批评意见，他们认为高校办学中的绝大部分信息都应该对社会公开，对于不宜公开的信息仅仅是一种例外，若高校自主决定何种信息可以公开，何种信息不公开，那么高校信息公开的意义就难以实现，因此，法律应尽可能明确地限定其范围，而不应给予高校过多的自由裁量权，以免其滥用权力，影响信息公开的正常开展。①《办法》将“学校规定的不予公开的其他信息”列为免除公开信息，应该是一大硬伤，因为此规定已经超越了《中华人民共和国政府信息公开条例》的规定，超越了上位法所规定的权限。②这会导致高校信息公开难达预期目标，应该予以修正。其二，补充《办法》缺失的内容。如要考虑高校信息不同于政府信息的特殊性，把学术事务信息予以专门规定；补充申请人遇到困难应如何处理等。其次，制定出台《高校信息公开法》，提高法律层级，为高校信息公开提供法律保障。

第二，建立健全高校信息公开的制度机制。

首先，高校要建立健全高校信息公开组织机构，强化高校信息公开意识。高校信息公开组织机构是高校信息公开的具体执行机构，它要负责学校信息公开的日常工作，承担学校信息公开的具体职责，是高校信息公开制度化的组织基础。因此，必须严格执行《办法》，在高校中设置信息公开组织机构，改变高校信息公开组织机构缺失的现状，将高校信息公开落实到位。高校可以成立校长为主要领导的信息公开领导小组，下设办公室，并另设监督委员会，监督高校信息公开的情况。其次，建立和完善各种工作机制，这是信息公开的制度保证。高校应逐步建立主动

---

① 尹晓敏.我国高校信息公开法律制度研究——基于教育部新颁《高等学校信息公开办法》的分析[J].现代教育科学,2011(3):90.

② 尹晓敏.高校信息公开若干疑难问题解析[J].高等教育研究,2011(7):48.

公开信息的工作机制、申请公开信息的工作机制、重要信息发布审查机制；健全高校新闻发布和新闻发言人制度；建立健全重大事项决策信息公开机制和高校内部组织机构信息公开机制；建立信息公开监督机制、年度报告机制和责任追究机制等。在此基础上，真正形成校长领导、学校办公室组织实施、工会组织协调推进、师生员工积极参与、内设监察部门监督检查的领导体制和工作机制。①

第三，制订统一的信息公开内容标准，利于操作。

首先，可以制定《办法实施细则》，把应该公开的信息进一步细化、准确化，减少实践中的疑惑。也可以将公开的内容与绩效报告相结合，相辅相成，相得益彰。其次，高校应严格按照《办法》的规定，编制信息公开指南和目录，扩大公开的范围，细化公开的内容，便于实际操作。

第四，加强信息公开载体建设，完善信息公开渠道。

高校信息公开的渠道应该是多种多样的，高校应按照《办法》第 12、第 13 条、第 15 条的规定，加强信息公开的载体建设，健全信息公开的场所、设施和渠道。

第五，建立高校信息公开救济机制，维护信息主体的合法权益。

有权利就有救济，《办法》第 26 条规定举报是公民、法人和其他组织认为高等学校未按照本办法规定履行信息公开义务的救济途径，但途径太过单一。建议可以设立专门的信息救济委员会负责维护公民、法人和其他组织的合法权益。此外，还应该建立完善信息公开渠道、建立高校信息公开监督机制和激励机制等。

第六，教育部以及教育行政管理部门要做好高校信息公开的指导、监督和协调工作。

可以通过建立高校信息公开评估体系、引入高校信息公开的激励机制等方式对高校的信息公开工作进行引导和监督，使

---

① 教育部政务公开办公室.《高等学校信息公开办法》读本[G].北京：高等教育出版社，2011：52-53.

高校信息公开能真正落到实处。

总之,要把《办法》真正落到实处,使高校信息公开制度真正成为高校问责的重要方式、途径和手段。

综上所述,通过"三位一体"的政府和大学信任机制的建立,确保政府和大学权责清晰,各司其职,各负其责,为我国政府和大学信任的建立奠定了制度基础,在双方相互信任的基础上,政府和大学互利互惠、和谐共生、共谋发展。

# 结语 建立我国政府和大学信任是一项系统工程

从信任视角研究政府和大学关系，信任既是指导制度建设的理念，其本身又是制度。本研究旨在以信任理念为指导，审视与我国政府和大学关系相关的制度建设存在的问题，探寻影响我国政府和大学信任的制度因素，从应然的维度构建了我国政府与大学和谐的“三位一体”的信任机制，并以之为基础，从实然的维度提出了我国政府与大学和谐的具体对策和途径，以建立和谐的我国政府和大学关系，改变政府对大学干预和控制过多、过强的局面，放权或还权于大学，真正彰显大学自主权，实现大学学术自由。大学也能兑现承诺，以政府的利益为重，在法律允许的范围内慎用自主权，自觉履行与其享有的自主权相应的义务，承担学术责任。

但是，建立我国政府和大学信任不是易事，需将之作为一项系统工程来建设。一方面，政府和大学之间的关系本身是盘根错节、错综复杂的，涉及的领域是宽泛的，因素是多样的，包括法律规范、管理模式、评估制度、中介组织、学术规范、外部信任文化、信任冲动等众多因素，这就需要全方位考虑，统筹兼顾，配套实施，建立起有利于政府和大学信任的系统工程。由于篇幅有限，本书仅研究了影响我国政府和大学信任的重要外在制度因素，探究了政府和大学信任机制的主体框架，并未做到面面俱到，无一疏漏，尤其没有系统分析和研究信任的文化基础。我国政府和大学信任的产生不单纯是以理性为基础,而是理性、心理和文化三种基础综合作用的结果。信任或不信任的文化是影响政府和大学信任的内在制度,也是我国政府和大学信任生成的外部背景基础,高信任的文化是基于制度的我国政府和大学信任生成的"加速器",不信任的文化其作用刚好相反,甚至会消解值得信任的制度。但是,由于高信任文化的生成是复杂的,是多种因素共同作用的结果,包括我国的历史传统背景;规范是否具有一致性、社会秩序是否具有稳定性、社会组织是否具有透明性和其他人或机构是否具有责任性等社会结构性背景;社会成员是否具有积极主义、乐观主义的人格特质和社会情绪;集体或个人社会资本的大小等因素。正是由于信任的文化基础要以宏观的社会为背景,其生成是复杂的、长期的,信任文化本身是一个比较宏大的问题,非三言两语能述说清楚,因此,本书没有分析影响我国政府和大学信任的文化基础,此乃本研究之憾事。

另一方面,就政府和大学信任本身而言,信任的生成和维系是漫长而艰难的。我国政府和大学信任由低层次的谋算型信任,上升至中等层次的了解型信任,最后达到理想层次的认同型信任,其信任程度每上升一层级都以前一层级信任的达成为基础,这一过程必须是连续性的,需要政府、大学、社会全方位的呵护,也就是说,政府和大学信任是"易碎品",在政府和大学信任演变过程中,一旦被不利于信任的事件侵蚀,政府和大学信任就会衰退,甚至会因为某一孤立事件被瓦解,回到起点。可见,信任的生成和维系是如此艰难,但失去它则要容易得多,建立和失去信任是一种典型的不对称。因此,从这个意义上讲,必须把建立我国政府和大学信任作为一项系统工程,才会使政府和大学信任程度逐渐由低到高,走向成熟,真正实现我国政府与大学关系的和谐发展。

# 参考文献

## 一、中文参考文献

中文译著：

[1] 阿尔巴赫，等. 21 世纪美国高等教育——社会、政治、经济的挑战[M]. 王九逵，等，译. 北京：北京师范大学出版社，2005.

[2] 阿兰·佩雷菲特. 信任社会[M]. 邱海婴，译. 北京：商务印书馆，2005.

[3] 阿什比. 科技发达时代的大学教育[M]. 滕大春，等，译. 北京：人民教育出版社，1983.

[4] 爱德华·希尔斯. 学术的秩序——当代大学论文集[M]. 李家永，译. 北京：商务印书馆，2007.

[5] 爱德华·希尔斯. 教师的道与德[M]. 徐弢，等，译. 北京：北京大学出版社，2010.

[6] 埃里克·尤斯拉纳. 信任的道德基础[M]. 张敦敏，译. 北京：中国社会科学出版社，2006.

[7] 爱弥尔·图尔干. 教育思想的演进[M]. 李康，译. 上海：上海人民出版社，2006.

[8] 安东尼·吉登斯. 现代性与自我认同——现代晚期的自我与社会[M]. 赵旭东，等，译. 北京：生活·读书·新知三联书店，1998.

[9] 安东尼·吉登斯. 现代性的后果[M]. 田禾，译. 南京：译林出版社，2000.

[10] 安东尼奥·葛兰西. 狱中札记[M]. 曹雷雨，等，译. 北京：中国社会科学出版社，2000.

[11] 奥尔特加·加塞特.大学的使命[M].徐小洲,等,译.杭州:浙江教育出版社,2001.

[12] 鲍尔生.德国教育史[M].滕大春,等,译.北京:人民教育出版社,1986.

[13] 彼得·什托姆普卡.信任——一种社会学理论[M].程胜利,译.北京:中华书局,2005.

[14] 比尔·雷丁斯.废墟中的大学[M].郭军,等,译.北京:北京大学出版社,2008.

[15] 伯顿·R.克拉克.高等教育系统——学术组织的跨国研究[M].王承绪,等,译.杭州:杭州大学出版社,1994.

[16] 伯顿·克拉克.高等教育新论——多学科的研究[M].王承绪,等,译.杭州:浙江教育出版社,2001.

[17] 伯纳德·巴伯.信任:信任的逻辑与局限[M].牟斌,李红,范瑞平,译.福州:福建人民出版社,1989.

[18] 伯纳德·巴伯.科学与社会秩序[M].顾昕,等,译.北京:生活·读书·新知三联书店出版,1991.

[19] 布尔迪厄 J. C. 帕斯隆.再生产——一种教育系统理论的要点[M].邢克超,译.北京:商务印书馆,2002.

[20] 布鲁姆.教育评价[M].邱渊,等,译.上海:华东师范大学出版社,1987.

[21] 查尔斯霍默·哈斯金斯.大学的兴起[M].梅义征,译.上海:上海三联书店,2007.

[22] 戴维·斯沃茨.文化与权力[M].陶东风,译.上海:上海译文出版社,2006.

[23] 德里克·博克.走出象牙塔——现代大学的社会责任[M].徐小洲,等,译.杭州:浙江教育出版社,2001.

[24] E.格威狄·博格,等.高等教育中的质量与问责[M].毛亚庆,等,译.北京:北京师范大学出版社,2008.

[25] E. P. 克伯雷.外国教育史料[M].华中师大教育系,译.武汉:华中师大出版社,1990.

[26] 范德格拉夫,等.学术权力——七国高等教育管理体制比较[M].王承绪,等,译.杭州:浙江教育出版社,2001.

[27] 菲利普·G.阿特巴赫.变革中的学术职业:比较的视角[M].别敦荣,译.青岛:中国海洋大学出版社,2006.

[28] 弗兰克·H. T. 罗德斯.创造未来:美国大学的作用[M].王晓阳,

等,译. 北京:清华大学出版社,2007.
[29] 弗兰斯·F. 范富格特. 国际高等教育政策比较研究[M]. 王承绪,等,译. 杭州:浙江教育出版社,2001.
[30] 弗兰西斯·福山. 信任:社会美德与创造经济繁荣[M]. 彭志华,译. 海口:海南出版社,2001.
[31] 汉斯·J. 沃尔夫,等. 行政法:第三卷[M]. 高家伟,译. 北京:商务印书馆,2007.
[32] 卡尔·雅斯贝尔斯. 大学之理念[M]. 邱立波,译. 上海:上海人民出版社,2007.
[33] 科尔曼. 社会理论的基础(上、下)[M]. 邓方,译. 北京:社会科学文献出版社,2008.
[34] 克拉克·克尔. 高等教育不能回避历史——21 世纪的问题[M]. 王承绪,译. 杭州:浙江教育出版社,2001.
[35] 克拉克·克尔. 大学之用[M]. 高铦,等,译. 北京:北京大学出版社,2008.
[36] 柯武刚,史漫飞. 制度经济学:社会秩序与公共政策[M]. 韩朝华,译. 北京:商务印书馆,2000.
[37] 科学、工程和公共政策委员会. 怎样当一名科学家——科学研究中的负责行为[M]. 刘华杰,译. 北京:北京理工大学出版社,2004.
[38] 莱斯利·里普森. 政治学的重大问题:政治学导论[M]. 刘晓,等,译. 北京:华夏出版社,2001.
[39] 罗伯特·阿克塞尔罗德. 合作的复杂性:基于参与者竞争与合作的模型[M]. 梁捷,高笑梅,等,译. 上海:上海人民出版社,2008.
[40] 罗伯特·阿克塞尔罗德. 合作的进化[M]. 吴坚忠,译. 上海:上海人民出版社,2007.
[41] 罗伯特·伯恩鲍姆. 大学运行模式:大学组织与领导的控制系统[M]. 别敦荣,译. 青岛:中国海洋大学出版社,2003.
[42] 罗伯特·G. 欧文斯. 教育组织行为学[M]. 8 版. 窦卫霖,译. 北京:中国人民大学出版社,2007.
[43] 罗伯特·M. 赫钦斯. 美国高等教育[M]. 汪利兵,译. 杭州:浙江教育出版社,2001.
[44] 罗伯特 D. 帕特南. 使民主运转起来:现代意大利的市民传统[M]. 王列,等,译. 南昌:江西人民出版社,2001.
[45] 罗德里克·M. 克雷默,汤姆·R. 泰勒. 组织中的信任[M]. 管

兵,等,译.北京:中国城市出版社,2003.

[46] 罗尔斯.正义论[M].何怀宏,译.北京:中国社会科学出版社,1988.

[47] 罗纳德·G.爱伦伯格.美国的大学治理[M].张婷姝,等,译.北京:北京大学出版社,2010.

[48] 洛克.政府论(上、下编)[M].瞿菊农,等,译.北京:商务印书馆,1982.

[49] 马克·E.沃伦.民主与信任[M].吴辉,译.北京:华夏出版社,2004.

[50] 马克斯·韦伯.韦伯作品集Ⅱ:经济与历史;支配的类型[M].康乐,等,译.桂林:广西师范大学出版社,2004.

[51] 马克斯·韦伯.学术与政治[M].冯克利,译.北京:生活·读书·新知三联书店,2005.

[52] 马克斯·韦伯.社会学的基本概念[M].顾忠华,译.桂林:广西师范大学出版社,2005.

[53] 马克斯·韦伯.韦伯论大学[M].孙传钊,译.南京:江苏人民出版社,2006.

[54] 孟德斯鸠.论法的精神[M].张雁,译.北京:商务印书馆,1961.

[55] 尼可拉斯·卢曼.信任[M].瞿铁鹏,等,译.上海:上海人民出版社,2005.

[56] 尼可拉斯·卢曼.权力[M].瞿铁鹏,译.上海:上海人民出版社,2005.

[57] 欧文·E.休斯.公共管理导论[M].彭和平,等,译.北京:中国人民大学出版社,2001.

[58] 齐美尔.货币哲学[M].陈戎女,译.北京:华夏出版社,2002.

[59] 施路赫特.理性化与官僚化[M].顾忠华,译.桂林:广西师范大学出版社,2004.

[60] 唐纳德·肯尼迪.学术责任[M].阎凤桥,等,译.北京:新华出版社,2002.

[61] 威廉·冯·洪堡.论国家的作用[M].林荣远,冯兴元,译.北京:中国社会科学出版社,1998.

[62] 希尔德·德·里德-西蒙斯.欧洲大学史(第一卷中世纪大学)[M].张斌贤,等,译.保定:河北大学出版社,2008.

[63] 希尔德·德·里德-西蒙斯.欧洲大学史:第二卷近代早期的欧洲大学(1500—1800)[M].贺国庆,等,译.保定:河北大学出版

社,2008.

[64] 许美德. 中国大学 1895—1995:一个文化冲突的世纪[M]. 许洁英,译. 北京:教育出版社,1999.

[65] 亚伯拉罕·弗莱克斯纳. 现代大学论——美英德大学研究[M]. 徐辉,等,译. 杭州:浙江教育出版社,2001.

[66] 雅克·韦尔热. 中世纪大学[M]. 王晓辉,译. 上海:上海人民出版社,2007.

[67] 雅克·勒戈夫. 中世纪的知识分子[M]. 张弘,译. 北京:商务印书馆,1996.

[68] 以赛亚·柏林. 自由论(自由四论扩充版)[M]. 胡传胜,译. 南京:译林出版社,2003.

[69] 尤尔根·哈贝马斯. 交往与社会进化[M]. 张博树,译. 重庆:重庆出版社,1989.

[70] 尤尔根·哈贝马斯. 作为"意识形态"的技术与科学[M]. 李黎,等,译. 上海:学林出版社,1999.

[71] 尤尔根·哈贝马斯. 在事实与规范之间:关于法律和民主法治国的商谈理论[M]. 童世骏,译. 北京:生活·读书·新知三联书店,2003.

[72] 约翰·密尔. 论自由[M]. 许宝骙,译. 北京:商务印书馆,1959.

[73] 约翰·S. 布鲁贝克. 高等教育哲学[M]. 王承绪,等,译. 杭州:浙江教育出版社,2002.

[74] 詹姆斯·W. 汤普逊. 中世纪晚期欧洲经济社会史[M]. 徐家玲,等,译. 北京:商务印书馆,1996.

[75] 帕特里克·贝尔特,阿兰·希普曼. 重围之下的大学——当代学术领域中的信任和责任制[J]. 黄春芳,译. 大学(研究与评价),2007(2).

中文著作:

[1] 毕宪顺. 权力整合与体制创新——中国高等学校内部管理体制改革研究[M]. 北京:教育科学出版社,2006.

[2] 别敦荣. 中美大学学术管理[M]. 武汉:华中理工大学出版社,2000.

[3] 陈党. 问责法律制度研究[M]. 北京:知识产权出版社,2008.

[4] 陈洪捷. 德国古典大学观及其对中国的影响:修订版[M]. 北京:北京大学出版社,2006.

[5] 陈学恂. 中国教育史研究(现代分卷)[G]. 上海:华东师范大学出版社,1994.

[6] 邓正来. 学术与自主[M]. 北京:北京大学出版社,2008.

[7] 董云川. 论中国大学与政府和社会的关系[M]. 昆明:云南大学出版社,2004.

[8] 方明,谷成久. 现代大学制度论[M]. 合肥:安徽大学出版社,2007.

[9] 高桂娟. 现代大学制度演进的文化逻辑[M]. 青岛:中国海洋大学出版社,2007.

[10] 高洪深,丁娟娟. 企业知识管理[M]. 北京:清华大学出版社,2003.

[11] 谷贤林. 美国研究型大学管理——国家、市场和学术权力的平衡与制约[M]. 北京:教育科学出版社,2008.

[12] 郭为藩. 转变中的大学:传统、议题与前景[M]. 北京:北京大学出版社,2006.

[13] 韩大元. 外国宪法[M]. 北京:中国人民大学出版社,2000.

[14] 郝维谦. 高等教育史[G]. 海口:海南出版社,2000.

[15] 贺国庆. 德国和美国大学发达史[M]. 北京:人民教育出版社,1998.

[16] 贺国庆,等. 外国高等教育史[M]. 北京:人民教育出版社,2006.

[17] 和震. 美国大学自治制度的形成与发展[M]. 北京:北京师范大学出版社,2008.

[18] 胡建华. 现代中国大学制度的原点:50 年代初期的大学改革[M]. 南京:南京师范大学出版社,2001.

[19] 胡建华,等. 大学制度改革论[M]. 南京:南京师范大学出版社,2006.

[20] 黄福涛. 外国高等教育史[M]. 上海:上海教育出版社,2008.

[21] 黄俊杰. 大学校长遴选[G]. 北京:北京大学出版社,2006.

[22] 蒋学跃. 法人制度法理研究[M]. 北京:北京法律出版社,2007.

[23] 金铁宽. 中华人民共和国教育大事记(1)[G]. 济南:山东教育出版社,1995.

[24] 金铁宽. 中华人民共和国教育大事记(2)[G]. 济南:山东教育出版社,1995.

[25] 金铁宽. 中华人民共和国教育大事记(3)[G]. 济南:山东教育出版社,1995.

[26] 金耀基. 大学之理念[M]. 增订版. 北京:生活·读书·新知三联书店,2008.

[27] 劳凯声. 中国教育改革30年:政策与法律卷[M]. 北京:北京师范大学出版社,2009.

[28] 劳凯声. 中国教育法制评论(第2辑)[G]. 北京:教育科学出版社,2004.

[29] 劳凯声. 中国教育法制评论(第4辑)[G]. 北京:教育科学出版社,2006.

[30] 劳凯声. 中国教育法制评论(第6辑)[G]. 北京:教育科学出版社,2008.

[31] 李福华. 大学治理的理论基础与组织架构[M]. 北京:教育科学出版社,2008.

[32] 李子江. 学术自由在美国的变迁与发展[M]. 北京:北京师范大学出版社,2008.

[33] 刘明. 学术评价制度批判[M]. 武汉:长江文艺出版社,2006.

[34] 刘英杰. 中国教育大事典(1949—1990):下[M]. 杭州:浙江教育出版社,1993.

[35] 马陆亭,范文曜. 大学章程要素的国际比较[M]. 北京:教育科学出版社,2010.

[36] 马万华. 从伯克利到北大清华——中美公立研究型大学建设与运行[M]. 北京:北京教育科学出版社,2004.

[37] 米俊魁. 大学章程价值研究[M]. 青岛:中国海洋大学出版社,2006.

[38] 莫吉武. 当代中国政治监督体制研究[M]. 北京:中国社会科学出版社,2002.

[39] 欧阳光华. 董事、校长与教授:美国大学治理结构研究[M]. 北京:高等教育出版社,2011.

[40] 唐振平. 中国当代大学自治管理体制研究[M]. 长沙:国防科技大学出版社,2006.

[41] 王敬波. 高等教育领域里的行政法问题研究[M]. 北京:中国法制出版社,2007.

[42] 王名扬. 法国行政法[M]. 北京:中国政法大学出版社,1988.

[43] 王名扬. 比较行政法[M]. 北京:北京大学出版社,2006.

[44] 王淑娟. 美国公立院校的州问责制[M]. 北京:知识产权出版社,2010.

[45] 王跃生. 没有规矩不成方圆[M]. 北京:生活·读书·新知三联书店,2000.

[46] 王绽蕊. 美国高校董事会制度:结构、功能与效率研究[M]. 北京:高等教育出版社,2010.

[47] 吴庚. 行政法之理论与实用[M]. 增订四版. 台北:台湾三民书局,1998.

[48] 徐小洲. 自主与制约:高校自主办学政策研究[M]. 杭州:浙江教育出版社,2007.

[49] 颜丙峰,宋晓慧. 教育中介组织的理论与实践[M]. 上海:上海人民出版社,2006.

[50] 阎光才. 政府、高校间中介机构的作用和职能运作——兼论我国高等教育宏观管理的发展走向[M]. 上海:华东师范大学出版社,1998.

[51] 杨克瑞,等. 政治权力与大学的发展——国际比较的视角[M]. 北京:中国言实出版社,2007.

[52] 杨玉圣,张保生. 学术规范读本[M]. 开封:河南大学出版社,2004.

[53] 姚金菊. 转型期的大学法治——兼论我国大学法的制定[M]. 北京:中国法制出版社,2007.

[54] 殷朝晖. 国家科研体制建设与研究型大学发展[M]. 青岛:中国海洋大学出版社,2007.

[55] 俞金吾. 意识形态论[M]. 上海:上海人民出版社,1993.

[56] 於荣. 冷战中的美国大学学术研究[M]. 北京:北京师范大学出版社,2008.

[57] 湛中乐. 大学自治、自律与他律[G]. 北京:北京大学出版社,2006.

[58] 张创新,赵蕾. 中国行政问责制度研究[M]. 长春:吉林人民出版社,2006.

[59] 张德祥. 高等学校的学术权力与行政权力[M]. 南京:南京师范大学出版社,2002.

[60] 张卫良. 大学核心竞争力理论与实践研究[M]. 青岛:中国海洋大学出版社,2006.

[61] 张维迎. 大学的逻辑[M]. 增订版. 北京:北京大学出版社,2005.

[62] 张维迎. 信息、信任与法律[M]. 北京:生活·读书·新知三联书店,2006.

[63] 张缨. 信任、契约及其规制[M]. 北京:经济管理出版社,2004.
[64] 张文显. 法哲学范畴研究[M]. 北京:中国政法大学出版社,2001.
[65] 郑也夫,彭泗清,等. 中国社会中的信任[M]. 北京:中国城市出版社,2003.
[66] 郑也夫. 信任:合作关系的建立与破坏[M]. 杨玉明,等,译. 北京:中国城市出版社,2003.
[67] 郑也夫. 信任论[M]. 北京:中国广播电视出版社,2006.
[68] 中华人民共和国高等学校章程草案[Z]. 高等教育部档案,1956年永久卷,卷65.
[69] 周光礼. 学术自由与社会干预——大学学术自由的制度分析[M]. 武汉:华中科技大学出版社,2003.
[70] 周丽华. 德国大学与国家的关系[M]. 北京:北京师范大学出版社,2008.
[71] 周亚越. 行政问责制研究[M]. 北京:中国检察出版社,2006.
[72] 周叶中,周佑勇. 高等教育行政执法问题研究[M]. 武汉:武汉大学出版社,2007.
[73] 周志宏. 学术自由与大学法[M]. 台北:蔚理法律出版社,1989.
[74] 朱新梅. 知识与权力:高等教育政治学新论[M]. 北京:教育科学出版社,2007.
[75] 朱新梅. 政府干预与大学公共性的实现:中国大学的公共性研究[M]. 北京:教育科学出版社,2007.

论文:

[1] 白春阳. 现代社会信任问题研究[D]. 中国人民大学,2006.
[2] 别敦荣. 论高等教育评估的基本特征[J]. 辽宁教育研究,2004(4).
[3] 曹淑江. 高等学校的软预算约束与财务自主权[J]. 高等教育研究,2005(10).
[4] 陈学敏. 关于大学章程的法律分析[J]. 武汉大学学报:哲学社会科学版,2008(2).
[5] 程雁雷,等. 我国政府高等教育评估法律治理之路径[J]. 江淮论坛,2009(6).
[6] 邓正来. 学术规范化与学术环境的建构——对《高等学校哲学社会科学研究学术规范(试行)》之合法性的质疑[J]. 开放时代,

2004(6).

[7] 董才生. 社会信任的基础——一种制度的解释[D]. 吉林大学,2004.

[8] 樊钉,吕小明. 高校问责制:美国公立大学权责关系的分析与借鉴[J]. 中国高教研究,2005(3).

[9] 冯遵永. 美国高等学校问责制研究[D]. 华东师范大学,2006.

[10] 高耀丽. 英国高等教育问责制及其启示[J]. 高等教育研究,2005(11).

[11] 顾海兵. 教育行政部门的权利之实与责任之虚[N]. 南方日报,2005-11-1l.

[12] 郭文亮,王经北. 同体监督异体化·异体监督实体化——改革和完善我国权力监督机制的路径与对策[J]. 理论探讨,2010(5).

[13] 胡成功. 高等学校基层学术组织现状与问题——全国 231 所高等学校问卷调查报告[J]. 高等教育研究,2003(6).

[14] 胡赤弟. 高等教育中的利益相关者分析[J]. 教育研究,2005(3).

[15] 胡建华. 大学的法律地位分析——研究大学与政府关系的一种视角[J]. 南京师大学报:社会科学版,2002(5).

[16] 胡鹏程. 中国大学自治法律制度研究[D]. 天津师范大学,2009.

[17] 纪红. 本科教学工作水平评估指标体系研究[J]. 高教发展与评估,2008(1).

[18] 姜明安. 行政国家与行政权的控制和转化[N]. 法制日报,2000-02-13.

[19] 江新华. 大学学术道德失范的制度分析[D]. 华中科技大学,2004.

[20] 金顶兵,等. 研究型大学组织整合机制的案例研究[J]. 北京大学教育评论,2003(2).

[21] 李东红,等. 组织间信任理论研究回顾与展望[J]. 经济管理,2009(4).

[22] 李福华. 利益相关者视野中大学的责任[J]. 高等教育研究,2007(1).

[23] 李海涛. 国内外高校评价体系最新内容比较及其启示[J]. 高等教育研究,2010(3).

[24] 李牧,等. 我国大学法律制度之检讨——以现代大学制度为视角[J]. 华中农业大学学报:社会科学版,2010(2).

[25] 李玉华,等. 建立健全中国特色现代大学监督体系的构想[J]. 中

国高等教育,2004(23).

[26] 廖湘阳,王战军.我国教育中介机构的组织特性分析[J].江苏高教,2002(5).

[27] 林曦.弗里曼利益相关者理论述评[J].商业研究,2010(8).

[28] 刘敏榕.英国大学 Publication Scheme 对我国高校信息公开的启示[J].福州大学学报:哲学社会科学版,2011(1).

[29] 刘亚敏.论学术自由的政治价值[J].清华大学教育研究,2008(5).

[30] 刘亚敏.大学精神探论[D].华中科技大学,2004.

[31] 刘亚荣.我国高校学术自主权变迁的实证研究[J].高等教育研究,2008(7).

[32] 刘宗让.大学战略:利益相关者的管理与影响[J].高教探索,2010(2).

[33] 龙献忠.从统治到治理——治理理论视野中的政府与大学关系研究[D].华中科技大学,2005.

[34] 龙宗智.依法治校与高校领导体制的改革完善[J].北京大学学报:哲学社会科学版,2005(1).

[35] 麻宝斌,郭蕊.权责一致与权责背离:在理论与现实之间[J].政治学研究,2010(1).

[36] 马怀德.公务法人问题研究[J].中国法学,2000(4).

[37] 马廷奇.大学管理的科层化及其实践困境[J].清华大学教育研究,2006(1).

[38] 马晓燕.大学自治权的法源探析——基于学术自由制度性保障的视角[J].复旦教育论坛,2008(2).

[39] 彭虹斌.大学自治与我国高校内部体制改革[J].清华大学教育研究,2005(4).

[40] 乔耀章.公共行政与公共哲学[J].江海学刊,1999(3).

[41] 邱咏梅.中美高校学术规范文本的解读与评价——《北京大学教师学术道德规范》和《乔治·华盛顿大学关于学术不端行为处理程序的规定》的比较研究[J].大学教育科学,2005(6).

[42] 申素平.论我国高等教育体制改革过程中政府角色的转变[J].高教探索,2000(4).

[43] 申素平.论公立高等学校的公法人化趋势[J].清华大学教育研究,2002(3).

[44] 申素平.试析英美高等学校的法律地位[J].比较教育研究,

2002(5).

[45] 申素平. 重新审视高等学校自主权[N]. 中国教育报,2003-01-04.

[46] 申素平. 公立高等学校与政府的分权理论[J]. 比较教育研究,2003(8).

[47] 申素平. 谈政府与高校的法律监督和行政指导关系[J]. 中国高等教育,2003(8).

[48] 申素平. 高等学校法人与高等学校自主权[J]. 中国高教研究,2005(5).

[49] 申素平. 对学校法人地位的新思考[J]. 中国高等教育,2005(12).

[50] 申素平. 高等教育体制改革与高等学校的法人地位[J]. 理论视野,2008(7).

[51] 史静寰. 构建解释高等教育变迁的整体框架[J]. 清华大学教育研究,2006(3).

[52] 施雨丹. 论美、德、日三国公立大学的法律地位[J]. 外国教育研究,2007(1).

[53] 石正义. 在自治与控制之间寻求平衡——英法两国大学与政府关系的比较与启示[J]. 湖北大学学报:哲学社会科学版,2006(3).

[54] 谭九生. 学术规范的法律视角分析[J]. 图书与情报,2006(3).

[55] 唐土红. 论权力的价值性及其维度[J]. 探索,2011(1).

[56] 童世骏. 没有"主体间性"就没有"规则"——论哈贝马斯的规则观[J]. 复旦学报:社会科学版,2002(5).

[57] 王朝阳. 从政府方面来谈高校办学自主权的落实[J]. 中国科技信息,2008(17).

[58] 王恩华. 学术越轨与大学学术管理[D]. 华中科技大学,2004.

[59] 王福友. 学术组织中的信任[J]. 高等教育研究,2005(2).

[60] 王佳,唐贤秋. 高校领导干部问责:制度设计与路径选择[J]. 东岳论丛,2011(4).

[61] 王建华,郑南宁. 高等教育大众化阶段提升教育质量需从多方面努力[N]. 中国教育报,2008-01-15.

[62] 王建梁. 大学自治与政府干预:英国大学—政府关系的变迁历程[J]. 清华大学教育研究,2005(6).

[63] 王景枝. 美国公立高等教育绩效问责制的成效分析[J]. 高等工

程教育研究,2011(4).
[64] 王平.同行评议活动中的制度性越轨行为[J].自然辩证法通讯,2000(4).
[65] 王青斌.论高教法治与大学自治[J].行政法学研究.2006(2).
[66] 吴金群,等.政府的性质:新制度经济学的视角[J].浙江大学学报:人文社会科学版,2008(2).
[67] 吴景松,程宜康.我国高校问责制之现实困境及其治理路径[J].江苏高教,2007(1).
[68] 吴先芳.构建我国高等教育问责制的探讨[D].湖南大学,2007.
[69] 项德生.新闻媒介的职能权力[J].中国青年政治学院学报,2000(4).
[70] 肖克.公共权力"责任"的政治伦理根源析论[J].天府新论,2011(4).
[71] 肖起清.论我国大学办学权的演变[J].清华大学教育研究,2008(6).
[72] 谢维和.高校教学水平评估的合理性及其反差[J].中国高等教育,2008(11).
[73] 熊丙奇.高校行政化之弊端[J].学习月刊,2009(11).
[74] 许纪霖.学术期刊的单位化、行政化和非专业化[N].文汇报,2004-12-12.
[75] 许杰.教育分权与大学自主[J].高等教育研究,2004(4).
[76] 徐木兴.高校教育问责制实施途径研究[J].高等农业教育,2006(10).
[77] 阎凤桥.建立高校问责制的有效途径[N].中国教育报,2010-07-10.
[78] 杨强.论高校学术问责制的理论建构[J].江苏高教,2009(4).
[79] 姚金菊.美国高校信息公开研究[J].行政法学研究,2010(4).
[80] 叶铁桥.深圳将立法保障南方科技大学自主权[N].中国青年报,2009-11-13.
[81] 尹晓敏,等.我国高等教育评估法制化研究[J].现代教育管理,2009(1).
[82] 尹晓敏.我国高校信息公开法律制度研究——基于教育部新颁《高等学校信息公开办法》的分析[J].现代教育科学,2011(3).
[83] 尹晓敏.高校信息公开若干疑难问题解析[J].高等教育研究,2011(7).

[84] 尤斯廷·P. 托伦斯. 学术自由与大学自治[J]. 教育展望,1999(3).

[85] 渝纪法. 关于问责制有关问题的思考[J]. 探索,2005(4).

[86] 俞岳青. 政府对高等教育宏观管理的职能:调控与服务[J]. 辽宁高等教育研究,1995(6).

[87] 余莉. 试论我国高校问责制度的完善[D]. 湖南师范大学,2010.

[88] 袁文峰. 论高校行政案件的司法监督边界[J]. 广东工业大学学报:社会科学版,2010(2).

[89] 袁祖望,蒋轶菁. 论高校领导干部问责的特殊性[J]. 复旦教育论坛,2010(2).

[90] 岳昌君. 中国高等教育财政投入的国际比较研究[J]. 比较教育研究,2010(1).

[91] 查永军. 我国大学学术组织科层化及应对[J]. 中国高教研究,2009(3).

[92] 张冬梅. 主体间性哲学视域中的语际阐释[J]. 求索,2010(5).

[93] 张苏. 责任与效益——美国高等教育新问责制的兴起、发展与趋势[J]. 比较教育研究,2008(7).

[94] 张维平. 高校招生自主权的滥用与规约[J]. 现代教育管理,2009(11).

[95] 张文显,周其凤. 大学章程:现代大学制度的载体[J]. 中国高等教育,2006(20).

[96] 张晓鹏. 我国高校自主招生改革若干问题的探讨[J]. 复旦教育论坛,2006(3).

[97] 张兆芹,王妮. 我国高校学术管理存在的问题与对策[J]. 高等教育研究,2006(4).

[98] 赵银生. 我国教育行政部门问责制度研究[D]. 华东师范大学,2008.

[99] 赵永贤. 坚持和完善党委领导下的校长负责制[J]. 求是,2011(3).

[100] 郑龙. 我国高校学术评价行政化研究[D]. 吉林大学,2006.

[101] 钟秉林. 关于大学"去行政化"几个重要问题的探析[J]. 中国高等教育,2010(9).

[102] 周川. 高校与政府关系的几点思考[J]. 高等教育研究,1995(1).

[103] 周光礼. 试论公立高校与教育职员的关系[J]. 高等教育研究,

2005(9).

[104] 周光礼.论中国政府与教育中介组织的互动关系:一个法学的视角[J].北京大学教育评论,2006(3).

[105] 周湘林.从政府问责到社会问责:中国高校问责制的内涵、类型与变革[J].高等教育研究,2010(1).

[106] 周湘林,周光礼.我国高等教育评估政策范式变革初探[J].高教探索,2009(4).

[107] 周湘林.中国高校问责制度重构一基于本科教学评估的新制度主义分析[D].华中科技大学,2010.

[108] 朱九思,王怀宇.高等教育与科学发展观[J].高等教育研究,2007(8).

[109] 朱生营.当前我国高校问责制的不足与改进[J].煤炭高教,2006(6).

[110] 朱向阳.我国高等教育中介组织的发展对策研究[D].扬州大学,2008.

## 二、外文参考文献

[1] Adam B. Seligman. The Problem of Trust[M]. Princeton:Princeton University Press,1997.

[2] Axelrod,Robert. The Evolution of Cooperation[M]. New York:Basic Books,1984.

[3] Barbra A. Misztal. Trust in Modern Soeieties:The Search for the bases of social order[M]. Cambridge:Polity Fress,1996.

[4] Berdahl,Robert. Co-ordinating Structures:The UGC and US State Co-ordinating Agencies. In Shattock [A]//Mi-chael., The Structure and Governance of Higher Education. Society for Research into Higher Education[C],1983.

[5] Bernard Barber. The Logic and Limits of Trust [M]. New Brunswick:Rutgers University Press,1983.

[6] Christopher J. Lucas. American Higher Education: A History [M]. New York:St. Martin's Griffin,1994.

[7] Dasgupta,Partha. Trust as a Commodity. In Diego Gambetta,ed., Trust:Making and breaking Cooperative Relations[M]. Oxford:Basic Blackwell,1988.

[8] Hastings Rashdall. The Universities of Europe in the Middle Ages

(Vol. 1)[M]. Oxford:Oxford UniversityPress,1936.

[9] Hastings Rashdall. The Universities of Europe in the Middle Ages,3 vols., ed. F. M. Powicke and A. B. Emden[M]. Oxford: Oxford University Press lnc.,1936.

[10] Jan Currie, Richard De Angelis. Globalizing Practices and University Responses: European and Anglo American Differences [M]. London:Praeger Publishers,2003.

[11] Louis Joughin. Academic Freedom and Tenure[M]. Madison:The University of Wisconsin Press,1967.

[12] Luhmann. Trust and Power[M]. New York:John Wiley,1979.

[13] Mark Warren, ed. Democracy and Trust [M]. Cambridge: Cambridge University Press,1999.

[14] Ronald G. Ehrenberg. Governing Academia[M]. Ithaca:Cornell University Press,2004.

[15] Russell Hardin. Trust and Trustworthiness[M]. New York:Russell Sage Foundation,2002.

[16] Willies Rudy. The Universities of Europe 1100-1914: A History [M]. Associated University Press,1973.

# 后 记

子曰:“三十而立,四十而不惑”。此乃人生哲学之经典。不惑乃无惑,非消极遁世,乃从容立世。非无欲无求,乃知何可欲,何可求;非不为,乃为可为之事。求学即为不惑之抉择,不为功名利禄,只为求学而求学,纯净如水,纯洁如玉。五年前,有幸遇恩师,实现求学之梦,此乃人生之快事也。只是内心惶恐,唯恐才疏学浅辜负恩师。

时间一维且超速,当敲出最后一个键,论文画上句号,如释重负时,蓦然发现五年的光阴在苦思冥想中悄然滑过。然而,当下的轻松稍纵即逝,忐忑不安即刻替代在场,感叹两者是如此的不对称。

五年的求学之路,我的导师崔延强教授以其博学、睿智引领我步入新的学术殿堂,徜徉学海;恩师的严格要求和鞭策,是我锲而不舍坚持的动力;恩师的豁达、宽容,给我探索未知的勇气。博士论文从选题、构思、撰写到最终定稿,都是在恩师的精心指导下完成,倾注着恩师太多的心血和汗水,只是愧于自身学养和能力不足,虽竭尽全力,也难达恩师之期望,提交青涩之果,惴惴不安。在此,感谢恩师多年的培养和关心,使求学之路收获满载,受益终生,永生难忘。也感谢师母曹春芳老师,给予我生活上的关爱和照顾。

感谢周鸿教授、易连云教授、陈时见教授等的谆谆教诲,你们的严谨治学、精心授业、耐心解惑,完美地诠释了何为师者,也为我能顺利完成学业打下了良好的基础。

感谢周鸿教授、孙振东教授、李姗泽教授、么加利教授在论文开题时的批评和指正,你们的指导和帮助开阔了我的思路,坚定了我完成论文的信心。

感谢我的同门师弟师妹张陈、邓磊、谢俊、许传静、陈静、尹建锋、徐世雄等,你们不仅为我提供了大量事务性的帮助和学业上的建议,是我坚强的后盾,也让我深深地感受到同门纯洁的情谊。

感谢我的女儿庆庆,为了我的学业,你更早学会了自立;为了我的学业,你更早学会了坚强;为了我的学业,你更早学会了长大。谢谢女儿,谢谢你对妈妈的支持,你的一声:"加油,妈妈!"是我强大的精神动力和支撑。在通往成功的道路上,妈妈一直与你同行。

作为学人,永远不能达到自己理想的彼岸世界,今天的努力和收获只是前进中的驿站,然而,为学术而学术者却执着前行,这恰是学术之魅力所在。